人力资源管理专业应用型本科教材

薪酬管理

金福　主编

中国劳动社会保障出版社

图书在版编目（CIP）数据

薪酬管理 / 金福主编． —— 北京：中国劳动社会保障出版社，2023

人力资源管理专业应用型本科教材

ISBN 978-7-5167-6037-6

Ⅰ．①薪⋯　Ⅱ．①金⋯　Ⅲ．①企业管理－工资管理－高等学校－教材　Ⅳ．①F272.923

中国国家版本馆 CIP 数据核字（2023）第 202066 号

中国劳动社会保障出版社出版发行

（北京市惠新东街 1 号　邮政编码：100029）

*

三河市潮河印业有限公司印刷装订　　新华书店经销

787 毫米 ×1092 毫米　16 开本　22 印张　299 千字
2023 年 12 月第 1 版　　2023 年 12 月第 1 次印刷

定价：66.00 元

营销中心电话：400-606-6496
出版社网址：http://www.class.com.cn

版权专有　　侵权必究

如有印装差错，请与本社联系调换：（010）81211666
我社将与版权执法机关配合，大力打击盗印、销售和使用盗版图书活动，敬请广大读者协助举报，经查实将给予举报者奖励。
举报电话：（010）64954652

内容提要

《薪酬管理》共分为11章，包括薪酬管理概论、基本工资制度、薪酬调查与薪酬水平、薪酬结构管理、奖金管理、福利管理、股权期权激励、不同岗位的薪酬设计、薪酬控制管理、薪酬运行管理、薪酬外包。本书集合了人力资源管理的知识、技能、实训，三位一体，合理运用，并介绍了人力资源管理领域的新趋势和新方法。

本书既适合高等院校人力资源管理专业及其他相关专业的师生阅读、使用，也能够满足不同层次的企业管理者，以及对人力资源管理感兴趣的人士、研究者、咨询师和培训师的学习、借鉴需要。

序

随着信息化和大数据的发展，人力资源管理有着很大的变化与发展，尤其是新趋势、新技术在人力资源管理中的应用，对于人力资源管理专业的学习有着更高的要求。我国高等学校管理科学的人力资源管理专业领域的科研、教学和应用等方面都取得了长足进步，培养了一大批优秀人才，同时各所高等学校在相关专业的发展历史、特点和背景上的差异，以及企业对人才多样化、实务化的需求，使我国人力资源管理专业教育也面临着机遇和挑战。

"人力资源管理专业应用型本科教材"以人力资源管理专业学科体系为依托，涉及人力资源规划、工作分析、招聘与配置、培训与开发、绩效管理、薪酬管理、人员素质测评、劳动关系管理等方面的内容。本系列教材包括《人力资源管理概论》《工作分析》《人员招聘与配置》《人力资源培训与开发》《绩效管理》《薪酬管理》《人员素质测评》《员工关系管理》《人力资源服务概论》和《职业生涯规划》共 10 本，特色归纳如下：

第一，呈现了最新的理论和系统性知识。本系列教材在整个高等学校人力资源管理专业设计过程中，不仅强调基础理论知识的学习，而且从整套教材体系的搭建到每本书的内容安排，系统性地呈现了人力资源管理的理论知识。

第二，提供了实务操作技能的方法和工具。本系列教材从方法、工具到所选择的各个模块，充分反映了人力资源管理专业的技能运用，为读者提供了全方位的人力资源管理教学指导与依据，是人力资源管理专业教师开展教学时以及学生在学习、工作中必不可少的参考书。

第三，增加了课程实训的演练内容。部分本系列教材在"学习目标"和"本章自测题"的基础上，增加了在人力资源管理实践中的"课程实训"模块内容，增强了教材的实用性，以期辅助读者更快地领会与掌握人力资源管理的基本理论以及技术方法。

当然，本系列教材还有许多需要不断完善和修改的地方，我们殷切希望广大读者能够在使用过程中，给我们提供好的意见和建议，使之日臻完善，共同为中国的人力资源管理事业添砖加瓦。

编者
2023 年 5 月

前　言

随着我国改革开放的不断深入和经济的迅速发展，企业的竞争越来越激烈，这对企业人力资源管理提出了新的要求和挑战。企业如何成功地吸引、激励和保留优秀的人才，如何立足于竞争激烈的市场，唯一的途径就是掌握最新的人力资源管理知识，利用高效的技术、方法和工具，对组织内部的人力资源进行充分的开发和科学的管理。其中，薪酬管理是实现企业人力资源管理目标的重要手段之一。

《薪酬管理》共分为11章，包括薪酬管理概论、基本工资制度、薪酬调查与薪酬水平、薪酬结构管理、奖金管理、福利管理、股权期权激励、不同岗位的薪酬设计、薪酬控制管理、薪酬运行管理、薪酬外包。

如何将薪酬管理理论与管理实践有效结合？如何精准掌握薪酬设计的方法与工具？如何把握薪酬管理的最新趋势？如何在掌握薪酬管理知识的基础上，快速提高薪酬管理者的专业技能？本书将系统指导，逐一呈现。

本书具有以下两个方面的特点：

1. 知识、技能、实训，三位一体。全书以管理的工作过程和工作内容为导向，深入剖析企业在实际薪酬管理中遇到的相关问题，并提出有针对性的解决方案和方法等，包括文书、计划、表单、流程、技巧、模型、工作标准、案例等，帮助读者强化理论、有效操练以及参考借鉴。

2. 新趋势、新方法，合理运用。全书多层次、多维度地阐述了薪酬管理全面的内容，尽可能地针对企业实践吸收人力资源管理领域的新思想、新理论、新方法。

在本书编写过程中，特别感谢人力资源管理专业领域的一些杰出学者和企业界人士为我们提供了有益的评论以及建议，他们的许多专业知识、独到见解和体会很值得我们学习。同时，我们还要感谢在高校管理学教学第一线的教师们，他们投入了大量时间和精力，通过各种渠道向我们提供了高校科研、教育教学、在校学生方面对于教材颇有价值的信息反馈。

本书既适合高等院校人力资源管理专业及其他相关专业的师生阅读、使用，也能够满足不同层次的企业管理者，以及对人力资源管理感兴趣的人士、研究者、咨询师和培训师的学习、借鉴需要。

2023 年 5 月

目　　录

第一章　薪酬管理概论 …………………………………………………… 001
　　学习目标 ……………………………………………………………… 001
　　引导案例 ……………………………………………………………… 002
　　第一节　薪酬与薪酬管理 …………………………………………… 003
　　第二节　战略性薪酬管理 …………………………………………… 021
　　第三节　薪酬体系 …………………………………………………… 026
　　本章自测题 …………………………………………………………… 039

第二章　基本工资制度 …………………………………………………… 040
　　学习目标 ……………………………………………………………… 040
　　引导案例 ……………………………………………………………… 041
　　第一节　岗位工资制 ………………………………………………… 042
　　第二节　技能工资制 ………………………………………………… 048
　　第三节　绩效工资制 ………………………………………………… 051
　　第四节　结构工资制 ………………………………………………… 057
　　第五节　年薪制 ……………………………………………………… 060
　　本章自测题 …………………………………………………………… 064

第三章　薪酬调查与薪酬水平 …………………………………………… 065
　　学习目标 ……………………………………………………………… 065
　　引导案例 ……………………………………………………………… 065

第一节　薪酬调查……067
第二节　薪酬水平……080
本章自测题……087

第四章　薪酬结构管理……088

学习目标……088
引导案例……088
第一节　薪酬结构……090
第二节　宽带薪酬……104
本章自测题……112

第五章　奖金管理……114

学习目标……114
引导案例……114
第一节　奖金概述……116
第二节　奖金设计……118
第三节　奖金评比与发放……122
本章自测题……124

第六章　福利管理……125

学习目标……125
引导案例……125
第一节　福利管理概述……127
第二节　法定福利……135
第三节　企业福利……146
第四节　弹性福利计划……151
本章自测题……156

第七章　股权期权激励 ··· 157

学习目标 ··· 157

引导案例 ··· 157

第一节　股权期权激励概述 ······································· 159

第二节　股权激励的设计 ··· 168

第三节　期权激励的设计 ··· 181

第四节　合伙人制的设计 ··· 208

本章自测题 ·· 215

第八章　不同岗位的薪酬设计 ··································· 216

学习目标 ··· 216

引导案例 ··· 216

第一节　不同岗位薪酬设计的影响因素 ······················· 218

第二节　中高层管理人员薪酬设计 ······························ 226

第三节　专业技术人员薪酬设计 ································· 232

第四节　销售人员薪酬设计 ······································ 243

第五节　生产人员薪酬设计 ······································ 249

本章自测题 ·· 254

第九章　薪酬控制管理 ··· 255

学习目标 ··· 255

引导案例 ··· 255

第一节　薪酬预算 ··· 257

第二节　薪酬控制 ··· 262

本章自测题 ·· 293

第十章　薪酬运行管理 ··· 294

学习目标 ··· 294

引导案例 ··· 294

第一节　薪酬支付……………………………………………………… 296
第二节　薪酬诊断……………………………………………………… 301
第三节　薪酬调整……………………………………………………… 311
第四节　薪酬沟通……………………………………………………… 324
本章自测题……………………………………………………………… 327

第十一章　薪酬外包……………………………………………………… 328
学习目标………………………………………………………………… 328
引导案例………………………………………………………………… 328
第一节　薪酬外包概述………………………………………………… 329
第二节　薪酬外包管理………………………………………………… 333
本章自测题……………………………………………………………… 339

第一章　薪酬管理概论

 学习目标

- 掌握薪酬的概念、构成和功能
- 理解与薪酬相关的概念
- 掌握薪酬管理的概念、功能、原则、目标和内容
- 熟悉薪酬管理理论
- 了解薪酬管理发展新趋势
- 掌握战略性薪酬管理的概念、目的和作用
- 熟悉战略性薪酬管理的战略匹配
- 了解战略性薪酬管理的发展趋势
- 掌握薪酬体系概念、构成和作用
- 掌握薪酬体系设计的原则、模式和步骤
- 熟悉战略性薪酬管理体系设计的影响因素和目标挑战
- 掌握战略性薪酬管理体系的设计步骤

 引导案例

某科技集团共有市场、研发、技术、财务、行政等8个大部门,外地分支机构20多个,以及员工1 000多名(其中约45%为研发、技术人员)。该集团现有15个大股东(股东多在董事会工作),以及24位管理骨干成员,平均任职时间在5年以上。

经过近十年的集体努力奋斗,该集团已经顺利渡过了困难的创业初期,进入较为理想的上升发展阶段。现在根据集团的战略发展规划,计划引进外部的投资。

目前该集团面临的最大的问题是,集团新老创业者之间的利益冲突日益凸显,研发、技术和管理骨干对薪资福利的提升变化感到不满,有些重要员工甚至因此离职,人员流失率开始上升,这对集团的未来发展开始产生不利的影响。集团亟须改变目前的状况,于是公开对外招标,甲公司最终取得了为该集团进行薪酬福利体系设计的项目。

甲公司的薪酬体系设计团队通过问卷调查、访谈等形式,发现集团目前的薪酬福利激励机制存在如下问题:

1. 薪酬体系不明朗,年资工资体系、职能工资体系、岗位工资体系混乱并交叉使用;

2. 工资总体结构不合理,固定薪酬比例太大,没有激励作用;

3. 薪酬福利统计口径不科学,只计算静态工资,结果导致人工成本不低,却吸引不来人才;

4. 高层管理者薪资收入与业绩挂钩不紧密,激励和约束作用小;

5. 股东权益和薪酬分配混在一起,不利于职业化发展;

> 6. 短期福利保障手段单一，员工没有归属感。
>
> 假如你是甲公司薪酬体系设计团队的项目组长，请结合实际谈一谈你将如何为薪酬体系设计建立理论基础，如何设计构建薪酬体系。

第一节 薪酬与薪酬管理

一、薪酬概述

（一）薪酬的概念

不同国家、不同学者对薪酬（compensation）内涵的理解各不相同。美国著名薪酬管理专家米尔科维奇从价值交换的角度将薪酬界定为，雇员作为雇佣关系中的一方所得到的各种货币收入及各种具体的服务和福利的总和。约瑟夫·J.马尔托奇奥把薪酬作为激励员工的一种重要手段和工具，他认为薪酬是雇员因完成工作而得到的内在和外在的奖励。

本书将薪酬定义为，企业根据员工完成的工作任务、所做的贡献大小或者业绩，作为回报提供给员工的货币、实物和福利、服务等的总和。根据支付形式不同，薪酬分为两大部分：一部分是直接货币报酬，包括基本工资、奖金、加班费、佣金、利润分红等；另一部分则体现为间接货币报酬，如社会保险、休假、旅游、培训等。

（二）薪酬的构成

从工作回报形式的角度出发，薪酬主要由货币形式支付的薪酬以及以福利和服务形式支付的薪酬构成，因此，一般来说，薪酬主要由基本薪酬、绩效薪酬、激励薪酬、福利和服务构成。

1. 基本薪酬

基本薪酬是指企业为员工已完成的工作支付的基本报酬，它往往受社会生活水平的影响较大，而与已完成的工作结果没有直接关系，且忽略了同一岗位员工之间的差异，因此基本薪酬具有一定的稳定性。

2. 绩效薪酬

绩效薪酬又称为浮动薪酬，是对员工过去工作行为和已经取得成果的认可。它作为基本薪酬之外增加的一部分，往往随着员工业绩完成效果的提高而提高，具体包括个人奖励、团队奖励、佣金、利润分红等。

3. 激励薪酬

激励薪酬被看作可变性薪酬，与员工的工作业绩和企业的总体业绩直接相关。激励薪酬分为长期激励薪酬和短期激励薪酬。长期激励薪酬是指1年以上的激励性薪酬，如股票、期权、红利等。短期激励薪酬是指1年及1年以内的激励性薪酬，如奖金、提成等。

4. 福利和服务

福利和服务是指为吸引员工到企业工作而根据需要设计的作为基本薪酬补充的一系列措施和实物的总和，如休假、服务、生日蛋糕等。

在实际运用中，薪酬的各个构成部分具有不同的特色和优势，企业需要结合实际情况，将它们有机地、以恰当的比例组合在一起，才能取得最佳效果。

（三）薪酬的功能

薪酬是促进和发挥企业员工的工作积极性，使其将个人目标与企业目标有机结合起来的一种重要形式，合理的薪酬功能主要有以下五项。

1. 经济保障功能

薪酬是员工为企业提供劳动而获得的报酬，是员工满足其基本生活需要的保证。员工作为企业的人力资源，通过劳动取得薪酬来维持自身的衣食住行等基本需要，保证自身劳动力的生产。

2. 激励功能

薪酬可以用来评价员工的工作绩效，促进员工工作数量和质量的提高，从而保护和激励他们的工作积极性。薪酬的激励功能主要是通过福利、奖金等形式体现的。薪酬在为员工提供衣食住行费用的同时，也为员工发展个人业余爱好、追求更高层次生活的需求提供了条件。此外，薪酬在一定程度上体现了企业对员工工作的认可和肯定。

3. 调节功能

薪酬差异是人力资源流动与配置的重要"调节器"。企业通过薪酬拉开不同能力、不同岗位的员工的收入差距，有利于发挥人力资源的最优价值，同时保持内部一致性。

4. 凝聚力功能

企业通过制定公平合理的薪酬，可以调动员工的积极性和创造性，增加员工对企业的情感依赖，使员工自觉地为自身发展和企业目标的实现而努力工作。

5. 吸引外部优秀人才、留住企业优秀员工的功能

一个成功的企业离不开优秀的员工。员工在工作中获得自身利益的同时，也为企业创造了价值。企业通过提供具有竞争力的薪酬，可以吸引更多的人才加入企业，同时也可以留住内部的优秀员工。

（四）与薪酬相关的概念

为进一步理解薪酬的内涵，需区分与薪酬相近的相关概念，以下对报酬、收入、薪水、工资、奖励和分配进行简要的介绍。

1. 报酬

报酬是指企业因使用员工的劳动而付给员工的钱或实物，是员工因向其所在组织提供劳动或劳务而获得的各种形式的酬劳或答谢。报酬是从员工的视角出发对全面薪酬的一种界定，它强调员工获得的是一种酬劳或答谢。一般而言，报酬分为外在报酬和内在报酬，或直接经济报酬和间接经济报酬。

直接经济报酬包括基本工资、绩效工资、激励工资、生活水平调整增加工资等。

间接经济报酬包括企业支付的各种保险以及带薪休假等形式的经济

福利。员工福利包括非工作日工资、休假、服务（体检、员工餐厅等）和保险（医疗保险、人寿保险等）。

2. 收入

从个人收入角度而言，收入是指个人在销售商品、提供劳务及转让资产使用权等日常活动中所形成的经济利益的总流入，通常包括工资、租金收入、股利股息及社会福利等。

3. 薪水

薪水又称为薪金、薪资、薪给、薪俸，按《辞海》里的解释，薪水旧指俸给，意为供给打柴、汲水等生活上的必需费用。在我国这个词的意思就是工资。在英语中工资对应的单词是"salary"，是指从事管理工作和负责经营等的人员按年或月领取的固定薪金，特别指白领阶层的收入。

在日本，工资被认为是对工厂劳动者的给予，薪俸是对职员的给予。在我国台湾，薪给（salary）与工资（wage）统称为薪资。

4. 工资

工资是指作为劳动报酬按期付给劳动者的货币或实物，它是根据劳动者所提供的劳动的数量和质量，按事先规定的标准付给劳动者的劳动报酬。英语中工资对应的单词是"wage"，是指工人按件、小时、日、周或月领取的工资。

从政治经济学角度来讲，工资是劳动力价值或价格的转化形式，这是对工资抽象化的分析。从经济学角度来讲，薪酬一般泛指员工实际拿到的或企业支付的劳动报酬，这是人们对工资的一种形象化称谓。

从字面含义来看，薪酬是名词化的动词，有用其表达酬劳、酬谢之意，这样较容易与激励机制联系起来；而工资是名词，往往和生活费有关，感觉上是必然的分配结果，是企业应该付给员工的。

国际劳工组织《1949年保护工资公约》（第95号）规定，工资是指不论名称或计算方式如何，由一位雇主向一位受雇者，为其已完成和将要完成的工作或已提供和将要提供的服务，能够以货币结算并由共同协议或国家法律、条例确定且凭书面或口头雇佣合同支付的报酬或收入。

这一定义明确了工资的支付者、收入者、支付依据、支付方式以及支付标准。

5. 奖励

奖励又称为奖金或奖励工资，是为员工超额完成任务或取得优秀工作成绩而支付的额外薪酬，即对员工超额劳动的报酬，如红利、佣金、利润分享等。奖励的目的在于激励员工更好地为企业创造效益，这也是衡量奖励是否成功的标准。

从管理心理学角度来讲，奖励是对人的某种行为给予肯定与表扬，以使其保持这种行为。在企业中，奖励的范围包括工资、奖金、公开表扬、领导的鼓励，等等。

6. 分配

关于分配，通常我们听到的多是"收入分配""国民收入分配"和"收益分配"。

收入分配是指社会在一定时期内创造的生产成果，按照一定的规则，在社会群体或成员之间进行分割的经济活动。

国民收入分配，广义上是指一国在一定时期内经济活动成果在各经济主体之间的分配；狭义上是指国民收入在国民经济各部门、各生产单位和非生产单位以及居民中的分配过程。收入分配包括国民收入分配和个人收入分配两方面内容。

收益分配指的是企业对一定时期内的生产要素所带来的利益总额在企业内外各利益主体之间分割的过程。分配对象是企业的税息前利润（即利息、所得税和净利润）。收益分配，从广义上讲是指企业收入的分配；从狭义上讲是税后利润的分配。

二、薪酬管理概述

薪酬管理是指企业在组织发展战略的指导下，对员工薪酬支付原则、薪酬策略、薪酬体系、薪酬水平、薪酬构成等进行确定、分配和系统调整的动态管理过程。

（一）薪酬管理的功能

薪酬管理的功能主要体现在以下六个方面。

1. 控制企业的人工成本

薪酬管理中一项工作是薪酬测算。通过薪酬测算，企业可以事先测算出各个岗位的薪酬水平，然后根据测算结果并结合薪酬预算，对薪酬进行合理的调整，使得薪酬测算符合企业预算的薪酬开支，从而帮助企业控制人工成本。

2. 促进员工绩效的提高，提高员工工作的积极性

合理的薪酬管理可以满足员工对薪酬的需求，使员工更加积极地工作，其工作效率也会相应提高。

3. 促进员工知识积累和技能提高

随着时代的不断发展，企业的岗位要求也在不断变化，员工为了能获取更高的薪酬或跳槽到更好的企业工作，就必须提升自己的素质和相关的技能。

4. 构建和谐的组织气氛，创造良好的工作环境

合理的薪酬管理能避免员工之间的恶性竞争，帮助企业创造良好的工作环境。例如，团队绩效管理强调的是团队而非个人，团队成员的薪酬水平直接与团队的绩效有关，这样就会使得团队成员之间更愿意进行合作、分享经验，从而实现团队目标。

5. 促进员工个人目标与组织目标的有机结合

合理的薪酬管理立足于组织的发展战略，其实施能促进企业组织的发展。同时，合理的薪酬管理会在不同程度上满足不同员工的薪酬需求，在一定程度上能够促进员工个人目标的实现，所以合理的薪酬管理能促进员工个人目标与组织目标的有机结合。

6. 促进员工稳定性，实现企业对优秀人才的吸引力

合理的薪酬管理一定是在薪酬上具备竞争优势的，一方面它能增强员工对工作的热情和积极性以及对企业的忠诚度，另一方面也可以帮助企业吸引更多的优秀人才。

(二)薪酬管理的原则

科学合理的薪酬管理一般应遵循六大原则。

1. 公平性原则

薪酬的公平性体现在三个方面,即外部公平性、内部公平性和自身公平性。外部公平性是指薪酬与劳动力市场上同行业、同岗位的员工之间薪酬水平具有可比性。内部公平性是指企业内部员工之间的薪酬水平,应能体现员工个人能力大小、为企业带来的价值大小等。内部公平性影响了企业内部员工之间的合作关系。自身公平性主要是考虑到员工的工资收入等应与个人给企业带来的价值大小直接呈正相关,让员工有满足感。

2. 竞争性原则

竞争性原则主要是针对外部薪酬市场水平而言。企业只有支付符合劳动力市场水平的薪酬,确保企业的薪酬水平与类似行业、类似企业、类似岗位的薪酬水平相当,同时关注竞争对手采取的薪酬策略和薪酬水平情况,才能吸引并留住优秀的人才。

3. 激励性原则

各岗位员工的薪酬应与员工的绩效直接相关,且具有一定的差距,不同等级的员工之间薪酬水平也应该适当拉开差距以促进员工努力工作的积极性,体现薪酬的激励作用。

4. 平衡性原则

人力资源成本也是企业薪酬管理的重要工作内容之一,企业实施的薪酬管理不仅要体现薪酬水平的对外竞争性,同时也应该考虑到企业的承受能力,合理控制人力资源成本的增长。

5. 成本控制性原则

在实现以上四项基本原则的基础上,企业还应当充分考虑自身的财务实力和实际支付能力。科学合理的薪酬管理要求企业对人工成本进行必要的控制。

6. 合法性原则

企业薪酬管理的制度规定必须符合国家相关的政策和法律、法规,如国家对最低工资标准的规定，以及对工作时间要求、延长工作时间的劳动报酬支付标准、社会保险和住房公积金缴纳标准、经济补偿金、年底工资指导线的要求等。

（三）薪酬管理的目标

薪酬要发挥其应有的作用，薪酬管理应达到以下三个目标：合法、效率、公平。合法是企业存在和发展的基础，而达到效率和公平目标，就能促使薪酬激励作用的实现。

1. 合法目标

合法目标是企业薪酬管理的最基本前提，要求企业实施的薪酬制度符合国家和省、自治区、直辖市的法律法规和政策要求，例如不能违反最低工资、法定保险福利、工资指导线制度等要求规定。

2. 效率目标

效率目标包括两个层面：第一个层面是站在产出角度来看，薪酬能给组织绩效带来最大价值；第二个层面是站在投入角度来看，薪酬管理能实现薪酬成本控制。效率目标的本质是用适当的薪酬成本给组织带来最大的价值。

3. 公平目标

公平目标包括三个层次：分配公平、过程公平、机会公平。

分配公平是指企业在进行人事决策、决定各种奖励措施时，应符合公平的要求。如果员工认为受到不公平对待，将会产生不满。员工对于分配公平的认知，来自其对于工作的投入与所得进行的主观比较，在这个过程中他还会将现在的情况与过去的工作经验、同事、同行等进行对比。分配公平可分为自我公平、内部公平和外部公平三个方面。自我公平是指员工获得的薪酬应与其付出成正比。内部公平是指在同一企业中，不同职务的员工获得的薪酬应正比于其各自对企业做出的贡献。外部公平是指同一行业、同一地区或同等规模的不同企业中，类似职务的薪酬应基本相同。

过程公平是指在作出任何奖惩决策时，企业所依据的决策标准或方法符合公正性原则，程序公平一致、标准明确，且过程公开。

机会公平指企业赋予所有员工同样的发展机会，包括企业在决策前与员工互相沟通，企业决策时考虑员工的意见，建立有员工申诉机制等。

（四）薪酬管理的内容

薪酬管理的内容主要包括薪酬测算、薪酬调整、薪酬控制和薪酬预算四大部分。

1. 薪酬测算

企业在进行薪酬水平设计或薪酬调整时均需要结合企业人工成本总额预算及各岗位人才市场人才供给情况所决定的薪酬水平，对企业各岗位的薪酬额度进行相应的科学、合理的测算。

薪酬测算就是通过科学的计算方法，对薪酬调整后的一种预期性结果的科学分析过程。薪酬测算的目的是保证企业的薪酬总额及薪酬水平能更加符合企业的实际情况，同时又能保证企业的薪酬在劳动力市场上具备一定的竞争性。通过薪酬测算，企业能对薪酬调整的总体额度进行合理控制，进而较准确地确定各岗位薪酬的调整幅度。

2. 薪酬调整

企业在薪酬执行过程中，经常会出现一些薪酬制定不符合现实情况或执行不理想的情形，因此要对已有薪酬进行不断调试。

企业薪酬调整的合理与否，决定了薪酬调整对员工激励作用的大小。因此，企业在进行薪酬调整前应全面搜集资料、调查了解，有针对性地调整薪酬水平或薪酬结构。

3. 薪酬控制

企业的薪酬控制主要是指企业对薪酬费用总额的控制，目的是避免因薪酬过快增长而导致超出企业实际支付能力情况的发生。薪酬控制的常用工具一般有通过员工数量和工时控制薪酬、通过薪酬结构调整和薪酬水平调整控制薪酬、通过薪酬技术进行潜在的薪酬控制三种。

（1）通过员工数量和工时控制薪酬。通常包括控制员工数量和控制用工时数。控制员工数量是指企业长期保留核心员工，对非核心员工则根据其经营特点建立短期用工机制。通过控制用工时数来实现薪酬控制，即通过控制员工实际工作的时间来进行薪酬费用控制，但此方法的应用应建立在符合国家相关法律法规规定的基础上。

（2）通过薪酬结构调整和薪酬水平调整控制薪酬。通过薪酬结构调整控制薪酬的方法是控制可变薪酬支出，采用此方法的前提是企业的薪酬组成中既有固定部分也有可变部分，通过对可变部分的控制，来实现对薪酬总额的控制。通过薪酬水平调整控制薪酬的方法是薪酬冻结、延缓提薪和控制间接薪酬支出。薪酬暂时冻结是在一定时间内暂停薪酬调整，增加企业实力，节省下来的资金可用于企业再生产或者开辟新的销售渠道，可用于短期的薪酬控制。延缓提薪是指暂时推迟一段时间再给应加薪的员工加薪，采用此方法应该事先与员工沟通好。控制间接薪酬支出是指控制或压缩企业的福利费用，避免直接控制工资给员工带来的负面影响。

（3）通过薪酬技术进行潜在的薪酬控制。企业可以通过工作评价、薪酬调查、薪酬结构、宽带薪酬、最高最低薪酬水平控制、成本分析、薪酬比例比较等薪酬技术手段，来改善薪酬成本控制工作。

4. 薪酬预算

预算是一种定量的控制计划，是企业在一定周期内经营、资本、财务等各方面的收入、支出、现金流的总体计划。薪酬预算的目的在于实现对薪酬总额的控制。

薪酬预算是企业战略决策过程的一个关键程序。企业在进行经营决策时必须把企业市场经营状况、本企业经营状况、人力资源成本控制等因素结合起来进行考虑。薪酬预算也是确保薪酬成本不超出企业承受能力的必要手段。

三、薪酬管理理论

（一）早期的工资理论

1. 最低工资理论

最低工资理论是由威廉·配第最早提出的，其基本观点是工资有一个自然的价值水平，即生活所必需的最低生活资料的价值。如果工资低于这个水平，工人就无法维持最低的生活了，同时企业也丧失了继续发展的条件。也就是说，最低工资水平既是工人维持生存的基本保障，也是雇主持续生产经营的必要条件。

2. 工资差别理论

亚当·斯密提出了工资差别理论的思想。他认为，造成不同职业和工人之间工资差别的原因主要有两类：一类是不同的职业性质；另一类是工资政策。

一方面，职业性质是现代岗位和职务工资制的基础，即劳动者素质和劳动量不同，劳动报酬也不相同。职业性质对工资差别的影响有以下五个方面。

（1）劳动者的心理感受不同。有的职业使人感到愉快，有的则使人感到厌烦。

（2）掌握职业要求的难易程度不同。有些职业技能很容易学习和掌握，有些则难以掌握。

（3）职业的安全程度不同。有的职业风险大，安全系数低；有的职业就没有什么风险，十分安全。

（4）承担的责任不同。有的职业责任比较大，有的则很小。

（5）成功的可能性不同。有的职业很容易使人获得成功，而有的职业则容易令人失败。支付高工资的职业特点一般是使劳动者不愉快、学习成本高、不安全、责任重大、失败率高等，具有相反特点的职业则付给劳动者低工资。

另一方面，这一理论还暗示了一定的政策意义，即政府不适当的工资政策（如竞争限制、垄断、劳动力的自由流动受到阻碍等）会扭曲劳动力市场的供求关系，从而使作为劳动力价格的工资，反映不出合理的差别。

3. 工资基金理论

李嘉图和穆勒等经济学家对薪酬理论进行了研究，创立了工资基金理论。该理论的基本观点是，工资不是由生存资料决定的，而是由资本决定的。影响工资的三种要素包括工人人数、雇佣工人的资本、工资成本与其他成本间的比例。工资数量和水平由总资本及其比例决定，即工资（W）是资本（C）的函数，用公式表示如下：

$$W=F（C）$$

（二）薪酬决定理论

1. 边际生产力工资理论

边际生产力工资理论是近代工资研究的基础理论，主要代表人物是英国经济学家阿尔弗雷德·马歇尔和美国经济学家约翰·贝茨·克拉克等。

边际生产力工资理论认为，劳动的生产力遵循生产递减规律，即在资本量不变的条件下，劳动的生产力随劳动者的增加而递减。也就是说，如果边际收入少于边际成本，雇主就不会雇用更多的工人或者会解雇现有的工人；反之，雇主就不会裁员或者会雇用更多的工人。可见，最后增加的单位劳动者就是边际劳动者，他所生产的产品就是劳动者的边际生产力。

2. 劳资谈判工资理论

劳资谈判工资理论是工会发展的产物，也称集体交涉工资理论。其基本假设是组织的员工与雇主之间是一种对立关系，员工工资水平的确定依赖于以工会为代表的工人集体一方与以企业主或企业主集体为代表的资方进行的谈判。该理论认为，工资水平反映了社会组织与员工之间的利益关系，由两者之间的力量对比决定。

劳资谈判工资理论的基本观点是，工资由资方愿意支付的最大值与工会愿意接受的最小值之间的某个平衡点决定。在一个较短的时期内，工资至少在一定程度上取决于劳动力市场上雇主与雇佣劳动者之间的集团谈判。在双方交涉过程中形成的公平合理、互惠互利等原则逐渐成为劳资双方集体交涉的基本准则。在一定意义上讲，劳资谈判工资理论也为之后的集体谈判制度的确立和工会作用的发挥奠定了理论基础并进行了实践的总结。

3. 供求均衡薪酬理论

供求均衡薪酬理论的创始人是英国著名经济学家阿尔弗雷德·马歇尔，他在边际效用价值论和边际生产力工资理论的基础上提出了该理论。

马歇尔认为，工资是由劳动力的供给价格和需求价格相均衡的价格决定的。劳动力的供给价格取决于劳动者的生活费用（即劳动者维持自身及其家庭的最低生活费用），劳动力的需求价格取决于劳动者的边际生产力（即边际劳动者生产的产品）。

从劳动力的需求看，工资取决于劳动者的边际生产力。从劳动力的供给看，工资取决于两个因素：一是劳动力的生产成本；二是经营劳动力的净收益。均衡价格即需求价格等于供给价格，如图1-1所示。

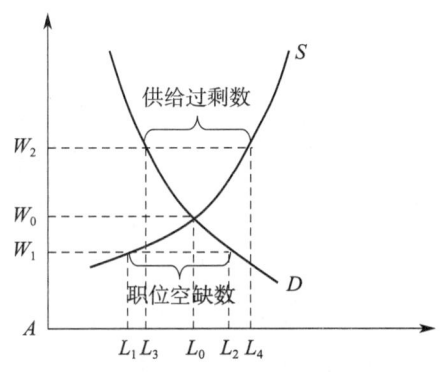

图1-1　边际生产力与工资水平

当劳动力供过于求时，劳动者的工资低于劳动力的生产成本，劳动力亏损运营。

当劳动力供不应求时，劳动者的工资高于劳动力的生产成本，劳动力获得超额利润。

当劳动力供等于求时，劳动者的工资略高于劳动力的生产成本，劳动力微利运营。

4. 效率工资理论

20世纪70年代以来，西方市场工资理论的研究开始倾向于将工资视为促进生产率提高的手段，而不是结果。效率工资理论（efficiency wage theory）因此而产生。

效率工资理论是一种有关失业的劳动理论，是为了解释非自愿性失业现象所发展出来的相关模型的通称，其核心概念是工人的生产力与其所获得的报酬呈正向关系。该理论认为，工人在生产过程中所付出的努力是实际工资的函数，在资本要素不变的情况下，企业的产出取决于生产过程中投入的劳动要素数量和工人所付出的努力，用公式表示如下：

$$\lambda=\lambda(W, W-1, \mu)$$

式中，λ代表每个工人的劳动生产率；W代表企业支付的工资率；$W-1$代表其他企业支付的工资率；μ代表失业率。

5. 人力资本理论

现代人力资本理论的创始人是美国经济学家西奥多·舒尔茨和加里·贝克尔，舒尔茨后来被公认为人力资本理论之父。1960年，舒尔茨在其题为"人力资本投资"的演讲中提到，人的劳动能力是通过后天家庭和社会的培养以及个人的努力，通过大量稀缺资源的投入而形成的。

舒尔茨认为，人力资本是体现在劳动者身上的以其数量和质量形式表示的资本，它由劳动者的知识、技能、体力（体质、健康状况）等构成。人力资本是通过人力资本投资形成，人力资本投资主要包括三个方面：有形支出、无形支出和心理损失。有形支出又称为直接支出、实际支出。无形支出又称为机会成本，它是指因为投资期间不可能工作或至少不能从事全日制工作而放弃的收入。心理损失又称为精神成本、心理成本。

人力资本投资主要有五种形式：医疗和保健投资、在职培训投资、正规教育投资、社会教育投资、个人和家庭流动性。

（1）医疗和保健投资。人的心理、生理状况是人力资本借以发挥作用的自然基础。劳动者的健康状况对决定各种方式的人力资本投资及其价值实现起着重要的作用。

（2）在职培训投资。这类投资侧重于人力资本构成中的专业知识与技能存量。它表现为人力资本构成中的"专业技术等级"或"技术等级"。

（3）正规教育投资，即通过正规教育投资形成并增加人力资本的知识存量。

（4）社会教育投资，主要是非企业组织为成年人举办的劳动技能训练。

（5）个人和家庭流动性，即劳动力迁徙投资。劳动力流动能够助力实现人力资本优化配置，调整了人力资本分布的稀缺程度，是实现人力资本价值和增值的必要条件。

（三）薪酬分配理论

1. 按劳分配理论

按劳分配是马克思在创立科学社会主义理论体系的过程中确立的社会主义社会个人消费品的分配原则。马克思的按劳分配原则进一步发展成为社会主义工资理论。该理论认为，社会主义工资是国家扣除用于社会共同利益和在生产以及与生产无关的管理费用以后，根据按劳分配的原则，借助社会形态对劳动者进行个人消费品分配的一种形式。以全社会为分配单位，按照等量劳动领取等量报酬的原则，由社会制定统一的按劳分配制度，多劳多得，少劳少得。

2. 分享经济理论

分享经济理论是美国经济学家马丁·魏茨曼在1984年其《分享经济》一书中提出来的。有人称之为"自凯恩斯理论后最卓越的经济思想"，它展示了一种对付滞胀的全新的思维，从企业劳动报酬的分配制度进行解释，分析产生滞胀的原因，并找出对策。自此，一种全新的工资理论——分享经济理论产生了。

魏茨曼将工人的报酬制度分为工资制度和分享制度两种模式，相对的资本主义经济分为工资经济和分享经济。分享经济是一种劳动的单位成本随着就业的增长而下降的经济。

分享经济理论是把工人的工资与某种能够恰当反映企业经营的指数相联系，这样工人与资本家在劳动力市场上所达成的不再是具体规定每一工作小时的工资这种合同，而是确定工人与资本家在企业收入中各占多少分享率的协议。分享经济理论认为，资本主义的根本问题不在于生产，而在于分配，主要是这种过时的工资制度的不合理。

魏茨曼提出的由工资经济向分享经济转换的建议，对我国的工资分配也有借鉴意义。如我国从1981年试行的除本分成制，自1985年以来普遍推广的承包制和工效挂钩，1988年深圳市蛇口工业区推广的剩余收益制，1994年新乡市试行的工资加劳动分红制度等都是分享经济的体现形式。

3. 公平理论

公平理论是美国北卡罗来纳大学的行为学教授斯塔西·亚当斯提出来的。公平理论认为，人们总是将自己做出的贡献和所得的报酬与一个和自己条件相当的人的贡献和报酬进行比较，如果这两者之间的比值相等，双方就都有公平感。公平理论可以用公式表示如下：

$$O_p/I_p=O_o/I_o$$

式中，O_p代表一个人对他自己所获报酬的感觉；I_p代表一个人对他自己所做贡献的感觉；O_o代表另一个人对他自己所获报酬的感觉；I_o代表另一个人对他自己所做贡献的感觉。

当一个人发觉自己的分配不公平时，为了消除不公平感，他可能采取以下五种方式：谋求增加自己的报酬；谋求降低他人的报酬；设法降低自己的贡献；设法增加他人的贡献；另换一个报酬与贡献比值较低者作比较对象。

（四）薪酬运用理论

1. 期望理论

期望理论是美国心理学家维克托·弗鲁姆提出来的，它实质上是一种激励理论。期望理论用公式表示如下：

$$M=V\times E$$

式中，M代表激励力量；V代表效价；E代表期望值。

效价是指个人对他所从事的工作或所要达到的目标的估计，也可以理解为个人对其可能达到目标的重视程度。期望值是指个人对某项目标能够实现的概率的估计，也可以说，是个人对目标能够实现的可能性大小的估计。期望值也叫期望概率，在现实生活中，个人往往根据过去的经验来判断一种行为能够导致某种结果或满足某种需要的概率。

2. 强化理论

强化理论是美国心理学家伯尔赫斯·弗雷德里克·斯金纳提出来的。强化理论认为，员工行为矫正的一般方式有四种：正强化、负强化、惩罚、自然消失。

强化理论中薪酬管理的含义是，较高绩效的员工如果能得到奖励，那么他们就更可能在将来达到更高的绩效水平。同样道理，较高的绩效如果没有受到奖励，那么这种绩效在未来出现的可能性就不会太大。强化理论强调了个人获得刺激奖励的经历所具有的重要性。

3. 委托代理理论

委托问题的现代意义最早是由美国经济学家斯蒂芬·罗斯提出的，后来英国经济学家詹姆斯·米尔利斯和美国经济学家约瑟夫·斯蒂格利茨进一步发展了委托代理理论。

该理论倡导所有权和经营权分离，企业所有者保留剩余索取权，而将经营权让渡。它分析了企业的不同利益群体之间所存在的利益差异与目标分歧，进一步阐述了如何利用薪酬制度设计促进不同利益群体之间的利益与目标一致。

四、薪酬管理发展新趋势

（一）从"等级工资"到"宽带薪酬"

宽带薪酬是指将组织中原有的多个薪酬等级压缩成相对较少的薪酬等级，同时将每个薪酬等级所对应的薪酬浮动范围拉大。

宽带薪酬打破了传统薪酬结构的等级制度，有助于企业组织结构向扁平化发展，同时有利于企业提高效率以及创造学习型的企业文化，从而提升企业的核心竞争优势和企业的整体绩效，也有利于引导员工提高个人技能和能力。

（二）从"短期激励"到"长期激励"

相比几年前的职场，现在员工的离职与换岗率大幅度提升，特别是"90后""95后""00后"这些群体，因此，如何保留优秀的员工已成为大部分企业十分头疼的问题。

短期激励虽然在一定程度上能起到激励作用，但也容易导致员工工作时间的短期化、企业人才流失严重，这势必会对企业的发展造成影响。为了解决这个问题，企业开始寻找新的方法来保留核心技术人才，稳定优秀员工，于是长期激励便成为企业保留人才的一个重要举措。

长期激励是企业为保留、吸引和激励核心员工，与员工共享收益、共担风险的一种激励措施，它能够将员工的利益与企业的利益紧密结合起来，从而加强员工的积极主动性和主人翁意识，促使员工与企业共同发展。目前，被广泛使用的长期薪酬激励方法有股票期权激励、虚拟股票激励、限制性股票激励、员工持股计划、管理层收购、合作人制度等。

（三）从"经济薪酬"到"全面薪酬"

随着"90后""95后""00后"群体进入职场，传统的、单一的经济薪酬的弊端日益显现，对上述群体无法起到有效的激励作用。为了弥补传统、单一经济薪酬的不足，全面薪酬逐渐受到企业的重视。

全面薪酬是指除了传统的货币形式的薪酬外，企业增加了对员工的非货币薪酬激励，包括外在薪酬和内在薪酬。有关外在薪酬和内在薪酬的详细阐述参见第三节。

全面薪酬强调物质和精神并重，既要注重对员工的外在物质激励，又要重视员工内在的心理需求，使员工在工作时得到最大的满足感，同时增加其对企业的认同感，减少员工的流动性。

（四）从"保密薪酬制度"到"透明化薪酬制度"

随着互联网信息技术的高速发展和企业间日益激烈的竞争，越来越多的企业开始由保密薪酬制度转向透明化薪酬制度。

美国的调研数据显示，超过 30% 的企业已经开始实行内部员工薪酬制度共享。在我国，薪酬制度透明化的趋势也日渐增长。50% 以上的企业员工希望能公开薪酬，他们认为透明的薪酬制度能让他们对自身的付出有相对清楚明确的期望，"劳有所期，劳有所得"。

透明化薪酬制度不仅能提高员工的工作积极性，还有利于企业营造公平、竞争的工作氛围，同时还能规避企业管理者滥用职权。由此可见，薪酬制度透明化将是未来薪酬管理发展的必然趋势。

第二节 战略性薪酬管理

一、战略性薪酬管理概述

（一）战略性薪酬管理的概念

战略性薪酬管理是由美国薪酬专家乔治·米尔科维奇在 1988 年提出的，是指企业在进行薪酬决策时，对运营环境中面临的机会与威胁作出及时而适当的反应，并且能配合或支持企业全局的、长远的发展目标。

战略性薪酬管理是对企业绩效具有关键性作用的薪酬决策模式，只要是对企业绩效产生重大影响的薪酬决策都是具有战略性的决策，但战略性薪酬管理并不等于战略性薪酬决策，战略性薪酬管理的核心是薪酬战略。

战略性薪酬管理是以企业发展战略为依据，根据企业在某一发展阶段的内外部环境变化状况，正确选择适合本企业发展的薪酬策略、系统设计并实施管理，使之促进企业战略目标实现的活动。

（二）战略性薪酬管理的目的

1. 吸引外部优秀人才进入企业

当前环境下，企业对人才的争夺非常激烈，如何建立一个对人才有足够吸引力的战略性薪酬体系是很多企业都面临的一个课题。

2. 激励为企业创造价值的核心员工

帕累托法则告诉我们，真正为企业创造价值的是 20% 的人，那么企业如何通过战略性薪酬体系激励这部分持续创造价值的员工的问题就非常值得思考。

3. 回报为企业做出贡献的员工

除了激励 20% 的核心人才之外，企业还需要对为企业发展做出贡献的大部分员工给予合理的回报。

4. 建立薪酬调整和支付的系统

建立薪酬调整和支付的系统可以实现薪酬动态调整，具有灵活机动的特点，可以使薪酬体系与企业战略目标与业务运行紧密关联。

（三）战略性薪酬管理的作用

作为企业薪酬战略的一种形式，战略性薪酬管理具有其独特的作用，主要体现在以下五个方面。

1. 提高员工的工作积极性并促进其个人发展

战略性薪酬管理的制定在保证企业经营目标达成的前提下，将员工个人收入和发展与企业经营状况有机结合起来，有效提高了员工工作积极性和在企业长期发展的忠诚度。

2. 使员工的努力与企业的目标、理念和文化相符

战略性薪酬管理将员工个人工作目标与企业经营目标有机结合起来，保证了个人努力结果与企业经营目标的一致性。

3. 满足企业增强对外竞争力的需要

企业经营的外部环境发生变化都会引起企业生产经营管理的变化。企业要想在这些变化中求得生存与发展，就必须实施灵活的薪酬措施来适应外部的挑战，增强其竞争力。

4. 适应市场经济发展的需要

随着市场经济的不断发展，企业改革是适应市场经济发展的必然趋势，薪酬体系亦应随之改革，而薪酬体系的改革也是利益关系的重组，这同样是员工最为重视的。

5. 顺应企业战略化管理的需要

企业的战略化管理需要科学的管理制度作为支撑，在这些制度建设的基础上形成科学的管理体制。其中，战略性薪酬管理是科学管理制度的重要组成部分。

二、战略性薪酬管理的战略匹配

企业的薪酬战略必须与经营战略高度一致。通常情况下，企业的经营战略有低成本战略、差异化战略、专一化战略、稳定发展战略、快速发展战略、收缩战略等。企业选择不同的经营战略就需要有不同的薪酬战略与之相匹配。

（一）低成本战略

低成本战略是企业采用大规模生产方式，降低产品的平均生产成本来获得利润的生产经营方式。该战略实施的前提是实现管理费用最低化，并严格控制研发、试验、服务和广告等活动。

企业采用低成本战略时，其薪酬管理体系也具有与之相适应的特点。

1. 较低的薪酬成本实现规模性生产

当企业的总体薪酬支出水平一定时，企业可聘用较少的高效率员工或聘用较多的效率较低的员工来完成既定的生产经营任务。与雇用大量低效率员工的方式比较，前一种方式更加有利于节约企业的总用工成本，从而为低成本战略提供良好的支撑。

2. 建立基于成本的薪酬决策制度

基于成本的薪酬决策制度既可以是在确保产品数量和质量前提下的总成本包干制，也可以是在核定基本成本水平基础上的成本降低奖励制。

3. 有限的奖金

由于低成本战略背景下的企业薪酬制度强调的是效率工资，在规模生产条件下，尽可能减少其他奖金项的设置，突出以效率工资为主的薪酬结构，这也是低成本战略背景下的薪酬制度的又一明显特征。

（二）差异化战略

差异化战略是企业通过采用特定的技术和方法，使本企业的产品或服务在质量、设计、服务等方面，实现能让客户感知到的、与竞争对手具有明显差异的产品或服务，企业从而可以通过提高产品的销售价格获得较高的利润。

企业采用差异化战略，要求企业的新产品开发能力和技术创新能力非常强，能不断培育成熟的项目开发团队、产品设计团队和服务团队。在差异化战略背景下，企业薪酬管理体系一方面要注重提高员工的薪酬水平以增强激励效果，同时也需要注意团队建设，建立团队薪酬制度和完善的福利制度等。

（三）专一化战略

专一化战略是指企业生产经营单一的产品或服务，或者将产品或服务指向特定市场范围或顾客群。专一化战略的实施以专业化技术为前提，既有利于企业同时实现低成本和差异化，也有利于企业在特定的技术领域或者市场中保持持久的领先地位。

为吸引、保留和激励相应的技术人才，企业通常给技术人员支付远远超过市场平均水平的效率薪酬，以提高技术人员对企业的忠诚度，减少由于人员流失而带来的招聘费用、培训费用的损失及人员空缺造成的研发市场流失。

在这种经营战略背景下，企业通常采用基于技术等级的薪酬决定制度，并广泛采用股权激励和期权激励等长期薪酬激励计划。

（四）稳定发展战略

稳定发展战略是指企业保持现有的产品和市场，在防御外来环境威胁的同时保持均匀的、小幅度的增长速度。

追求稳定发展战略的企业一般缺乏成长资源，处于稳定的市场环境，经历过一段高速成长或收缩。在这种战略背景下，企业采用薪酬结构相对稳定、薪酬水平保持大体相同的增长比率的薪酬策略。

（五）快速发展战略

快速发展战略是指企业通过多样化经营或开辟新的生产经营渠道、增加市场占有率而使其在产品销售量、市场占有率及资本总量等方面获得快速和全面的成长。除了依靠企业内部资源外，采用快速发展战略的企业往往通过兼并、合并和重组等外部扩张方式来实现快速发展。

为了满足企业经营领域多样化和经营地域多样化的需要，企业的薪酬管理体系设计也应该针对不同的多元化形式进行多样化设计，如企业不同业务板块、不同经营区域可以建立不一样的薪酬管理体系，以满足企业经营领域多样化和经营地域多样化的需要。

（六）收缩战略

收缩战略是指企业面临衰退的市场或失去竞争优势时，主动放弃某些产品或市场，以维持其生存能力的战略。在这一阶段，企业的薪酬制度应回归到维护企业核心资源和核心竞争力上来，强调薪酬制度的统一性。

在收缩期，企业要考虑的一个重要因素是反敌意收购，设计有利于接管防御的薪酬策略。例如，规定收购者在完成收购后，若在人事安排上有所变动，须对变动者一次性支付巨额补偿金。这部分补偿金支出通常视变动者的地位、资历和以往业绩而有高低之别。此外，管理层收购（MBO）和员工持股计划（ESOP）等制度既是企业治理的手段，也是企业薪酬制度的一部分。

三、战略性薪酬管理的发展趋势

战略性薪酬管理的发展趋势主要表现在以下四个方面。

（一）薪酬管理强调外部竞争性

随着信息技术和咨询手段日益发达，企业内外部之间薪酬的信息不对称性得到了极大改善，这就要求企业在薪酬管理方面，尤其是在薪酬结构变革时,更加注重对外部薪酬数据的调查分析,设定具有较强外部竞争力的薪酬水平。

(二)薪酬管理与企业战略及运营的关联更加密切

为了给企业的长期发展提供强大的薪酬管理支撑,同时为了更好地吸引和保留员工,越来越多的企业在薪酬结构设计中开始逐渐降低固定薪酬的比例,增加浮动薪酬的比例。

(三)薪酬管理强调宽带薪酬结构设计

与企业组织的扁平化发展趋势相适应,企业薪酬结构的设计倾向于层级更少、层级内薪酬幅度更大的宽带薪酬设计。宽带薪酬设计不仅与企业层级相关,同时也与企业的管理情况有关,如企业管理成熟度越高,稳定性越大,宽幅越大;企业管理成熟度越低,稳定性越差,宽幅越小。

(四)薪酬管理强调总体薪酬概念

随着企业员工构成的复杂化、员工的薪酬诉求多元化,企业薪酬管理不仅要关注传统的经济性薪酬,也要越来越多地关注员工的非经济性薪酬。

第三节 薪酬体系

一、薪酬体系概述

薪酬体系是企业人力资源管理系统的一个子系统。它向员工传递了企业中的价值取向,并且为向员工支付报酬建立了政策和程序。

(一)薪酬体系的构成

薪酬体系主要由外在薪酬和内在薪酬两部分构成。

1. 外在薪酬

外在薪酬是指员工通过为企业做出贡献而获得的直接或间接的货币收入，包括基本工资、奖金、补贴、保险以及其他福利等。

直接货币收入是薪酬的主要构成部分，用于解决员工的基本生活需求。间接货币收入是用于满足员工基本生活需求之外的较高层次的生活需要。

（1）基本工资。基本工资也称薪水，是劳动报酬的主体，它是根据员工的工作性质、工作类别、工作责任大小等因素而确定的、支付给员工的稳定性报酬，是按劳分配原则的重要体现。

（2）奖金。奖金是一种补充性的薪酬形式，它是企业对员工的超额劳动或者增收节支而设置的一种报酬形式，旨在鼓励员工提高工作效率或工作绩效，着眼于正常劳动之外的超额劳动。

（3）补贴。补贴是指为补偿员工特殊或额外的劳动消耗和因其他特殊原因而支付给员工的基本工资以外的报酬，例如为了保证员工工资水平不受物价影响支付给员工的物价补贴。

（4）保险。保险属于福利的一种，它是对员工长远利益的保证或者对突发事件的预防。

（5）其他福利。其他福利是指除国家法定福利以外的福利，如企业为员工提供的带薪旅游、培训、免费的早餐和午餐等。

2. 内在薪酬

内在薪酬是指员工由于自己努力工作而受到晋升、表扬或受到重视等，从而产生的安全感、成就感、满足感、公平感、自我实现感、尊重感等。它是受心理和社会性因素所影响的。

（二）薪酬体系的作用

薪酬体系对企业的发展有着举足轻重的作用。薪酬是每位员工都非常关注的问题，也是影响员工满意度的关键因素之一。

企业通过制定公平合理的薪酬体系，既可以调动员工的工作积极性，又能激发员工的创造力，使员工实现自我价值，增加对企业的忠诚度，自发地为企业目标的达成而努力工作。

企业要发展，人才是关键。员工在工作中获得了自身利益的同时，也为企业创造了价值。企业提供具有竞争力的薪酬，可以吸引更多的人才加入企业，同时也可以留住内部的优秀员工。

二、薪酬体系设计原则

薪酬体系设计是指企业在薪酬体系构建过程中，针对薪酬体系中的各个构成因素分别采取科学的方法去收集、获取并统计、分析相关资料和数据，从而使薪酬体系中的各个构成因素均有其存在的意义和价值的过程。设计良好的薪酬体系与企业的战略规划直接相联系，从而使员工能够把他们的努力和行为集中到助力企业在市场中竞争和生存的工作中。在设计薪酬体系时，应遵循以下七项原则。

（一）公平性原则

公平性是薪酬体系的基础。员工的工作积极性不仅受绝对报酬的影响，还受到相对报酬的影响。员工认为只有在其所在企业的薪酬体系是公平的前提下，他们才可能对企业产生认同感，薪酬的激励作用才能发挥出来。

公平性原则包括横向公平、纵向公平和外部公平。横向公平是指企业所有员工之间的薪酬标准、衡量尺度应该是一致的。纵向公平是指员工过去的投入产出比应该和现在乃至将来的比值基本上保持一致，员工获得的报酬应与其劳动付出成正比。外部公平是指同一行业、同一地区及同等规模的不同企业的相似岗位的报酬应该基本相同。

（二）经济性原则

设计薪酬时必须充分考虑企业实际情况，一方面要保证薪酬水平有一定的竞争性和激励性；另一方面要保证留存企业追加和扩大投资的资金，以确保企业的可持续性发展。

（三）激励性原则

不同岗位、不同绩效水平的员工薪酬水平应拉开差距，以鼓励员工继续努力工作，激发其工作潜能。

（四）合法性原则

薪酬体系的设计应符合国家相关法律法规，如国家的最低工资标准、工作时间、加班加点工资、经济补偿金等方面的有关规定。

（五）补充性原则

企业应保证员工的薪酬能足以补偿劳动力再生产的费用，这不仅应该包括补偿员工恢复工作精力所必需的衣食住行费用，而且还应补偿员工为获得工作所必需的知识和技能等所支付的费用。

（六）战略导向性原则

合理的薪酬体系有助于企业发展战略的实现。企业在进行薪酬体系设计时，必须从企业战略的角度进行分析，要分析付酬因素中哪些因素相对重要，哪些因素相对次要，并赋予这些因素相应的权重，从而确定各岗位价值的大小。在此基础上进行薪酬体系设计能较好地体现企业战略发展的要求。

（七）外部竞争性原则

企业想要获得具有竞争力的优秀人才，就必须制定出对人才具有吸引力并在行业中具有竞争力的薪酬体系。企业在设计薪酬体系时必须考虑到同行业整体薪酬水平和竞争对手的薪酬水平，以保证企业的薪酬水平在市场上具有一定的竞争力，能充分地吸引和留住企业发展所需的战略人才和关键性人才。

三、薪酬体系设计模式

薪酬体系设计主要包括五种模式，每种模式分别具有不同的优势、缺点和适用范围。

（一）领导决定模式

领导决定模式是指企业领导者凭借自己的权威和管理经验，依据市场行情和竞争对手的薪酬水平，规定企业员工在一定时期内的薪酬，从而界定该企业的薪酬体系。这种情况一般发生在企业初创时期或人数不多、规模较小的企业。

由于该模式一般是凭借企业领导者的直觉和经验，而不是基于科学的调查和分析来设计薪酬体系，因此往往带有较大的盲目性。随着企业人力资源管理逐步规范化，这种缺乏科学性和公平性的薪酬体系设计模式，可能会引起双方矛盾的产生和优秀员工的流失等不利于企业发展的问题。

（二）集体洽谈模式

集体洽谈模式是指企业通过与员工协商来确定员工在一定时期内的薪酬，从而确定企业的薪酬体系。在实践中，集体洽谈模式通常是由企业代表（一般由企业法定代表人和人力资源管理部门人员组成）和员工代表（一般为工会）就企业内部工资分配形式、员工收入水平、福利等事项进行平等协商，双方在协商一致的基础上签订工资协议。

此外，也可以由行业工会代表同企业代表就以上内容进行谈判，找到劳动关系双方都满意的解决方案，最终达到双赢的薪酬体系设计效果。

（三）专家咨询模式

专家咨询模式是指由企业委托外部咨询专家参与企业薪酬体系的设计工作。这种薪酬体系一般能较好地体现市场动态，有利于协调劳动关系双方合作，避免双方产生利益冲突。

该模式充分地利用了薪酬专家所具备的专业知识和最新的市场调研数据，设计出来的企业薪酬体系具备科学性、规范性、公平性、激励性和可操作性的特点。

一般而言，采用这种模式进行薪酬体系设计的成本较高，但如果企业规模大、员工数量多，则企业所花费的人均成本便较低。

（四）个别洽谈模式

个别洽谈模式是指在企业薪酬管理总体原则基本确定的情况下，企业和特定员工就薪酬问题进行个别沟通，经双方协商达成一致，以此确定该员工的薪酬。参与洽谈的员工一般为市场上较为稀缺的人才。

这种模式的成本较高，一般适用于特定的岗位或对企业生存和发展都极为重要的员工。使用该模式有助于企业增强自身的核心竞争力。

（五）综合设计模式

综合设计模式是指企业在薪酬体系设计过程中综合运用上述几种模式。利用该模式设计出来的薪酬体系能较好地协调员工与企业双方利益，这也是一种被普遍采用的模式。

四、薪酬体系设计步骤

科学合理的薪酬体系不仅能有效服务于企业的经营发展战略，合理地控制企业人工成本，能吸引、留住并激励优秀人才努力工作，更是有效保障企业和员工双方友好合作的重要筹码。因此，科学合理的薪酬体系设计应该具有内部激励性和外部竞争性。

为实现企业薪酬管理的目的，企业在进行薪酬体系设计时应按照以下步骤实施。

（一）确定薪酬战略

企业在不同的发展阶段，其规模、市场、知名度以及财务状况等均有不同的特点，因此企业应该针对这些特定时期的不同特点，选择不同的薪酬战略,以实现薪酬战略服务于企业经营发展战略的目标。

在不同的发展阶段,企业进行薪酬战略的选择与确定时通常遵循以下策略。

1. 创业期

企业在创业初期困难重重,应尽量降低企业的财务压力,因而应采用刚性较小的薪酬战略。为了使薪酬体系的灵活性增强,避免员工对降薪过度敏感,企业在创业初期应采用低工资、高奖励的薪酬战略。

2. 成长期

这阶段的主要特点是企业的产品和服务销量猛增,市场占有率大幅度提高;企业的产品和服务具有一定的知名度,市场销量良好,资金流入加快,因而企业的资金较为宽裕。这时企业可适当提高基本工资以增加员工的忠诚度和工作激情,这样做有利于企业进一步扩张。因此,企业在成长期应采用高工资、高奖金的薪酬战略。

3. 成熟期

处于成熟期企业的规模、销售额、利润、市场占有率等均达到最佳状态,企业的影响力、生产能力以及研发能力也处于鼎盛时期,企业及产品的社会知名度均比较高。在这个阶段,企业基本工资可保持一般水平,但为了激励员工,鼓励产品创新、服务创新、管理创新,企业应加大奖金激励力度,并充分利用非经济性报酬进行激励,以提高员工满意度。

4. 衰退期

衰退期并不意味着企业的消亡,而是企业发展的低谷。此时,企业经营状况不佳,员工士气低落、离职率升高等不良现象频繁出现。企业应相应采取收缩战略,控制成本,剥离亏损业务,并有计划地培育新的业务增长点,使企业有效蜕变。在企业蜕变过程中,重点是要稳定员工,留住核心队伍和关键人物,为企业东山再起提供人力保障。因此,应加强薪酬的对外竞争力,提高基本工资和福利。

(二)进行工作分析

工作分析一般从五个角度进行,即岗位的工作性质、工作环境的好坏、承担责任的大小、劳动强度大小、岗位任职资格。

(三) 组织岗位评价

岗位评价不仅明确了企业内部各岗位之间的价值大小,还为企业实施外部薪酬市场调查统一了岗位名称及工作内容标准,实现了不同企业内部岗位及薪酬的可比性。

(四) 开展薪酬调查

开展薪酬调查包括劳动力市场薪酬调查和企业内部员工满意度调查两大部分内容。企业应该制订调查计划,明确调查的目的、调查的对象、调查的方式、被调查的岗位、调查结果分析等内容。企业内部员工满意度调查的主要内容包括员工对目前自身薪酬福利待遇、薪酬级差、薪酬福利的调整和发放形式等的满意情况。

(五) 进行薪酬定位

薪酬定位是企业薪酬体系设计中的关键环节,不仅明确了企业的薪酬水平,而且明确了企业薪酬水平在劳动力市场上的竞争力。

影响企业薪酬水平定位的因素包括内部因素和外部因素。其中,内部因素包括企业薪酬战略、人力资源规划、企业盈利能力、企业支付能力、企业发展阶段、员工培养速度等;外部因素包括产品市场差异化程度、国家法律法规、目标劳动力市场的薪酬水平、目标劳动力市场内人才竞争的激烈程度等。

(六) 确定薪酬结构

薪酬结构一般包括高弹性薪酬结构、高稳定性薪酬结构和调和性薪酬结构。高弹性薪酬结构可以实现企业与员工业绩的紧密相连,促进工作积极性,控制人工成本。高稳定性薪酬结构的稳定性较强,可以有效保障员工生活,增强员工的稳定性。调和性薪酬结构能有效增强员工工作的积极性和人员的稳定性。

确定薪酬结构也就是确定薪酬的各个组成项目。薪酬的不同组成项目代表着不同的意义，基本工资和福利主要承担着适应劳动力市场的功能，而绩效工资主要承担适应员工绩效结果与企业绩效要求之间的衡量功能。企业采用什么样的薪酬结构要视企业所处的发展阶段和岗位工作的性质特点来确定。

（七）明确薪酬水平

薪酬水平是企业薪酬对外竞争力的表现，对企业内部员工队伍的稳定性也有一定的影响，同时也是影响企业人工成本的重要组成部分。

（八）实施薪酬体系

薪酬体系设计完毕后，在正式开始使用前企业应开展充分沟通、培训、宣贯，在进行薪酬体系确定时还要考虑企业的经济承受能力、价值取向等，并根据企业的发展变化及外部市场环境的变化及时予以调整、完善。

五、战略性薪酬管理体系设计

（一）战略性薪酬管理体系设计的影响因素

战略性薪酬管理体系的设计需要考虑很多因素，特别是宏观环境、行业环境和企业内部环境对战略性薪酬管理体系设计的制约。

1. 宏观环境的影响

宏观环境的影响包括通货膨胀水平、劳动力供求关系、宏观经济政策以及经济系统的开放性四个方面。它们分别从薪酬水平的不同方面对战略性薪酬管理体系的设计产生影响。

（1）通货膨胀水平。通货膨胀是指一般价格水平的持续和显著上涨。薪酬水平和通货膨胀水平之间有很强的关联性。首先，薪酬水平的高低是形成"成本推动型通货膨胀"的重要因素。其次，在薪酬与物价水平挂钩的条件下，通货膨胀水平的提高会促使薪酬水平的上升。最后，通货膨胀水平扩大或缩小了薪酬的实际购买力在员工之间的差距，影响着薪酬管理体系的设计目的。

（2）劳动力供求关系。在劳动力市场中，薪酬水平是劳动力供求均衡的结果，且薪酬水平与劳动力供求之间存在着互动的关系。一方面，劳动力需求量随实际工资率的下降而增加，即实际工资率越低，劳动力需求量就越大；另一方面，劳动力供给量随实际工资率的上升而增加，即实际工资率越高，劳动力供给量就越大。

（3）宏观经济政策。宏观经济政策主要指货币政策、财政政策和收入政策。薪酬体现了劳动力的价值，它要与相关的宏观经济变量保持协调。此外，国家实行的与收入分配相关的政策会对战略性薪酬管理体系的设计产生直接的影响。

（4）经济系统的开放性。经济系统开放性程度的高低也是企业设计战略性薪酬管理体系时需要重点考虑的因素。一方面，在开放经济条件下，战略性薪酬管理体系所依托的价值观体系更加多样化，因而战略性薪酬管理体系也应当更具有包容性；另一方面，经济系统的开放性增强了地区间薪酬的传导性，进而增强了薪酬制度和薪酬水平的可比性。

2. 行业环境的影响

行业环境对战略性薪酬管理体系设计的影响体现在行业生命周期、行业竞争、行业性质及行业工会的谈判力四个方面。

（1）行业生命周期。企业在创业期，其产品的市场前景尚不明确，企业一般处于亏损状态，多采用职务等级或技术等级薪酬制度；在成长期，企业的经营规模扩大，市场占有率提高，多采用分散化和混合型的薪酬制度；在成熟期，企业的产品和市场都基本固定，企业追加投资的欲望不强烈，倾向于保留原有薪酬制度；在衰退期，企业收缩其产品和市场领域，此时企业的薪酬结构稳定，福利内容增多。

（2）行业竞争。在竞争激烈的市场中，薪酬制度的差异会引起人才的大量流失。因此，企业必须定期或不定期地收集竞争对手的薪酬资料并做分析，及时调整薪酬制度，这样才能吸引并留住企业所需的各类人才。

(3)行业性质。在技术含量高、熟练工人比例高、人均资本占有量大的行业，企业多采用基于知识和技术的薪酬制度。

(4)行业工会的谈判力。在集体谈判的薪酬决定机制下，行业工会的谈判力决定着行业薪酬的结构和水平。行业工会的谈判力受工资诉求水平、工会密度的影响。

3. 企业内部环境的影响

在企业内部，不同的企业文化与价值观、员工对薪酬制度的期望以及工会组织的影响等环境因素，从薪酬体系设计的文化内涵、心理以及多方博弈等方面，对战略性薪酬管理体系的设计提出了不同视角的要求。

(1)企业文化与价值观。企业文化是企业在长期的经营活动中逐步形成的行为方式、经营理念和价值观。因此，企业在构建战略性薪酬管理体系的过程中，应当使薪酬政策和策略充分体现出企业文化的内涵和价值观。

(2)员工对薪酬制度的期望。企业制定薪酬制度时，一定要考虑员工在个人薪酬问题上的期望，特别是由于员工个人的态度、偏好和需求具有多样性，这会使企业在战略性薪酬管理体系设计时面临诸多的困难和问题，需要认真地加以解决。

(3)工会组织的影响。工会组织在企业员工薪酬管理方面发挥着积极的作用，尤其是相关法律也明确规定了工会组织在集体合同的订立、工资集体协商、劳动者合法权益保护、工作条件、安全生产、劳动卫生和劳动保护等方面的权利和义务。因此，企业在设计战略性薪酬管理体系时，必须充分考虑工会组织的要求，认真听取工会代表或员工代表的意见。

(二)战略性薪酬管理体系设计的目标挑战

与传统事务型和管理型的薪酬管理实践相比，战略性薪酬管理体系设计主要面临以下目标的挑战。

1. 紧密联系企业的战略目标

企业在市场竞争中的成败在很大程度上取决于其是否制定了适应市

场环境的薪酬战略，以及这种薪酬战略与企业战略的匹配程度。当薪酬战略与企业战略相适应时，它就能有效地实现对员工的激励，强化他们对企业的承诺，促使他们帮助企业成功地实现其经营战略。因此，战略性薪酬管理体系设计的首要目标挑战是如何与企业的战略目标紧密联系起来。

2. **降低事务性活动在薪酬管理中的比重**

在传统组织中，薪酬管理的内容主要局限在日常薪酬管理活动中，而按照战略性薪酬管理体系设计的思路，日常薪酬管理活动所占的比例应当下降，在战略规划方面所花费的时间应当增加。对此，有些企业将薪酬管理的事务性内容外包出去，集中精力于薪酬管理的战略性内容。

3. **实现日常薪酬管理活动的自动化**

日常薪酬管理活动的自动化和系统化是确保减少事务性活动中时间浪费的主要途径之一。因此，在进行战略性薪酬管理体系设计时需要考虑将有关岗位、能力、角色、员工以及市场的数据整合到同一个计算机系统中去。

4. **积极承担新的人力资源管理角色**

战略性薪酬管理体系设计的目标之一是实现与企业其他管理职能的整合。因此，企业要让薪酬管理者能够及时和准确地获知企业中所发生的变化，同时把他们从繁杂的管理事务中解脱出来，使他们从企业的依附者和捍卫者转变为可以提供建议和支持的、具有全局眼光的专家。

（三）战略性薪酬管理体系的设计步骤

战略性薪酬管理体系的设计主要包括以下基本步骤。

1. **内外部环境的调查分析**

企业需要对其面临的内外部环境以及这些环境因素对薪酬的影响进行调查分析。企业的薪酬管理应以企业的战略目标和经营目标为导向，而企业的战略目标和经营目标以及薪酬本身都会受到各种因素的影响。这些因素包括当时的社会、政治和经济体制，全球经济的竞争压力，企业文化和价值观，员工需求，工会的压力等。因此，企业必须先全面、准确地了解和分析自己所处的经营环境。

2. 寻找企业发展战略瓶颈

由于薪酬战略是企业整体战略的子战略，战略性薪酬管理体系设计不仅需要分析企业面临的环境因素，还需要发现企业发展的战略瓶颈，因为这些战略瓶颈因素都会直接、间接地对薪酬管理产生影响和制约。常见的战略瓶颈分析法有关键成功因素分析法（key success factors）和标杆分析法（benchmarking）。关键成功因素分析法是指通过分析在一定行业中，企业取得成功的关键因素，进而获取企业改进方向的方法。标杆分析法是目前被很多企业采用的一种衡量企业运营状况的方法，它通过与行业中运营最好、最有效率的企业进行比较，从而获得企业需要改进的信息。

3. 分析相应的人力资源瓶颈

在确定了企业发展的战略瓶颈之后，则需要进一步分析造成这些瓶颈的人力资源因素。例如，从部门来看，某部门存在着一定的战略瓶颈，就可以从人员的数量、质量、类型、配置效率等多个方面展开人力资源因素分析。战略性薪酬管理体系作为企业发展战略、业务战略与竞争战略的职能支撑，应当明确与其他战略发展规划相匹配并提供支撑的基本功能。有战略瓶颈的部门存在的人力资源瓶颈通常与企业的薪酬结构、薪酬水平等因素密不可分。企业在分析相应的有战略瓶颈的部门存在的人力资源瓶颈时，应当结合企业的发展战略目标，从战略性薪酬管理体系设计的视角解决上述问题。

4. 设计相应的战略性薪酬管理体系

战略性薪酬管理体系设计的要点在于，薪酬要向企业中有战略瓶颈的部门和核心人力资源倾斜，企业可以为其战略性人力资源建立"薪酬特区"，以便吸引、留住与激励战略性人力资源，进而为突破企业发展战略瓶颈提供人才保障。

5. 评估战略性薪酬管理体系的适应性

战略性薪酬管理体系的设计与再设计是一个动态过程。在战略性薪酬管理体系设计完成之后，需要在执行过程中对战略性薪酬管理体系进行不断检测、评估、调试等，只有如此才能保证企业的战略性薪酬管理体系与企业的发展战略目标及不断变化的内外部环境保持动态平衡。战略性薪酬管理体系对企业战略的支撑作用才能够得到较好体现。

6. 制定战略性薪酬调整政策

企业处在内外部环境不断变化发展中，战略性薪酬管理人员需要持续分析不同时期企业的发展瓶颈及其相应的人力资源瓶颈，并具有前瞻性地制定战略性薪酬调整政策。具体实施步骤是通过不断循环内外部环境分析、战略瓶颈分析、人力资源瓶颈分析、设计相应的战略性薪酬管理体系和评估战略性薪酬管理体系的适应性等工作，达到企业薪酬管理体系的持续改进和优化，为企业战略目标的实现提供薪酬方面的职能支撑。

本章自测题

1. 什么是薪酬？薪酬是由什么构成的？
2. 简述薪酬管理的相关理论。
3. 什么是薪酬管理？薪酬管理的原则有哪些？
4. 如何理解战略性薪酬管理的战略匹配？
5. 薪酬体系设计的步骤有哪些？
6. 影响战略性薪酬管理体系设计的因素有哪些？

第二章　基本工资制度

 学习目标

- 了解岗位工资制的概念
- 掌握岗位工资制的优缺点
- 掌握岗位等级工资制的优缺点、形式和设计步骤
- 了解岗位薪点工资制的概念和构成
- 掌握岗位薪点工资制的特点和设计
- 了解技能工资制的概念
- 掌握技能工资制的类型、特点和实施
- 了解绩效工资制的概念
- 掌握绩效工资制的形式、特点和实施
- 了解结构工资制的概念
- 掌握结构工资制的特点和设计
- 了解年薪制的概念
- 掌握年薪制的特点和模式

 引导案例

某信息网络公司,致力于向客户提供创新的、满足其需求的产品、服务和解决方案,业务遍及全国。公司现有员工2 000余人,其中技术、研发人员约占40%。该公司自成立以来发展迅速,现已是业界知名的企业。公司的成功因素是多方面的,其中,薪酬体系的设计是其领先于其他企业的关键之处。

1. 公司在薪酬体系设计方面的理念

(1) 在薪酬和待遇上向优秀员工倾斜。

(2) 以绩效作为员工晋升的依据。

(3) 工资分配实行基于技能的岗位技能工资制。

(4) 奖金的分配与部门和个人的绩效挂钩。

2. 薪资构成

(1) 基本工资

确定基本工资的主要因素是岗位。加薪主要依据部门、个人绩效和公司盈利情况,加薪原则是向研发和市场倾斜,向一线倾斜。

(2) 技能工资

技能工资是依据岗位技能要求进行分级后设定的,这样设计解决了公司内部分配不公平的问题。

(3) 年终奖

一般来说,公司的职能部门能拿到2~3个月薪资的年终奖,业绩好的部门可以拿到更多年终奖。

(4) 股票分红

新员工入职一年后,可按照股票购买计划以8.5折优惠价格购买公司股票,但离职时必须将股票卖给公司。员工获得的股票

分红是相当可观的。

股票分红的激励措施能让员工分享公司经营的成果，享受股价增值的收益，把员工与公司联系起来，更好地激励员工工作。

（5）福利

公司为员工提供了丰富多样的福利，形成了颇具特色的福利方案，如提供购房优惠、购车优惠、多样的带薪假期、补充医疗保险等。

科学的薪酬制度能够让员工发挥出最大的潜能，从而使公司获得更好的业绩。

请思考，该公司的薪酬构成是否合理？还有其他可以增加的组成部分吗？

第一节　岗位工资制

一、岗位工资制概述

（一）岗位工资制的概念

岗位工资制（pay for job）是根据员工在企业中担任的职位和岗位来确定工资等级和工资标准并进行工资支付的工资制度。岗位工资制的实行需要企业具备一定的管理基础：第一，能将企业岗位划分为合适的序列和层级，能明晰各岗位的责权匹配，同时对各岗位的任职资格有明确的认定；第二，可以识别员工的能力素质，并将合适的人放在合适的岗位上，尽量避免"人岗不匹配"情况的发生。

企业往往是根据员工所在岗位以及该岗位的劳动责任轻重、劳动强度大小和劳动条件好坏等因素进行岗位评价和岗位排序，然后确定岗位工资，可以一岗一薪，也可以一岗数薪。岗位工资制包括岗位等级工资制和岗位薪点工资制两种类型。

（二）岗位工资制的优缺点

1. 岗位工资制的优点

（1）薪酬分配相对公平。岗位工资制是建立在规范的工作分析基础之上，通过岗位评价确定各岗位价值，确保薪酬分配的内部公平；通过对关键岗位进行针对性的市场调查，从而实现薪酬分配的外部公平。

（2）简明易懂，可操作性强。岗位工资制明确了各岗位的工资数额，使员工易于理解并接受，能够增加薪酬的透明度；岗位工资制操作简便，易于维护。

（3）易于考核。由于岗位职责明确、责权匹配，因而对员工的绩效进行考核易于推进并取得成效。

（4）成本可控并且较低。由于岗位工资标准明确，岗位编制确定，因此测算岗位工资比较准确、容易。另外，由于企业没有对超过岗位要求的能力给予报酬，因此工资成本相对较低。

2. 岗位工资制的缺点

（1）不利于团队协作的建立。岗位工资制要求责权匹配，在某个特定岗位的员工，往往只关注自己岗位的工作，对自己职责范围之外的工作通常漠不关心，这对团队氛围的营造是不利的。

（2）缺乏灵活性。由于岗位工资制对各个岗位的工资数额都有明确规定，因此在操作上不够灵活。

（3）使用范围有一定限制。岗位工资制适用于大部分工作岗位，但对于某些知识密集型的岗位以及需要丰富经验的岗位则存在一些问题。对于这类性质的工作，虽然岗位相同，但不同任职者创造的价值可能差别非常大，实行岗位工资制就对薪酬的公平目标提出了挑战。

二、岗位等级工资制

岗位等级工资制是按照员工所在岗位的等级来规定其工资等级和工

资标准的一种工资制度。

（一）岗位等级工资制的优缺点

岗位等级工资制的优点主要包括：实现了同工同酬，这是一种真正意义上的按劳分配；有助于按岗位系列管理薪酬，管理成本较低；使职级晋升和基本工资的提升具有连带性，增强了员工提高自我素质的动力。虽然优点很明显，但岗位等级工资制也存在一定的弊端，其缺点主要包括：建立起了结构严密的"岗位金字塔"，在使员工明确自身职责的同时，也容易使其形成"事不关己，高高挂起"的心态；岗位与薪酬挂钩，当员工感到晋升无望时，其工作积极性会被挫伤；不利于企业对多变环境作出反应，不利于对员工进行及时激励。

（二）岗位等级工资制的形式

岗位等级工资制主要有一岗一薪制和一岗数薪制两种形式。

1. 一岗一薪制

一岗一薪制是指每一个岗位只有一个工资标准，凡在同一岗位上工作的员工都执行同一工资标准。这种制度只体现不同岗位之间的工资差别，不能体现岗位内部的劳动差别和工资差别。

2. 一岗数薪制

一岗数薪制是指为同一个岗位设置几个工资等级，以反映同一岗位不同级别的差别。这种形式是在岗位内部设置级别，以反映岗位内部不同员工之间的劳动差别。岗内级别是根据该岗位工作的技术高低、责任大小、劳动强度、劳动条件等因素来确定的。不同岗位之间的级别有交叉。它不仅体现出不同岗位之间的劳动差别，而且体现了同一岗位内部不同员工的劳动差别，并使之在劳动报酬上得到反映。

（三）岗位等级工资制的设计步骤

岗位等级工资制的设计是一项系统的工作，应当按照以下步骤进行。
1. 做好基础准备工作，包括成立相应的负责小组、进行相关培训等。

2. 工作标准化，把企业各个岗位的工作加以改进并实行规范化、标准化管理。

3. 岗位分析，对岗位的特性如职责范围、任职条件等进行分析。

4. 岗位评价，在岗位分析的基础上，对不同内容的工作以统一尺度（标准）进行定量化评定，对工作进行分类和分级，从而确定各项工作的相对价值。

5. 确定职务等级与薪酬标准，根据岗位的工资总额、岗位等级、岗位数目这三类数据计算岗位工资标准。

6. 与市场工资率平衡，测算岗位工资标准后，还必须结合市场工资率进行相应调整。

7. 制定岗位工资实施细则，包括新工资标准的运用、工作评价的日常维护和定期检查等。

三、岗位薪点工资制

岗位薪点工资制是在分析劳动四要素（即劳动技能、劳动责任、劳动强度、劳动条件）的基础上，用点数和点值来确定员工实际劳动报酬的一种工资制度。

岗位薪点工资制是市场经济条件下，在企业中新出现的一种薪酬制度，它是以岗位为对象，以点数为标准，按照员工个人的实际贡献定系数，以单位经济效益获取工资定点值，从而确定劳动报酬的一种弹性工资分配制度。

（一）岗位薪点工资的构成

岗位薪点工资由四个部分构成：基本工资、工龄工资、岗点工资以及效益工资。

基本工资是员工的最低生活保障，原则上不低于当地政府规定的最低工资标准，按员工的出勤天数计发，占比不超过工资收入的20%。

工龄工资是体现员工劳动积累贡献和工资调节职能的部分。员工的工龄工资标准应按照分段累进的办法确定，也可以按照每年一定的工资额确定，并按出勤天数计发，占工资收入的 10% 左右。

岗点工资是岗位薪点工资制中体现按劳分配的主体部分，也是最具活力并体现工资激励职能的部分，其标准用点数表示，占工资收入的 45%~50%。

效益工资是实现工资与单位经济效益和员工实际贡献挂钩，体现工资激励职能的部分，是岗位薪点工资制的重要组成部分，占工资收入的 20%~25%。

（二）岗位薪点工资的特点

1. 使工资分配直接与企业效益和员工个人的劳动成果挂钩。将薪点基值与企业效益挂钩，薪点浮动值与企业所属部门的主要经济指标挂钩，从而将员工的收入、所在部门的经济技术指标、企业的效益与市场联系在一起。

2. 能客观地反映员工的劳动差别，以调节各类工资的关系，实行按劳分配。工资用薪点表示比技能工资更容易做到工资向一线关键岗位、管理岗位、技术岗位倾斜。

3. 通过用不同薪点确定员工的工资，可促进员工学习技术，一专多能。

4. 量化考核有利于激励员工，提高员工的积极性。

5. 由于把各类津贴和奖金纳入员工的薪点数中，逐步做到了收入工资化，员工容易接受，管理部门操作简化，便于管理。

（三）岗位薪点工资的设计

1. 薪点的确定

企业的薪点一般由基本保障点、岗位报酬点、技能报酬点、技能要素点、服务贡献点构成。基本保障点是确保员工基本生活保障的薪点；岗位报酬点是用来反映劳动差别的薪点，体现了按劳分配原则；技能报酬点是由技能等级点、学历点组成，主要体现员工的实际操作技能和整体素质；技能要素点是用来反映员工技能水平高低的薪点；服务贡献点是反映员工对企业的实际贡献的薪点，包括工龄点、有突出贡献的奖励晋级点、考评点。

薪点数不同表明员工所任岗位的价值不同，这取决于岗位评价的结果。薪点数反映的是员工层级，有三个因素影响薪点数，即职种、任职资格等级、绩效。

薪点也是企业分配的最小价值单位，它随赋予每个薪点货币价值的不同而代表不同金额，也叫薪点值。薪点值的高低和企业经济效益的好坏直接挂钩。企业薪点值分为薪点基值和浮动薪点值两部分。员工收入和薪点值计算公式如下：

$$员工收入 = 薪点数 \times 薪点值$$
$$薪点值 = 月度工资总额 / 总薪点数$$

2. 岗点的确定

岗点一般由基本岗点和技能点两部分构成。条件成熟的单位也可把专业技术职务和技术等级作为任职、上岗的条件，只设岗点不设技能点。

（1）基本岗点标准的制定。基本岗点对岗不对人，体现岗位的客观差别。基本岗点按照劳动岗位"四要素"，通过对各劳动岗位测评分级确定。确定基本岗点的操作步骤为：岗位分类、岗位测评、列点排序、分级定点。确定点数可供选择的方法有倍数法、系数法和变换法三种。

1）倍数法。首先确定最低岗级点数，然后确定最低岗级点数与最高岗级点数的倍数，再用等差或等比法确定其他岗级的点数。该方法适用于岗位较多且岗位可比性差，测评分数不能充分反映各类岗位差别的企业。

2）系数法。岗级的点数完全根据测评得分确定。先将最低岗级的分数视为 1，再分别求出各岗级的相对系数，然后用系数乘以 1 000 求出各岗级的点数。该方法适用于岗位较少且可比性强、测评工作规范、测评分数能准确反映各类岗位差别的企业。

3）变换法。考虑到现行岗位工资都是按劳动岗位"四要素"测评归级确定的，并经过实践证明是基本合理的，可以直接把各岗位同档次的岗位工资额变换成点数，也可按同样的倍数放大或缩小。这种方法适用于现行岗位工资已能较准确地反映各岗位差别的企业。

（2）技能点标准的制定。为体现相同岗位不同技能人员待遇的差异，鼓励员工学技术，把工资与个人的技能挂钩。技能点对人不对岗，以体现个人的主观差别。确定技能点有两种方法，分别是增加技能点和浮动技能点。增加技能点是依据专业技术职务任职资格和员工的技术等级，按照逐级等比递增的方法增加技能点。浮动技能点是实行一岗多档工资制。凡技能水平达到岗位技能要求的，享受基本点；凡低于或高于岗位技能要求的，在基本点的基础上按一定比例向下或向上浮动点数。

第二节　技能工资制

一、技能工资制概述

（一）技能工资制的概念

技能工资制是根据员工的技术和能力来确定员工工资标准的一种制度。只有确定了员工具备某种技能且与本职位工作相关，能为企业带来经济价值，才能支付其相应的技能工资。

（二）技能工资的类型

技能工资主要有技术工资和能力工资两种类型。

1. 技术工资

技术工资是以应用知识和操作技能水平为基础的工资，主要应用于"蓝领"员工，它的基本思想是根据员工的技能资格证书或培训证书所证明的技术水平支付工资，而不管这种技术是否在实际工作中被应用。

技术工资的发放对象为专业技术人员。员工获得此项报酬的前提是从事企业认可的专业技术工作，未从事企业认可的专业技术工作的员工，企业不向其发放技术工资。

2. 能力工资

能力工资主要适用于企业的专业技术和管理人员，属于"白领"工资。这种工资的判定标准比较抽象，而且与具体的岗位联系不大。比如，员工的一般认知能力、特殊能力或创新能力等，甚至于员工的人品、个性都可以成为判断其能力高低的标准。能力工资包括基础能力工资和特殊能力工资。

基础能力是指员工胜任某一岗位的工作任务所应具备的能力。基础能力工资制通常采用工作岗位分析的方法进行设计。特殊能力工资是以某类岗位人员的核心竞争力为基础确定的工资。所谓的核心竞争力，主要指员工的创新力、发明力、管理力、营销力等。

（三）技能工资制的优缺点

企业发放技能工资的目的是鼓励员工发展各项技能，提高业绩表现，增强参与意识。该薪酬制度尤其适用于那些提倡员工参与管理的企业，因为它清晰地表达了员工的努力和所得报酬之间的联系，为员工的技能增长提供了动力。

企业技能工资制的缺点包括：

1. 与岗位脱节

技术职称的认定是由权威性的认证机构采取统一考核方式进行的，在考核内容上可能与企业特定岗位的要求不相吻合。换言之，具备技术职称的员工不一定适合特定岗位的要求。

2. 与绩效脱节

技能工资是一种能力工资制度，而不是一种绩效工资制度，因此在有些情况下，会导致员工的报酬与实际绩效脱节。

二、技能工资制的实施

（一）技能工资制的实施条件

技能工资制用以确定员工工资水平的标准是员工的技能类型和水平，而不是其所在岗位的特征。其实施需要具备相应的条件。

1. 健全的岗位技能评价体系

实施技能工资制首先要对员工的技能进行评价，从而确定不同的等级，然后根据员工所处等级的不同分别给予不同的技能工资。

健全的技能评价体系至少要包括三个方面：一是技能评价的主体；二是技能评价的要素；三是技能评价的等级。

2. 扁平化的组织结构

扁平化的组织结构有助于将员工的注意力从职级晋升转向技能的学习、运用，这是实施技能工资制所需的基础。

3. 工作结构性高、专业性较强

判断一种工作结构性的高低，主要是看这种工作的目标、内容、完成的方式及程序和结果是否确定。如果这种工作的上述诸多方面都是确定的，则说明这种工作的结构性较高；反之则较低。

就结构性较高的工作而言，其工作目标、内容、程度、完成方式乃至结构都是比较确定的，员工技能水平的高低将直接影响工作完成质量的好坏。因此，如果企业根据员工技能的高低作为计发工资的依据之一，就可以促使员工不断努力提高自己的技能水平，从而实现提高工作质量的目标。

4. 完备的培训机制

实施技能工资制后，员工的工资就与其掌握的知识和技能产生了直接的联系，员工会格外重视学习和发展自己的技能，因此员工对培训的需求必然会增大，这就要求企业具有完备的培训机制为员工提供培训，并保证他们有时间参加这些培训。

（二）技能工资制的实施步骤

技能工资制实施步骤一般可划分为岗位劳动要素指标评价、基本工资设计、辅助工资设计、初步制定技能工资制、反馈和调整。

1. 岗位劳动要素指标评价

这一阶段主要是对劳动技能、劳动责任、劳动强度、劳动条件四个评价要素进行具体的指标设计。岗位评价指标要素的设计一定要结合企业自身经营的实际情况，不能盲目照搬其他企业的评价指标。

2. **基本工资设计**

基本工资由岗位工资和技能工资构成。岗位工资是根据员工所在岗位或所任职务及所在岗位的责任轻重、劳动强度和工作环境而确定的薪酬。它的确定是依据三项劳动要素评价的总分数，划分几类岗位工资的标准，并设置相应档次，视劳动要素的不同，同一岗位的工资有所差别。技能工资主要与劳动技能要素相对应，根据不同岗位对知识技能的要求以及员工所具备的知识与技能水平来确定的薪酬。

3. **辅助工资设计**

技能工资是一种基本工资制度，在实施中还要以辅助工资制度作为补充。辅助工资包括年功工资、效益工资和特种工资。年功工资是根据员工参加工作的年限，按照一定标准支付给员工的工资。效益工资是根据企业的经济效益和员工实际完成的劳动的数量和质量支付给员工的工资。特种工资主要是指对在特殊作业环境、劳动条件、劳动强度下工作的员工所遭受的生活、生理和心理损害，给予一定的工资性补偿。辅助工资的设计要起到对基本工资的补充作用，不能有重叠。

4. **初步制定技能工资制**

根据企业内外部环境，初步制定技能工资制，同时还要制定工资结构调整制度、工资增加和减少动态管理规范。

5. **反馈和调整**

制定技能工资制不能一蹴而就，要根据经济、法律、市场等要素进行不断反馈和调整。

第三节　绩效工资制

一、绩效工资制概述

（一）绩效工资制的概念

用马克思的三种劳动价值论来说，绩效工资主要是根据员工的第三种劳动,即凝固劳动来支付工资,这是典型的以成果论英雄,以实际的、最终的劳动成果确定员工薪酬的工资形式。绩效工资的前身是计件工资,但它不是简单地将工资与产品数量挂钩的工资形式,而是建立在科学的工资标准和管理程序基础上的工资体系。

绩效工资的实质是"岗位价值押金",它的基本特征是将员工的薪酬收入与个人业绩挂钩,这也是它与绩效奖金的最大区别。

综上所述,绩效工资制(pay for performance)是一种根据员工工作绩效发放薪酬的工资制度。它建立在对员工进行有效绩效评估的基础上,关注的重点是工作的"产出",如销售量、产量、质量、利润额及实际工作效果等,是以员工最终的实际劳动成果来确定员工薪酬的工资制度。

(二)绩效工资制的形式

绩效工资制的主要形式包括计件工资、计时工资、佣金和利润分享。

1. 计件工资

计件工资(piece wage)是按照劳动者生产的合格品的数量(或工作量)和预先规定的计件单价计量和支付劳动报酬的一种工资形式。它不是按劳动时间来计量,而是依据一定时间内的劳动成果来计算,如按照产品数量或工作量来计算。计件工资制由工作物等级、劳动定额和计件单价三个要素组成。

(1)工作物等级。工作物等级是根据工作物的技术复杂程度、劳动繁重程度划分的等级,按照技术等级要求,规定从事该项工作的员工所应达到的技术等级。

(2)劳动定额。劳动定额是指在一定的生产和技术条件下,生产合格的单位产品或工作量应该消耗的劳动量(一般用劳动或工作时间来表示)标准或在单位时间内生产产品或完成工作量的标准。

(3)计件单价。计件单价是指实行计件工资制时,企业为员工完成的每件合格产品(或某项作业)规定的工资支付标准,这是支付计件工资的主要依据之一。计件单价是根据与工作物等级相对应的等级工资标准和定额计算出来的,工作物等级是根据某项工作的技术复杂程度和劳动繁重程度而划分的等级。计件单价的计算方法主要有两种。

一种是按产量定额计算，其公式如下：

个人计件单价 = 该工作物等级的单位时间工资标准 / 单位时间产量定额

另一种是按时间定额计算，其公式如下：

个人计件单价 = 该工作物等级的单位时间工资标准 × 单位产品时间定额

2. 计时工资

计时工资（time wage）是指按照单位时间工资标准和实际工作时间向员工支付劳动报酬的一种工资形式。因此，它由两个基本要素决定：一是工资标准；二是实际工作时间。计时工资是最基本的工资形式。

由于计算时采用的时间单位不同，计时工资可分为三种具体形式：小时工资制、日工资制和月工资制。

（1）小时工资制。小时工资制就是按照小时工资标准和员工实际工作的小时数来计算工资。小时工资标准按日工资标准除以日法定工作时数求得。

（2）日工资制。日工资制就是根据劳动者的日工资标准和劳动者的实际工作日数来计算工资。

（3）月工资制。月工资制就是按照劳动者的等级工资制的工资标准来计发工资。企业员工如果出满勤，则按月工资标准支付工资；缺勤则按实际缺勤天数或小时数减发工资。如果加班加点，则发放相应的加班日工资或加点小时工资。

3. 佣金

佣金（commission）是按销售额确定销售人员的报酬，是根据业绩确定报酬的一种典型工资形式。它的主要表现形式就是底薪加提成。具体来讲，它主要包括纯佣金制、混合佣金制和超额佣金制三种类型。

（1）纯佣金制。纯佣金制指的是按销售额（或毛利、利润）的一定比例进行提成，作为销售报酬。除此以外，销售人员没有任何固定工资，其收入是完全变动式的。其计算公式如下：

个人收入 = 销售额（或毛利、利润）× 提成率

纯佣金制的销售报酬指向非常明确，能激励销售人员努力工作，它

还将销售人员工资成本的风险完全转移到销售人员自身，这大大降低了企业运营成本的压力。

但是完全的佣金行为导向使得销售人员热衷于进行有利可图的交易，而对其他不产生直接效益的事情不予重视，有时甚至会损害企业的形象。纯佣金制带给销售人员的巨大风险和压力，减弱了销售队伍的稳定性和凝聚力。易于助长销售人员骄傲自大、不服从管理、不尊重领导的倾向。

企业在使用纯佣金制时，应当满足三个实施条件。第一，已有人员获得众所周知的高额收入；收入一旦获得，具有一定的稳定性和连续性。第二，从开始工作到首次提成的时间不要太长。第三，纯佣金制适用的产品应是单价不特别高，但毛利率又非常可观的产品。

（2）混合佣金制。混合佣金制是指将销售人员的收入分为固定工资和销售提成两部分。销售人员有一定的销售定额，无论是否完成销售指标，都可得到固定工资；如果销售额超过设置指标，则超过部分按预定比例给予销售人员提成。它比较适合一些销售难度较大的行业，如保险业。

混合佣金制目前已被广大企业普遍采用，其计算公式如下：

个人收入 = 固定工资 +（当期销售额 – 销售定额）× 提成率

个人收入 = 固定工资 +（当期销售额 – 销售定额）× 毛利率 × 提成率

混合佣金制综合了固定工资制和纯提成制的特点，使得销售人员的收入既有基本保障，又有与销售成果相关的提成激励，为他们消除后顾之忧的同时增加了其工作动力。有些企业在规定定额提成的情况下，还对销售人员进行业绩考核，针对完不成定额任务的人员，会对其固定工资部分进行相应比例的扣除以示惩罚，激励这些人员上进。

（3）超额佣金制。实行超额佣金制时，销售人员获得的不是全部佣金，而是扣除了既定额度后的差额，这比较适合于一些相对稳定的行业，如医药销售业。其计算公式如下：

个人收入 =（销出产品数 – 定额产品数）× 单价 × 提成率

4. 利润分享

利润分享（profit sharing）又称为利润分红或劳动分红，是指员工根据其工作绩效而获得一部分公司利润的组织整体激励计划。在这种计划下，报酬的支付是建立在对利润这一组织绩效指标的评价基础上的。利润分享是一次性支付的奖励，它不会计入员工的基本工资中去，因而不会增加企业的固定工资成本。在实际运用中，利润分享在成熟型企业中显得更为有效。

常用的利润分享制形式有现金现付制和递延制。现金现付制通常指的是每隔一段时间（每季度或年度），将一定比例的利润作为奖金发放给全体员工。递延制指的是将奖励给员工的现金存入账户中，等员工退休之后再支付给他们。

（三）绩效工资制的特点

绩效工资制与传统工资制相比，有以下三个特点。

1. 激励性

企业员工的收入和工作业绩挂钩，员工为了获得更高的收入，会更加积极地思考和工作，以提高生产效率和产出。

2. 公平性

对于产出成果比较多的员工，其得到的报酬相应就会增加；而产出较小的员工得到的报酬相应就会减少。

3. 协同性

当企业员工为了共同目标工作时，就会形成协同效应，共同为提高企业生产效益而努力。

二、绩效工资制的实施

（一）绩效工资制的实施条件

绩效工资制的实施条件主要包括：一是工资范围要足够大，各档次之间能够拉开距离；二是业绩标准要科学、客观，业绩衡量要公正、有效，衡量结果应与工资挂钩；三是要有浓厚的企业文化氛围支持业绩评估系统的实施和运作，使之起到奖励先进、鞭策落后的目的；四是要将业绩评估过程与组织目标实施过程相结合。

（二）绩效工资制的实施步骤

绩效工资制的实施步骤一般可划分为制定绩效考核目标、设计业绩评估要素、选择评估方式、初步制定绩效工资制，以及调整和完善。

1. 制定绩效考核目标

制定切实可行的绩效考核目标是绩效工资制的基础。绩效考核的目的不仅包括为付给员工合理的劳动报酬提供依据，也包含达成企业工作目标。另外，绩效考核目标的设定一定要结合企业员工的工作实际，不能主观或脱离实际。

2. 设计业绩评估要素

设计业绩评估要素时，需选择一些有代表性的业绩要素，要能够全面、客观地反映被评估者的业绩，一般由企业高层管理者、经理、主管和优秀员工共同确定评估要素。

3. 选择评估方式

企业选择业绩评估方式时，要注重体现规范化和程序化的特点，注重评估效果而非评估形式。另外，评估方式要有弹性，操作空间不能太小，否则就失去了激励意义。

4. 初步制定绩效工资制

根据企业性质和行业特点，制定符合企业运营发展特点的绩效工资制。企业在初步制定绩效工资制后，要不断地观察实施效果，而不是一蹴而就。

5. 调整和完善

绩效工资制制定后，企业要根据一线员工和主管的反馈，再结合实际操作情况，不断根据反馈逐步进行完善。

（三）绩效工资制实施的注意事项

企业在实施绩效工资制时，需注意以下四点问题。

1. 采用绩效工资制后，对员工业绩进行评估时，不能只通过产量和质量来衡量，还要考虑非劳动方面的因素。另外，奖励也不能只限于收入增加，还要向员工提供培训机会和晋升机会。

2. 业绩评估的标准要客观公正，评估方式要跟评估者事先讲明。另外，对于业绩不合格的员工要进行良好的沟通，使其为企业的发展目标而工作。

3. 如果企业员工没有达到预定的目标，企业应该制订培训计划，有计划和有步骤地帮助这些员工逐步熟练工作技能，进而达到企业要求的既定目标。

4. 企业制定的绩效考核目标一定是客观的、公平的，员工通过努力可以达到。绩效考核目标的制定要由企业高层管理者、经理、员工共同讨论，并实施和完善。

第四节　结构工资制

一、结构工资制概述

（一）结构工资制的概念

结构工资制又称为组合工资制，是根据工资的各种职能将工资分解为几个组成部分，分别确定工资额，最后将它们相加作为劳动者工资报酬的一种制度。

结构工资制是基于这样一种思路建立的：企业员工的劳动差别主要是由劳动条件的差别、劳动者素质（能力、经验、业务技术水平）的差别、实际劳动消耗量的差别和劳动成果的差别诸多要素构成的，这些要素可以单独或是一起变动。为此，工资也应与上述劳动差别的各个要素相配套，随其变动而变动。只有这样，才能有效地将工资分配与员工的劳动紧密联系起来，更好地贯彻按劳分配的原则。

（二）结构工资制的特点

1. 工资结构反映劳动差别的各个要素，即与劳动结构相对应并互相联系（呈因果关系）。劳动结构有几个部分，工资结构就有几个与之相对应的部分，并随前者变动而变动。

2. 结构工资制的各个组成部分各有各的职能，分别计酬，从劳动的不同侧面和角度反映劳动者的贡献大小，发挥工资的各种职能作用。

结构工资制具有比较灵活的调节功能：一方面，员工个人可以发挥自己的长处，通过某一方面的努力灵活地获得增加工资的机会；另一方面，企业在增加员工的工资时可以避免"一刀切"的做法，对不同员工的工资分别进行有机的调配。

3. 结构工资制的设计吸收了绩效工资和岗位工资的优点，其各个工资单元分别对应体现了劳动结构的不同形态和要素，因而较为全面地反映了按岗位、按技术、按劳分配的原则，对调动员工的积极性、促进企业生产经营的发展和经济效益的提高，在一定时期内起到了积极的推动作用。

4. 结构工资制操作灵活，能较好地体现劳动者的素质、能力、资历、贡献等各方面因素，使工资的各种职能都得到充分的发挥。但是由于工资单元多且各自独立运行，采用结构工资制也加大了企业工资管理工作的难度。

5. 结构工资制的适用范围广泛，既适用于管理类岗位、技术类岗位，也适用于事务性岗位、技能性岗位；既适用于自动化、专业化程度较高的组织和工种，也适用于技术程度不高、分工不细的组织和工种。

二、结构工资制的设计

（一）结构工资的构成

结构工资是由功能不同的若干相对独立的工资单元构成的，主要包括基础工资、岗位工资或技能工资、效益工资、工龄工资和补贴五个组成部分。

1. 基础工资

基础工资是保障员工基本生活需要的工资。设置这一工资单元的目的是保证和维持劳动力的简单再生产。基础工资主要按绝对额和系数两种办法确定和发放。

按绝对额确定的办法主要是考虑到员工基本生活费用占总收入的比重，统一规定同一数额的基础工资。按系数确定的办法主要是考虑员工现行工资关系和占总收入的比重，按大体统一的参考工资标准规定的员工本人标准工资的一定百分比来确定基础工资。

2. 岗位工资或技能工资

岗位工资是根据岗位职责、岗位劳动强度和劳动环境等因素确定的报酬，是结构工资制的主要组成部分。技能工资是根据员工自身的技术等级或职称高低确定的报酬，能够激励员工努力提高技术和业务水平，尽职尽责地完成本人所在岗位的工作。

3. 效益工资

效益工资是企业根据自身的经济效益以及员工实际的劳动数量和质量支付给员工的工资。效益工资发挥着激励员工努力实干、多做贡献的作用。它没有固定的工资标准，属于浮动工资部分。

4. 工龄工资

工龄工资是根据员工参加工作的年限，按照一定标准支付给员工的工资。它是用来体现企业员工逐年积累的劳动贡献的一种工资形式。它有助于鼓励员工长期在本企业工作并多做贡献，同时又可以适当调节新、老员工的工资关系。

5. 补贴

补贴主要是为了保证员工不会因物价上涨而降低名义工资而设立的。

（二）结构工资的比例

结构工资的比例应视从事不同性质工作的员工比例有所不同。如对于销售人员应重视激励，浮动工资（或奖金）应占较大比重；管理部门的人员由于其劳动不直接影响企业的经济效益，所以应重视保障，浮动工资占的比重要小一些。

不同工资水平的员工结构工资的比例也应有所不同。如高级管理人员，由于其工作成果对企业影响较大，其劳动绩效基本可以自己控制，所以在其工资构成中浮动工资应占较大比重；而位于企业执行层的员工（除了实行计件工资或提成工资的员工），由于其工作成果对企业影响较小，其劳动绩效自己无法控制，即他们并不能通过自己的努力就能提高绩效，因此在其工资构成中浮动工资应占较小比重。

一般而言，在结构工资制中，基础工资所占比例为33%，岗位工资或技能工资所占比例为24%，效益工资所占比例为29%，工龄工资所占比例为14%。

第五节　年薪制

一、年薪制概述

（一）年薪制的概念

从狭义角度来说，年薪制（annual salary system）又称为年工资收入，是指以企业会计年度为时间单位计发，并视企业的经营成果浮动发放风险收入的工资制度，主要用于公司经理、企业高级职员的收入发放，也称为经营者年薪制。

从广义角度来看，年薪制就是通过多种收入调节手段，实现对经营者有效激励、约束的一种报酬机制。

年薪制是一种国际上较为通用的用于支付企业经营者薪酬的方式。它是以年度为考核周期，把经营者的工资收入与企业经营业绩挂钩的一种工资分配方式。就其实质而言，年薪制是一种报酬机制。

（二）年薪制的特点

年薪制的特点主要体现在以下四个方面。

1. 针对性强

年薪制适用于特定的对象，包括企业的中层和高层经营管理者以及一些其他的创造型人才，如科研人员、营销人才、软件工程师、项目管理人才等。这些人员具有素质较高，其工作性质决定了他们的工作需要较高的创造力，他们在工作中需要更多的激励而不是简单的管理和约束，其工作的价值难以在短期内体现等特点。

2. 周期较长

年薪制一般是以年为周期，这是与其考核相关联的。对于绝大部分年薪制适用人员，都是以企业经营年度为周期；对于一些科研人员、项目开发人员，这个周期也可能是半年、一年半、两年等，虽然不一定正好是一整年，但是都具有周期较长这一特点。

3. 具有风险性

采用年薪制时，由于薪酬中的很大一部分是和本人的努力及企业经营好坏情况相挂钩的，因此薪酬具有较大的风险和不确定性。

4. 年薪制以经营者给企业未来发展带来的贡献为基础

年薪的制定不是简单依据过去的业绩，它更取决于企业领导所具备的经营企业（或从事其他工作）的能力和贡献潜力。对于接受年薪制的企业经营者而言，年薪制是委托人和代理人之间的一个动态合约，是双方通过博弈而实现的动态均衡。年薪制的目标，对双方来说，就是以最低的委托代理成本实现双方相对满意的委托代理收益，把委托人（即企业）的利益和经营者个人的利益更多、更紧密地联系起来。

二、年薪制的模式

根据我国的国情，将我国的年薪制划分为五种具体的模式。

（一）准公务员型模式

报酬结构：基薪＋津贴＋养老金计划。

报酬数额：取决于管理人员所管理企业的性质、规模以及高层管理人员的行政级别，一般基薪为员工平均薪酬的2～4倍，其退休后的养老金水平为平均养老金水平的4倍以上。

考核指标：政策目标是否实现，当年任务是否完成。

适用对象：所有达到一定级别的高层管理人员，包括董事长、总经理、党委书记等，尤其是长期担任国有企业领导、能够完成企业目标、临近退休年龄的高层管理人员。

适用企业：承担政策目标的大型、特大型国有企业，尤其是对国民经济具有特殊战略意义的大型集团公司、控股公司。

激励作用：这种薪酬模式的激励作用机理类似于公务员报酬的激励作用机理，职位升迁机会、较高的社会地位和稳定体面的生活保证是这种模式主要的激励力量来源，而对其退休后更高生活水准的保证也起到了约束其短期行为的作用。

（二）一揽子型模式

报酬结构：单一固定数量年薪。

报酬数额：相对较高，和年度经营目标挂钩。实现经营目标后，经营者可得到事先约定好的固定数额的年薪。例如，规定某企业经营者的年薪为 15 万元，但经营者必须实现减亏 500 万元的经营目标。

考核指标：十分明确具体，如减亏额、实现利润、资产利润率、上缴税利、销售收入等。

适用对象：具体针对经营者一人，总经理或兼职董事长。至于领导班子其他成员的工资可用系数折算，但系数不得超过 1。

适用企业：面临特殊问题亟待解决的企业，如亏损的国有企业，为了扭亏为盈可采取这种招标式的办法激励经营者。

激励作用：具有招标承包式的激励作用，激励作用很大，但易引发短期化行为。其激励作用的有效发挥在很大程度上取决于考核指标的科学选择、准确真实。

这种薪酬模式的制定，尤其是考核指标的选择，类似于各地政府较为普遍实行的对经营者的奖励。

（三）非持股多元化模式

报酬结构：基薪 + 津贴 + 风险收入（效益收入和奖金）+ 养老金

计划。

考核指标：确定基薪时，要依据企业的资产规模、销售收入、员工人数等指标；确定风险收入时，要考虑净资产增长率、实现利润增长率、销售收入增长率、上缴税利增长率、员工工资增长率等指标，还要参考行业平均效益水平来考核评价经营者的业绩。

适用对象：一般意义上的国有企业的经营者，指总经理或兼职董事长。领导班子其他成员的工资按照一定系数进行折算，折算系数小于1。

适用企业：追求企业效益最大化的非股份制企业。现阶段我国国有企业绝大多数都采用这种薪酬模式。一般集团公司对其下属子公司的经营者实施的薪酬模式也多是这种，只是各个企业的具体方案中采用的考核指标、计算方法有一定差异。

激励作用：如果不存在风险收入封顶的限制，考核指标选择应科学准确，相对于以前国有企业经营者的薪酬制度和上述模式而言，这种多元化结构的薪酬模式更具有激励作用。但它缺少激励经营者长期行为的项目，有可能影响企业的长期发展。

（四）持股多元化模式

报酬结构：基薪＋津贴＋含股权、股票期权等形式的风险收入＋养老金计划。

报酬数额：基薪取决于企业经营难度和责任，含股权、股票期权等形式的风险收入取决于经营者的经营业绩、企业的市场价值。一般基薪应为员工平均工资的2～4倍，但风险收入无法以员工平均工资为参照物，企业市场价值的大幅度提升会使经营者得到巨额财富。只有在确定风险收入的考核指标时，才有必要把员工工资的增长率列入。

考核指标：与非持股多元化模式相同。如果资本市场是有效的，有关企业市场价值的信息指标往往更能反映企业经营者的业绩。

适用对象：与非持股多元化模式相同。折算系数小于1，也可以通过给予不同数量的股权、股票期权等来体现领导班子成员间的差别。

适用企业：股份制企业，尤其是上市公司。这种薪酬模式能够适应规范化的现代企业制度要求。

激励作用：从理论上说，这是一种有效的薪酬模式，多种形式的、具有不同的激励和约束作用的报酬组合保证了经营者行为的规范化、长期化。但该模式的具体操作相对复杂，对企业具备的条件要求相对苛刻。

（五）分配权型模式

报酬结构：基薪＋津贴＋以"分配权"或"分配权"期权形式体现的风险收入＋养老金计划。

报酬数额：基薪取决于企业经营难度和责任，以"分配权"或"分配权"期权形式体现的风险收入取决于企业利润率这类经营业绩。与持股多元化模式相同，没必要进行封顶。只有在确定风险收入的考核指标时，才有必要把员工工资的增长率列入。

考核指标：与非持股多元化模式相同，要考虑净资产利润率这类企业业绩指标。

适用对象：与非持股多元化模式相同，领导班子其他成员的工资，可通过给予他们不同数量的"分配权"或"分配权"期权来体现。

适用企业：不局限于上市公司和股份制企业，可在各类企业中实行。

激励作用：把股权、股票期权的激励机制引入非上市公司或股份制企业中，扩大其适用范围。这是一种理论创新，其效果还有待实践检验。

本章自测题

1. 什么是岗位工资制？岗位工资制的优缺点是什么？
2. 简述技能工资制的实施条件。
3. 实行绩效工资制需要注意哪些问题？
4. 结构工资主要由哪些部分构成？
5. 什么是年薪制？年薪制的模式有哪些？

第三章　薪酬调查与薪酬水平

 学习目标

➢ 掌握薪酬调查的概念、作用和类型
➢ 掌握薪酬调查的渠道和方式
➢ 了解薪酬调查的步骤
➢ 掌握薪酬水平的概念和衡量
➢ 了解影响薪酬水平决策的因素
➢ 掌握薪酬水平策略
➢ 理解薪酬水平设计原则和方式

 引导案例

某水利水务集团是一家大型的水利水务业务集团，归属当地水利水务管理部门管理。集团成立于2000年，致力于水利水务项目的建设、经营与投资，包括城市用水供应、积水排水处理、污水处理、水体环境综合治理等业务。

该集团下属有20余家供水企业、5家污水处理及排水企业，正式员工超过7 000人。集团总部共有七大部门：水利税务管理

办公室、财务稽查部、人力资源部、资本运营部、业务管理部、技术支持部、科技研发部。

2010年以来，随着我国城市化的快速发展和规模快速扩大，该集团着重加大了对供水设备制造与运维、节能环保科技研发等关键竞争力部分的资金投入力度。随着集团的进一步快速发展壮大，集团薪酬管理能力受到了相应的冲击，一些薪酬问题和矛盾开始渐渐激化。

该集团员工的工资主要由四部分构成：岗位基本工资、绩效工资、津贴补贴、年终奖。岗位基本工资分为五个级别：高层管理者约14 000元，中层正职约7 000元，基层管理副职约6 000元，正式员工约5 000元，派遣及劳务合同工约3 000元。但是，有些岗位的工作量大且内容复杂，而有些岗位的工作量小且内容简单，多年以来各岗位一直维持着同样的薪资水平，没有进行合理的调整。同时，绩效工资激励体系也失去了效力。不知从何时开始，绩效工资的发放与绩效考核结果关联。最初，每逢月度考核，绩效优秀的员工都可以拿到全额绩效工资，甚至有些人会拿到月度超额绩效工资，大家的工作积极性都十分高涨。慢慢地，集团为了有效控制工资总成本，员工工资总额不能突破月工资标准，即有人被奖励多少钱，就有人要被扣除多少钱。中层、基层管理者为了减少人员矛盾，部门绩效考核结果变成所有员工都是合格，大家的薪资趋同，对于努力工作的激励得不到兑现，员工开始逐渐失去工作热情。

随着时代的发展进步，员工纷纷向人力资源部门反映工资没有市场竞争力，也无法获得清楚明确的加薪途径。长此以往，员工的抱怨情绪越来越大，矛盾越来越激化。

近年来，集团急需引进一批高层次研发和管理人员，同时需激起老员工的工作热情和积极性，这就需要利用薪酬管理工具向

> 员工实施正向激励。
>
> 如果你是该集团的人力资源部经理,你将如何获得市场上同行业企业的薪酬体系信息,重新对薪酬水平进行定位调整,以便于推动集团的建设和发展?

第一节 薪酬调查

一、薪酬调查概述

(一)薪酬调查的概念

薪酬调查就是通过一系列标准、规范和专业的方法,对同行业企业各岗位薪酬水平、工资福利待遇及支付情况进行分类、汇总和统计分析,通过调查获得本地区同行业的企业最高和最低工资发放数额、奖金发放办法、员工激励方法等信息,形成能够客观反映市场薪酬现状的调查报告,为企业提供薪酬设计方面的决策依据及参考。

薪酬调查是薪酬设计中的重要组成部分,重点解决的是薪酬的对外竞争力和对内公平性问题。薪酬调查报告可以帮助企业更加个性化、有针对性地设计企业的薪酬体系。

(二)薪酬调查的作用

企业薪酬调查的作用具体体现在以下两个方面。

1. 确保薪酬的内外部均衡性

企业薪酬水平的内部均衡性主要是指企业的经济承受能力能够支撑薪酬战略的正常实施,企业内部各岗位员工之间的薪酬水平及员工不同时间段、不同工作状态下的薪酬水平均能根据实际情况得到科学反映。

企业薪酬水平的外部均衡性主要是指企业的薪酬水平与同地域同行业的薪酬水平应该保持一致或具有一定的竞争性，不能偏离太大。外部均衡性失调表现在两个方面：一是远远高于外部薪酬水平，这样会增加企业的人力资源成本；二是远远低于外部薪酬水平，从而造成企业薪酬失去对外竞争性，人员流动加大，不利于吸引和留住人才。

2. 为制定或调整薪酬提供重要的参考依据

通过薪酬调查的结果，企业可以获得各岗位在同行业中的薪酬信息，然后结合自身实际情况，可确定各岗位合理的薪酬水平，或者找出企业中薪酬水平设置不合理的岗位。

（三）薪酬调查的类型

根据薪酬调查的分类标准不同，其类型也不同。

1. 根据调查的方式分类

根据调查的方式不同，薪酬调查可分为正式薪酬调查和非正式薪酬调查。其中，正式薪酬调查是指通过问卷调查和现场考察等正式的方式来收集相关薪酬信息和资料。非正式薪酬调查是指通过电话询问、报刊信息等非正式的方式来收集相关薪酬信息和资料。

2. 根据主持调查的主体分类

根据主持调查的主体不同，薪酬调查可分为咨询公司的薪酬调查、专业协会的薪酬调查和政府部门的薪酬调查。其中，咨询公司的薪酬调查是指由咨询公司应客户需求而对某一行业进行的薪酬调查或者为了获利而主动进行的薪酬调查。专业协会的薪酬调查是指由专业协会针对薪酬状况所进行的调查，如美国管理学会的一项业务就是调查并提供各行业行政人员、管理人员以及专业人员的薪酬状况。政府部门的薪酬调查是指由国家劳动、人事、统计等部门进行的薪酬调查。

3. 根据调查的具体内容和对象分类

根据调查的具体内容和对象不同，薪酬调查可分为外部薪酬市场调查和内部薪酬满意度调查。其中，外部薪酬市场调查指的是对本地区同行业企业的薪酬水平进行调查，通过调查可以获得本地区同行业的企业最高和最低工资发放数额、奖金发放办法、员工激励方法等信息。内部薪酬满意度调查是对企业内部员工现有薪酬情况的调查，其目的是方便企业进行薪酬改革以及更好地激励员工。

二、薪酬调查的渠道与方式

（一）薪酬调查的渠道

薪酬调查的渠道主要有以下五种。

1. 企业之间互调

相关企业人力资源管理部门可以采取联合调研的形式，共享相互之间的薪酬信息。调研可以采用座谈会、问卷调查等多种形式。企业之间互调适合有良好对外人际关系的企业。企业通过这种渠道，可以较为轻松地获取所需薪酬信息，既简便又经济。但这种薪酬调查报告具有很强的针对性，被调查的企业是否具有代表性存在不确定性，而且薪酬调查工作花费的时间成本和人力成本高。

2. 委托中介机构、专业机构进行调查

委托企业所在地的专业机构根据企业的要求进行薪酬调查。由于薪酬调查工作费时费力，采集数据的处理分析需要专门的技术人员，企业没有能力和时间去完成这些工作。因此，部分企业会考虑委托中介机构、专业机构进行薪酬信息的调查或者从他们手中直接购买调查报告，这既可以保证数据的真实性，又能节约时间成本和人力成本。

3. 从政府部门、职介等机构公开的信息中了解

通过关注招聘会上其他企业发布的招聘信息，以及人才中介、职业中介等招聘机构发布的招聘信息进行薪酬调查。在招聘会上，企业发布的招聘信息是较为可靠的，但是绝大多数企业在招聘信息中只是提供一个薪酬范围，薪酬信息的参考价值并不高。同时，有些企业为了防止竞争对手窃取其薪酬信息，在招聘时对于薪酬信息采用面议方式沟通。所以采用这种渠道获取薪酬信息虽然简便，但信息的有效性不高。

4. 从招聘面试中获得

企业开展对外招聘时，可要求应聘人员提供其此前在相关行业从业的薪酬待遇信息。这种方式需要企业进行大量积累。企业在招聘时，往往会保留应聘人员的简历信息，建立自己的人才储备库。同时，企业对应聘人员提供的以往薪酬信息也进行保留，作为将来确定薪酬水平决策的参考依据。但采用这种渠道获取的薪酬信息的可靠性并不高，信息也不全面。

5. 从其他就业辅导机构获得

企业可以通过电视、报刊等招聘的辅助渠道获取薪酬调查信息。采用这种渠道获取的薪酬信息针对性不强，只能用于对企业薪酬进行大概的了解和参考。

（二）薪酬调查的方式

通常来讲，薪酬调查的方式包括问卷调查法、座谈法和电话调查法。

1. 问卷调查法

问卷调查法是通过对被调查者发放薪酬问卷的形式来获取薪酬信息的方法。这种方法成本低，可大规模开展，但回收率较低，而且信息反馈时间较长。

2. 座谈法

座谈法是调查者通过与被调查者进行单独面谈来获取薪酬信息的方法。这种方法调查的结果准确、回收率高，但调查成本很高且耗时长。

3. 电话调查法

电话调查法是指通过电话的方式与被调查者进行交流从而获得信息的方法。这种方法的调查成本低，而且还可以与被调查者进行即时沟通，但受时间的限制，不适合调查内容复杂的信息。

三、薪酬调查的步骤

薪酬调查的过程一般分为四个步骤：准备阶段、调查阶段、分析阶段和编制调查报告阶段。下面就这四个步骤做一简要说明。

（一）准备阶段

1. 确定薪酬调查目的

在进行薪酬调查前，首先必须明确企业薪酬调查的目的。企业薪酬调查的目的不同，调查的信息也会有所不同。企业薪酬调查的目的一般包括调整薪酬制度结构，定期调整整体薪酬水平，调整与薪酬有关的人力资源政策，分析和评估产品市场竞争对手的劳动成本。

2. 确定调查的基准企业与基准岗位

一般情况下，能够作为被调查对象的基准企业应具备以下特征：一是与本企业处于相同或者工作性质相近的行业；二是薪资管理体系比较成熟；三是企业规模与本企业相近。

基准岗位主要具有以下特征：一是岗位工作内容众所周知、相对稳定；二是市场上的供求相对稳定；三是大部分企业都设有该岗位；四是可以代表当前所研究的完整的岗位结构，包括岗位结构中最高、中等和最低等级的岗位；五是企业中有相当多的人从事这一岗位。

3. 确定要收集的薪酬信息内容

同一岗位的薪酬结构和薪酬支付方式在不同的企业中不尽相同，因此薪酬调查不能仅仅采集员工的基本工资收入状况，否则薪酬调查所获得的最终薪酬数据将无法反映劳动力市场的全部情况。通常情况下，薪酬调查应主要涉及以下五类信息。

（1）员工基本工资相关信息。应询问被调查者在某一具体时期内的基本工资收入情况，要求被调查者在填写基本工资时，说明具体的工资形式，是年薪、月薪还是时薪，还可以要求被调查者填写被调查岗位的薪酬浮动范围，工资跨度的最低值、最高值及中间值。

（2）支付年度和其他奖金相关信息。在薪酬调查中，调查者向被调查企业询问其在一个财务年度内，对某类岗位人员所实际支付的奖金数额，要求被调查者填写的数据必须是年度的平均数值，并询问被调查企业支付的奖金占该岗位基本工资的百分比或中间值，调查中应最大限度涵盖可能出现的各种奖金支付形式，以免影响数据的准确性。

（3）股票期权等长期激励计划。长期激励计划已经成为一种重要的报酬方式，股票期权已经逐渐取得了与基本工资、短期绩效奖励工资形式一样的重要地位，在薪酬调查中不能忽略这一类报酬信息的采集，要注意询问被调查者的企业是否实行了员工持股计划。

（4）企业各种福利计划相关信息。许多企业在国家法定的福利项目之外，为员工设立了各种补充福利，如补充养老保险、健康保险、人寿保险、伤残保险以及休假福利等，因此要全面掌握企业的薪酬水平，应当注意采集被调查企业在福利开支方面的信息。

（5）薪酬政策各方面相关信息。除了直接薪酬和间接薪酬外，调查者还应当调查询问一些有关企业薪酬政策、策略以及薪酬管理实践方面的信息，包括被调查企业的加班与工作轮班方面的政策、试用期长短、薪酬水平地区差异的控制、员工异地调配时的薪酬处理等。

（二）调查阶段

1. 设计薪酬调查问卷

薪酬调查问卷的内容一般包括企业本身的基本信息，如企业名称、地址、行业及企业规模等；还包括员工薪酬的相关信息，如基本薪酬、奖金、福利、节假日等，以及有关岗位和任职者的信息，如岗位类别、岗位名称、任职者相关工作年限等。

设计者在设计薪酬调查问卷时，应注意以下要求。

（1）依据薪酬调查的目的来设计问卷的具体内容，要求语言标准、问题简单明确。

（2）确保每个调查项目都是必要的，经过必要的审核来剔除不必要的项目，实现有效性和实用性。

（3）尽量采用选择判断式提问，即封闭式问题，尽可能减少问卷中的文字书写量。

（4）一般一份调查问卷至少需要两个开放式问题，并注意要留有足够的填写空间。

（5）尽量把相关的问题放在一起。

（6）设计好问卷后需要请同事填写样本，倾听反馈意见，判断设计是否合理，然后适当修改完善。

（7）用简单的打印样式以确保易于阅读，也可采用电子问卷，以便于统计分析软件处理。

（8）若数据被自动读入计算机，问卷设计更需非常仔细，确保准确完成数据处理。

此外，填写问卷所需时间不要超过两小时，因为问卷设计的内容过多、过繁，会引起填写人的反感，反而难以收集到全面准确的信息。表 3-1 是一份薪酬调查问卷样表。

表 3-1　　　　　　　　薪酬调查问卷样表

个人资料						
姓名		年龄		性别		加入公司时间	
所在部门		职务		学历		毕业院校	

企业资料	
贵企业所在属性	□外商投资企业　□民营企业　□股份制企业　□国有企业 □其他（请注明） 注：若是外商投资企业，请选择 □外商独资企业　□中外合资企业　□中外合作企业
所属行业	□加工制造业　□金融保险业　□医疗卫生行业　□酒店餐饮业 □其他（请注明）
企业成立时间	企业注册资金　　　　　　企业员工人数

薪酬状况	
1. 您目前的年薪　□1万~2万元　□2万~3万元　□3万~5万元　□5万元以上	
2. 您的薪资构成	
薪资的构成	所占总薪资的比例
目前的薪酬水平与您的付出成正比吗？　□差不多　□付出更多　□薪酬更多	

续表

3. 部门薪酬状况（年薪）			
生产部	部门经理	□2万~3万元　□3万~5万元　□5万~8万元 □8万元以上	
	中层领导	□1万~2万元　□2万~3万元　□3万~5万元 □5万元以上	
	一般员工	□1万元以下　□1万~2万元　□2万~3万元 □3万元以上	
研发部	部门经理	□2万~3万元　□3万~5万元　□5万~8万元 □8万元以上	
	中层领导	□1万~2万元　□2万~3万元　□3万~5万元 □5万元以上	
	一般员工	□1万元以下　□1万~2万元　□2万~3万元 □3万元以上	
人力资源部	部门经理	□2万~3万元　□3万~5万元　□5万~8万元 □8万元以上	
	中层领导	□1万~2万元　□2万~3万元　□3万~5万元 □5万元以上	
	一般员工	□1万元以下　□1万~2万元　□2万~3万元 □3万元以上	
财务部	部门经理	□2万~3万元　□3万~5万元　□5万~8万元 □8万元以上	
	中层领导	□1万~2万元　□2万~3万元　□3万~5万元 □5万元以上	
	一般员工	□1万元以下　□1万~2万元　□2万~3万元 □3万元以上	

4. 福利待遇

（1）体检

新员工入职，是否为其提供健康检查？	□是　□否
每年是否定期为员工提供健康检查？	□是　□否

（2）社会保险与福利

社会养老保险　每月（　　）元	住房公积金　每月（　　）元
社会医疗保险　每月（　　）元	交通补贴　每月（　　）元

续表

失业保险	每月（　　）元	电话补贴	每月（　　）元
生育保险	每月（　　）元	其他补贴	每月（　　）元
工伤保险	每月（　　）元	其他（请说明） _____	

（3）假期

除了国家规定的法定假日外，公司是否提供其他假日？若有，请注明_____

（4）其他

5. 您觉得您所在企业的薪酬水平在同行业中处于什么水平？　□较低　□中等　□偏高

6. 您对目前的薪酬满意吗？

_____

7. 您对本次薪酬调查有什么建议？

_____

非常感谢您的合作，祝您工作愉快！

2. 实施薪酬问卷调查

首先由于薪酬涉及企业机密，大部分企业都实行薪酬保密制度，甚至有些企业会与员工签订一份薪酬保密协议，禁止员工对外透露。因此，在实施薪酬问卷调查时，调查者应先与被调查者做好沟通工作，通常可以采用两种合作方式来达成协议：一是将被调查者作为调查成员之一归入合作队伍中，被调查者可以获取一定的调查费用，并同时获得薪酬专项调查报告。二是根据薪酬调查的规模向被调查者提供优惠的综合性调查报告。这两种方式均需要与被调查企业签订合作保密协议，对被调查企业提供的薪酬信息要严格保密。

做好沟通工作后，调查者可以通过两种方式向被调查者发放薪酬调查问卷：一是直接向被调查者所在企业的总经理或人力资源管理部门寄送；二是直接上门拜访。

除了使用薪酬调查问卷来收集获取薪酬数据外，企业还可以通过座谈法和电话调查法的方式来收集获取薪酬数据。

（三）分析阶段

1. 整理调查数据

薪酬调查问卷回收后，应及时对收集到的数据进行整理，剔除质量不合格的问卷，同时核实数据的真实性和完整性。

2. 分析调查数据

在调查数据整理完成后，就需要对数据进行分析，通过分析来获取数据背后的信息。企业常用的薪酬调查数据分析方法主要有数据排列分析法、频率分布分析法和趋中趋势分析法。

（1）数据排列分析法。数据排列分析法是将调查数据的结果进行分类，把获得的数据由大到小排列后，进行处理的统计分析方法。数据排列分析法在分析调查结果时用数据说明问题，说服力强，具有直观、简明的特点。

采用数据排列分析法，先将调查的同类数据进行由高到低的排列，然后计算出数据排列的中间数据，即25%点处、50%点处和75%点处。其含义是，如果调查了100家企业，将这100家企业的薪酬水平从高到低进行排列，它们分别代表第25位排名（低位值）、第50位排名（中位值）、第75位排名（高位值）。薪酬水平处于领先地位的企业应该关注75%点处甚至90%点处的薪酬水平，薪酬水平低的企业应该关注25%点处的薪酬水平，薪酬水平一般的企业应该关注50%点处的薪酬水平。表3-2是某地区薪酬调查中行政专员岗位的工资数据。

表3-2　　　　　　　行政专员岗位的工资数据

企业	平均月工资/元	排列	
公司A	2 900	1	
公司B	2 800	2	90%点处=2 800元
公司C	2 700	3	
公司D	2 500	4	75%点处=2 500元
公司E	2 350	5	
公司F	2 300	6	

续表

企业	平均月工资/元	排列	
公司 G	2 250	7	
公司 H	2 200	8	中点处或50%点处=2 200元
公司 I	2 150	9	
公司 J	2 100	10	
公司 K	2 050	11	
公司 L	1 950	12	25%点处=1 950元
公司 M	1 900	13	
公司 N	1 850	14	
公司 O	1 600	15	

（2）频率分布分析法。如果被调查企业没有给出准确的薪酬水平数据，在只能了解到该企业的平均薪酬情况时，可以采取频率分布分析法，记录在各薪酬额度内各企业平均薪酬水平出现的频率，从而了解这些企业或某类岗位人员薪酬的一般水平，具体见表3-3。

表3-3　　　　　　　某岗位薪酬频率分布分析表

薪酬额度/元	出现频率/次	薪酬额度/元	出现频率/次
2 200 ~ 2 499	1	3 000 ~ 3 499	4
2 500 ~ 2 799	2	3 500 ~ 3 799	3
2 800 ~ 2 999	3	3 800 ~ 4 000	2

在运用频率分布分析法时，为了更直观地进行观察，还可以根据调查数据绘制出直方图（见图3-1），从中观察出某类岗位人员薪酬的浮动范围。

（3）趋中趋势分析法。趋中趋势分析法是进行薪酬调查后，对统计数据进行处理分析的重要方法之一。趋中趋势分析法具体又包括简单平均法、加权平均法和中位数法。

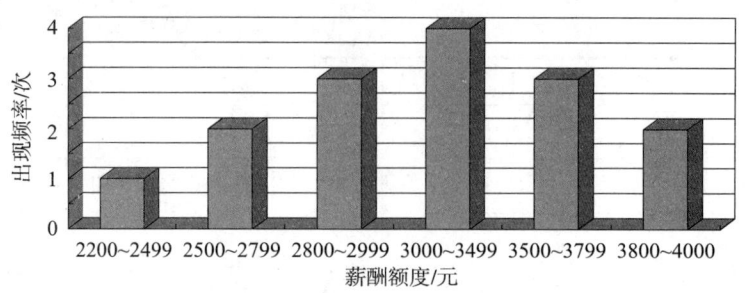

图 3-1　某岗位薪酬频率分布分析图

1）简单平均法。本方法是根据薪酬调查的数据，采用以下公式求出某类岗位的基本工资额，作为确定本企业同类岗位人员工资的基本依据。简单平均法使用起来比较简单，但异常值有可能会影响结果的准确性，因此采用本方法时，应当首先剔除异常数值，然后再进行计算。

简单平均法的计算公式如下：

$$\overline{X}=\frac{\sum_{i=1}^{n}X_i}{n}$$

式中，$\overline{X}$ 为简单平均数；X_i 为第 i 个员工的工资；n 为同类岗位人员人数。

2）加权平均法。采用本方法时，不同企业的工资数据将会被赋予不同的权重，而权重的大小则取决于每一家企业在同类岗位上工作的员工人数。也就是说，当某企业中从事某岗位工作的人数越多，则该企业提供的工资数据对于最终平均值的影响也就越大。在这种情况下，规模不同的企业实际支付的工资会对最终调查结果产生不同的影响。

因此，采用加权平均法处理分析数据要比简单平均法更具科学性和准确性。在调查结果基本上能够代表行业总体状况的情况下，加权平均数能更接近劳动力市场的真实状况。

加权平均法的计算公式如下：

$$\overline{X}=\frac{\sum_{i=1}^{n}X_i\cdot f_i}{\sum_{i=1}^{n}f_i}$$

式中，$\bar{X}$ 为加权平均数；X_i 为第 i 个员工的工资；f_i 为第 i 个员工工资的权重；n 为同类岗位人员人数。

3）中位数法。采用本方法时，首先将收集到的全部统计数据按照大小次序进行排列，之后再找出居于中间位置的数值（即中位数）作为确定某类岗位人员工资水平的依据。中位数法最大的特点是可以剔出异常值（即最大值和最小值）对于平均工资值的影响。但其准确性明显低于上述其他两种方法，本方法只能显示当前劳动力市场平均薪酬水平的概况。

（四）编制调查报告阶段

薪酬调查报告主要是对薪酬调查结果的总结和应用，一般而言，薪酬调查报告主要包括以下内容。

1. 根据薪酬调查报告制作出不同岗位人员的薪酬分布表。依据薪酬调查数据按四分位法分类，以了解薪酬分布状况；再依据最低薪酬与最高薪酬的差距，求出每个岗位薪酬的平均数、中位数及标准差。

2. 描绘出受调查岗位的薪酬曲线。这条曲线要囊括所有受调查岗位。在绘制出该曲线后，可将其与本企业目前的薪酬曲线相比较，以检视本企业的实际薪酬地位。

3. 检视本企业薪酬策略。根据本企业的薪酬策略，选择适合本企业的行业薪酬水平分位点，以作为本企业薪酬水平确定的参考数据。

4. 调整本企业的薪酬曲线，使之与受调查岗位的薪酬曲线保持适当关系。在调整过程中由于薪酬调查报告的处理过程需要时间，因此调查数据仍然可能产生时差。

此外，企业在使用薪酬调查报告时，应注意该调查报告是否是最新的。市场薪酬水平在不断地变化，过去编制的薪酬调查报告中某些因素可能已不再适用于当前的薪酬管理；同时要注意薪酬调查范围是否合适。薪酬调查范围是否为目前薪酬管理重点针对的对象；薪酬调查内容是否完备，薪酬调查报告中涉及的内容是否全面，能否满足本次薪酬管理或薪酬改革的需要；调查方法是否合理，数据的收集方法和处理方法是否科学合理；调查资料是否客观属实。

第二节　薪酬水平

一、薪酬水平概述

（一）薪酬水平的概念

薪酬水平是指从某个角度按照某种标志考察的某一领域内员工薪酬的高低程度，一般指企业支付给内部不同岗位人员的平均薪酬。它决定了企业薪酬的对外竞争力，对员工队伍的稳定性也有一定的影响。

薪酬水平包括企业内部各岗位薪酬水平和企业在劳动力市场上的薪酬水平。内部岗位薪酬水平是指企业内组织之间的薪酬关系，组织相对于其竞争对手的薪酬水平高低。薪酬外部竞争性实质上是指企业的薪酬水平高低以及由此产生的企业在劳动力市场上所形成的竞争力大小。

（二）薪酬水平的衡量

薪酬水平的衡量主要包括四个指标，具体内容如下。

1. 薪酬平均率

薪酬平均率是指实际平均薪酬与薪酬幅度中间数的比值。

当薪酬平均率接近1时，表示企业实际支付的薪酬总额符合市场平均趋势；当薪酬平均率小于1时，表明企业内部大部分员工的薪酬水平在薪酬幅度中间数以下；当薪酬平均率大于1时，表明企业实际支付的薪酬总额超过薪酬幅度中间数。

2. 增薪幅度

增薪幅度是指全体员工的年度平均薪酬水平较上年度增长的数额。具体公式如下：

$$增薪幅度 = 本年度平均薪酬水平 - 上一年度平均薪酬水平$$

增薪幅度与企业的平均薪酬水平成正相关，增薪幅度越大，表明企业的平均薪酬水平增加越快。此时，需要注意适当控制，防止增薪幅度超出企业所能承受的范围。但是增薪幅度也并不是越小越好，企业若是长期保持小的增薪幅度，说明企业内部的活力不够，没有创新力。

3. **平均增薪率**

平均增薪率是指薪酬水平递增的速率。具体公式如下：

$$平均增薪率 = 增薪幅度 / 上一年平均薪酬水平$$

4. **薪酬比较率**

薪酬比较率是企业实际支付的平均薪酬与某一薪酬等级中值的比值。其作用是衡量该薪酬等级内部岗位员工薪酬的分布情况。

当薪酬比较率等于1时，表示企业某薪酬等级业绩表现居中的员工和该等级的平均薪酬水平相等，企业的薪酬水平控制得比较合理。当薪酬比较率大于1时，表示企业的人工成本控制不当或多数员工的绩效表现非常好，或是企业招聘具有较高资历的员工，工资的起点比较高。因此，当薪酬比较率大于1时，企业要注意薪酬水平是否过高，超出了企业的支付能力。当薪酬比较率小于1时，表示企业的薪酬水平没有达到目标水平，此时要注意员工的实际业绩表现是否与其薪酬水平相适应。

二、影响薪酬水平决策的因素

（一）企业薪酬水平的影响因素

影响企业薪酬水平的因素主要是外部环境因素，企业内部经营状况、财务支付能力及企业产品市场竞争力也会影响企业的薪酬水平。主要的影响因素如下。

1. **劳动力市场的供求水平**

当劳动力市场供大于求时，企业可以以较小的代价招聘到合适的人选；当劳动力市场供不应求时，企业则要花费较高的代价来满足企业对人力资源的需求。

2. **地区工资水平**

企业应参考其所在地的居民生活水平决定薪酬水平，不能将本企业各岗位的薪酬水平定位低于所在地区同行业企业同岗位的薪酬水平，否则企业将失去对外竞争力。

3. 生活水平和物价水平

企业在制定薪酬标准时，要考虑到社会物价水平的上涨，薪酬水平必须能满足企业员工的基本生活需要，保证其具有基本购买力。

4. 行业薪酬水平

除了考虑同行业的薪酬水平以外，不同行业的薪酬水平也可作为企业薪酬水平的制定标准，如朝阳产业薪酬水平较高，夕阳产业薪酬水平较低一些。

5. 企业的负担能力

企业薪酬水平原则上应该控制在企业财务承受能力范围之内，并且与企业的生产率增长保持步调一致。如企业经济实力强，可以支付较高的员工薪酬；企业经济实力弱，则只能支付较低的员工薪酬，如此才能保证企业的长期稳定发展。

6. 企业产品的市场竞争力

若企业薪酬水平过高，企业产品的生产成本就会较高，产品的价格就会偏高，从而使产品的竞争力下降；如果降低产品价格，企业的利润就失去了保障。

（二）个人薪酬水平的影响因素

企业内部各岗位的薪酬水平，即员工个人薪酬水平也有着很大的区别，这些区别的主要影响因素来源于岗位本身和员工本人。

岗位本身是影响个人薪酬水平的外在因素，如该岗位在企业内部的价值；岗位任职员工本人是影响个人薪酬水平的内在因素，员工个人客观存在的一些潜在能力是其中的一部分，员工主观意愿的付出是另外一部分。

员工个人客观存在的内在潜质、主观意愿付出程度以及员工任职的岗位性质等与个人薪酬水平之间存在一定的关系。影响个人薪酬水平的具体因素如下。

1. 员工个人贡献大小

员工能力有差异，从而给企业带来的价值也不相同。在相同条件下，通常只能按照员工在企业所做工作的质量和数量来衡量员工的贡献大小。

2. 员工职务有高低

职务是权力和责任大小的象征。职务不同，员工的薪酬水平也不同，一般是职务越高，薪酬水平就会越高。

3. 员工所在岗位的相对价值

如果岗位的存在与否能决定企业的存亡，比如核心技术岗位，那么该岗位的价值就很高，薪酬水平也会很高。

4. 技术水平的高低

技术水平高的员工能为企业解决更多的问题，为企业带来的价值会更大。技术水平高与技术水平低的员工的薪酬差距应能弥补技术水平低的员工为提高技术水平而耗费的精力、体力、时间，以及因此而付出的机会成本，从而保证员工愿意不断学习新知识，提高生产率。

5. 工作时间

一般来讲，从事季节性与临时性工作的人员，其薪酬水平比从事长期工种的要略高，以维持他们歇工时的正常生活。

6. 补偿性工资差别

从事某些岗位工作的员工，由于其工作场所或工作性质的特殊性会对其生命安全或人身健康造成一定影响，因此他们应获得一定的经济补偿。

7. 年龄与工龄

年龄和工龄也是影响个人薪酬水平的重要因素之一。一些企业通常采用早期低工资、晚期高工资的薪酬策略。

三、薪酬水平策略

一般来说，企业在战略目标的指引下，往往会根据企业战略和劳动力市场状况制定薪酬水平策略。薪酬水平策略主要有四种。

（一）市场领先型薪酬策略

市场领先型薪酬策略又称为薪酬领袖政策，是指企业采取薪酬水平高于同行业竞争对手或市场平均薪酬水平的策略。市场领先型薪酬策略是以高薪为代价来吸引和保留优秀的人才，一般适用于规模较大、投资回报率较高、薪酬占企业运营成本较低、产品竞争者较少的企业。

（二）市场追随型薪酬策略

市场追随型薪酬策略又称为市场匹配政策，是指根据市场平均薪酬水平来确定本企业的薪酬水平的策略。一般适用于产品成本与竞争对手相当，希望能吸引、留住并激励一定人才的企业。

相比市场领先型薪酬策略，市场追随型薪酬策略更为稳妥。在实践中，大部分企业都更愿意采用这种策略，因为它成本低，企业的风险小，而且企业也不会因薪酬水平过低而吸引不到或留不住员工。但这种策略也存在一定的局限性，在劳动力市场上缺乏较强的竞争力，很难吸引到优秀的人才。

（三）滞后型薪酬策略

滞后型薪酬策略又称为成本导向策略、拖后型薪酬政策、落后薪酬水平策略，是指企业采取薪酬水平低于同行业竞争对手或市场平均薪酬水平的策略。一般适用于规模小、利润低、经济承受能力低的企业。

滞后型薪酬策略可以作为一种短期内过渡性策略，帮助企业快速发展或渡过危机。但若长期使用，则会导致企业内部人员流失率提高，且不利于吸引优秀的人才。

（四）混合型薪酬策略

混合型薪酬策略是指企业根据岗位类别和员工类别分别制定不同的薪酬水平的策略，不能一概而论。

混合型薪酬策略最大的优点在于能够灵活调控薪酬水平，有效吸引稀缺人才，便于控制人工成本，但这种策略也存在一定的局限性。采用混合型薪酬策略的企业，需要及时关注劳动力市场的薪酬水平变化，其操作难度较大，而且针对不同的岗位或人员要实施不同的薪酬策略，这会明显加大企业薪酬管理的工作量和管理难度。

四、薪酬水平设计

薪酬水平设计是企业根据自身经营特点，基于企业发展战略，确定企业薪酬水平高低的过程。

（一）薪酬水平的设计原则

为保证薪酬的有效性，设计薪酬水平时最重要的三点就是确保薪酬水平的外部竞争性、内部公平性和成本效益对等性。

1. 外部竞争性

薪酬水平的外部竞争性，在实际操作中表现为分别设定一个高于、低于、等于竞争对手的薪酬水平，或者确定与竞争对手相对应的薪酬形式的组合。其目的是在合理控制成本的同时，为企业吸引和保留人才。

2. 内部公平性

薪酬水平的内部公平性指的是单个企业内部不同工作、技能、能力、人员之间的薪酬具有公平性。内部一致性原则是亚当斯公平理论在薪酬水平设计中的运用，它强调在设计薪酬水平时要保持企业内部的平衡。企业内部薪酬若不合理，会造成不同部门或相同部门员工之间在比较中产生不公平感，从而造成心理失衡。员工对于公平的感知不仅取决于是不是因为做了同样的工作而得到相同的报酬，他们还关心薪酬是如何体现技能水平、职责范围、服务质量及危险程度等因素的。因此，要保证企业薪酬水平的内部一致性，就必须合理确定企业内部不同岗位的相对价值，做好企业内部的岗位评价和绩效考核工作。

3. 成本效益对等性

薪酬是企业为员工提供的劳动报酬，对企业而言是一项可变成本。企业要在激烈的市场竞争中不断地发展壮大，就需要以尽量低的成本去赢取更高的收益。然而，以极具竞争力的薪酬水平吸引和保留优秀的人才，又是企业与同行业对手竞争的一种重要手段，这就需要企业在保持具有竞争力的薪酬水平与控制高额人工成本之间找到平衡。

（1）从人力资源角度来看，提供公平合理的薪酬水平，一方面能够激发劳动者的工作热情，容易使其产生工作成就感，促进整体绩效的提升；另一方面，能够不断激发员工对薪酬的满意度和对工作的归属感，从而使得他们的工作积极性不断提高，最终促进工作绩效的提升，从而提高企业的经济效益。

（2）从企业自身来看，合理的薪酬水平有利于达成薪酬激励与人工成本之间的平衡，保证薪酬水平的增长同企业生产和工作效率的提高维持必要的比例协调。假定企业的薪酬总额不变，采用滞后型薪酬策略，为了达到企业的生产标准，就需要增加员工的数量，这样员工的薪酬水平就会下降。企业的薪酬水平若不能体现按劳动效率分配的原则，则不利于提高员工的工作积极性，容易出现员工"吃大锅饭"的现象，从而导致员工缺乏进取精神、企业缺少前进的动力。然而在合理的薪酬制度下，企业的薪酬总额不变，按照员工的知识、技术水平以及生产经验等生产要素的差异进行收入分配，企业所需员工的数量要远远少于前一种方案。一方面，企业的人力资源管理成本大为降低；另一方面，按绩效计薪，能够激发员工的工作积极性，企业内部更容易形成良好的竞争机制，从而为企业的发展增添活力。

（3）从社会外部效应来看，合理的薪酬水平能够提高企业的知名度，有助于企业在社会上获得良好的口碑及较高的认可度，进而吸引更多的优秀人才加入企业，使企业在引入人才方面，比同行业对手更有竞争优势。从长远发展来看，人才计划的实现，对企业而言具有重要的战略意义。同时，伴随着企业知名度的提高，合理的薪酬水平能间接地对企业产品进入市场起到良好的促进作用。企业采用公平合理的薪酬制度，设计合理的薪酬水平，对吸纳优秀人才、维持员工的稳定性具有非常大的作用，同时在提高企业的经济效益方面也做出不可忽视的贡献。因此，每家企业都应该制定与市场变化相适应、与本企业的业绩相适应的薪酬制度，从而不断增强企业的竞争力。

（二）薪酬水平的设计方式

企业在进行薪酬水平设计时，可以依据企业经济能力、市场薪酬水平、招聘面试信息等因素确定其薪酬水平。

1. 依企业经济能力而定

以企业的经济承受能力为主导确定薪酬水平，主要是指结合劳动力市场的薪酬调查数据，从企业的实际经营状况出发，对薪酬水平进行调整。市场对企业产品的需求状况决定了企业的薪酬水平。例如，市场对某产品的需求价格弹性越大，那么企业就越要注意控制产品成本，这意味着企业对人工成本也要进行控制，也就是说企业要控制内部薪酬水平。

2. 依市场薪酬水平而定

以市场薪酬水平为基本依据确定企业的薪酬水平，关键是对本企业竞争对手的薪酬水平进行调查了解。竞争对手主要是指同行业中生产同类产品或类似、替代品的企业，或使用类似技术的企业。因为它们对劳动力市场的需求与本企业是相似的、存在竞争性的，所以只有它们的薪酬水平才值得本企业调查了解。

3. 依招聘面试信息而定

一般企业在进行人员招聘面试的时候都会与应聘者进行薪酬方面的沟通。在应聘者正式入职企业之后，企业通常会根据之前的沟通情况确定相应的薪酬。这种方式有利于稳定员工队伍，也有利于树立良好的企业信誉。

本章自测题

1. 什么是薪酬调查？它有什么作用？
2. 薪酬调查的渠道和方式分别有哪些？
3. 薪酬调查的步骤有哪些？每一步需要完成什么任务？
4. 薪酬水平的衡量指标主要有哪些？
5. 简述薪酬水平策略。
6. 薪酬水平设计的原则是什么？

第四章　薪酬结构管理

 学习目标

- 了解薪酬结构的概念、构成要素和类型
- 理解薪酬结构设计的目的和要点
- 掌握薪酬结构设计的步骤和不同职位序列薪酬结构的设计方法
- 了解宽带薪酬的产生
- 掌握宽带薪酬的概念、类型和作用
- 熟悉宽带薪酬的优缺点
- 掌握宽带薪酬的设计要素和设计步骤

 引导案例

Q公司是一家依托华南地区技术发展起来的，以制造港口起重设备为主的，集研发、制造、销售为一体的民营企业，现有员工1 000余人。近年来，Q公司在经营中遇到不少困难和问题：（1）公司的销售额每年逐步上升，但利润率却逐年下降。由于这些港口起重设备均属于根据各个港口情况具体定制的非标准产品，因此，产品制造之前要先投标，中标之后再根据港口要求

定制生产。市场上生产港口起重设备的企业越来越多，投标过程中的相互压价行为也愈演愈烈，这使得整个行业的利润率下降。（2）基于产品的非标准化和不可批量生产性，公司对车间员工的工资采取了固定工资制。随着公司产品产量的加大，不同工种的生产员工的劳动强度区别越来越显著，但现行的固定工资制却不能反映车间员工的劳动强度区别。因此，生产部门怨声四起，部分员工对生产质量漠不关心，拉低了产品的质量，设备损耗也逐渐加大。（3）2019年左右，公司以远高于行业工资均值的薪酬招揽大批技术及销售人员。这些员工上岗之后，老员工认为新员工不该拿如此高的工资，新员工则认为自己接受过高等教育，专业技术水平要远超老员工，拿高工资理所当然。因此，薪酬体系的内部公平受到破坏，员工之间的团队合作意识减弱，一些老员工甚至出现消极行为，有了混日子的心理。

　　对Q公司员工所做的薪酬调查结果显示：超过半数员工认为与公司其他员工相比，他们对自己的薪酬感到不满意（占66%）；部分员工认为其工资不能体现其所在岗位的责任轻重和难易程度（占44%）；部分员工认为其工资不能体现个人能力的强弱和努力程度（占43%）；还有部分员工认为其工资不能反映个人及公司业绩的好坏（占35%）。由此看出，员工对公司的工资制度有很大的意见，薪酬的激励作用毫无体现。公司现行的薪酬制度是销售人员采取固定工资和提成制相结合的工资制度，其余员工全部采取固定工资和加班工资相结合的制度。员工的奖金发放无成文的制度可遵循，全凭管理层的一句话而定。

　　Q公司的薪酬制度存在哪些问题？你将如何解决这些问题？

第一节 薪酬结构

一、薪酬结构概述

（一）薪酬结构的概念

对于薪酬结构有不同的解释。一种观点认为，薪酬结构是由薪酬的构成要素及各构成要素在总薪酬中所占比例组成的。也就是说，现代企业支付给员工的报酬是由不同要素组成的一个"工资包"。另一种观点认为，薪酬结构是指薪酬中固定部分和浮动部分的比例关系。

这里，薪酬结构是指各岗位的薪酬组成结构，也就是每个岗位的薪酬是由哪几部分组成，以及它们的组成比例。

（二）薪酬结构的构成要素

薪酬结构的构成要素包括基本工资、奖励工资、津贴、福利和服务、可变薪酬等。其中，基本工资是劳动报酬的主体。可变薪酬多用于对管理人员或核心人员的激励，它源于管理中的绩效原则和风险对称原则。可变薪酬一般具有薪酬延期支付的性质，并通过资本增值的形式来实现，如虚拟股票权、股票增值权等。

（三）薪酬结构的类型

根据薪酬中固定薪酬和浮动薪酬的比例关系，薪酬结构可分为高稳定性薪酬结构、高弹性薪酬结构和折中性薪酬结构三大类型。

1. 高稳定性薪酬结构

这是一种稳定性很强的薪酬结构类型，固定薪酬所占比例很高，浮动薪酬所占比例很低，如岗位工资制、技能工资制。这种薪酬结构的优点是员工收入与业绩关联不大，收入波动小，员工安全感很强；缺点是缺乏激励作用，容易造成员工懒散。

2. 高弹性薪酬结构

在高弹性薪酬结构中，浮动薪酬所占比例很高，固定薪酬所占比例很低，如绩效工资制。这种薪酬结构，由于激励薪酬占比较大，一定时期内员工的薪酬起伏可能较大，员工薪酬的多与少几乎完全依赖于员工工作绩效的好与坏。当员工的绩效非常优秀时，其薪酬就非常高；当员工绩效非常差时，其薪酬会非常低。因此，这种薪酬结构的优点是激励性很强，可以有效避免"大锅饭"现象，且企业需要支付的固定人工成本较低。这种薪酬结构的缺点是由于员工收入波动性很大，员工在心理上缺乏安全感和收入保障，易产生短期行为。因此，企业在选择高弹性薪酬结构时，应根据员工的特点及其风险偏好程度，有针对性地使用。

3. 折中性薪酬结构

固定薪酬、浮动薪酬各占一定的合理比例，对员工有一定激励性，员工也有一定的安全感。随着固定薪酬和浮动薪酬比例的调整和变化，这种薪酬结构可以演变为以稳定性为主或以激励性为主的薪酬结构。折中性薪酬结构倾向于保持适度弹性和适度差异性，薪酬分配时注重员工的业绩、个人资质和组织经营状况的有机统一。这种薪酬结构类型综合了高稳定性薪酬结构和高弹性薪酬结构的优势，因此受到大多数企业的青睐。

二、薪酬结构设计

薪酬结构设计是对一个组织机构中各项工作的相对价值与其对应的实付薪酬之间保持何种关系的设计。

（一）薪酬结构设计的目的

薪酬结构设计属于薪酬体系中的一个子模块，因此，在设计薪酬结构时必须服从薪酬体系所要达到的目标这个大前提。薪酬体系设计的主要目的有三个，即确保企业合理控制成本，帮助企业有效激励员工，提高薪酬的可变性、差异性、时效性以及现金流使用的弹性。

具体来说，企业进行薪酬结构设计的目的体现为以下五点。

1. 凸显优秀人才

奖励优秀者原则使优质资源永远向优秀人才倾斜，让强者更强，鼓励弱者跟上强者的步伐；让有能力的优秀员工通过长期在企业服务，得到晋升和加薪的机会，并获得相应的回报。

2. 增强企业吸引力

薪酬结构设计的三项基本原则是对外具备竞争力、对内具备公平性、对个体具备激励性。因此，在进行薪酬结构设计时，必须尊重市场规律来确定薪酬标准。

3. 强化员工安全保障

在企业劳动关系当中，员工一方属于弱势群体，风险较大，所以员工个体缺乏安全感，希望与企业签订合同，企业能为其缴纳社会保险并及时发放工资，这都是员工对安全保障的基本需求，企业管理者必须尊重并重视这种需求，让员工有安全感，这样员工才愿意为企业打拼。

4. 认可个人价值

企业向员工支付的薪酬不单纯基于员工的职级，而且还基于岗位的价值，基于该岗位任职者对企业的贡献。

5. 有机结合员工利益与企业利益

绩效薪酬以及与企业经营和个人业绩相关的薪酬体系均将员工个人利益与企业利益有机结合起来。例如，分红制、股份制的设计都是为了将两者的中长期利益结合起来，形成利益共同体。

（二）薪酬结构设计的要点

1. 企业在进行薪酬结构设计时，不仅要考虑成本问题，还应该考虑使激励性薪酬具有未来性并与企业未来绩效相结合，让员工和企业的共同利益及风险适度挂钩，建立长期风险性报酬的观念，适当拉开薪酬差距，进而设计合理的薪酬结构。

2. 企业在进行薪酬结构设计时，应该注意企业的分配方式要与企业所在行业的特点和企业文化等相一致。

3. 企业在进行薪酬结构设计时，还要注意各个岗位的特点，针对不同的岗位选择不同的薪酬结构，通常企业薪酬结构的组成部分有岗位工资、技能工资和绩效工资，或基本工资、浮动工资加奖金等。

4. 企业在进行薪酬结构设计时，还应该基于企业的薪酬制度，确定薪酬各组成部分设置的目的和比重。

（三）薪酬结构设计的步骤

在人力资源管理的各细分领域中，薪酬结构设计是极富挑战性的项目之一，企业在设计薪酬结构时应坚持公平性原则、激励性原则、竞争性原则和合法性原则等。薪酬结构设计包括确定最大值、最小值，划分职等数目，确定中位值，分析薪酬增长率，确定薪酬幅度，确定级差数目等步骤。

1. 确定最大值、最小值

根据本企业的岗位评价结果、内外部薪酬调查信息和企业薪酬政策线等内容，确定企业整个薪酬体系的最高薪酬和最低薪酬。

（1）岗位评价。岗位评价是保证薪酬结构设计合理性的基础之一，它是在岗位分析的基础上采用一定方法对企业中各岗位的性质、责任大小、劳动强度等进行评价，以确定岗位相对价值的过程。

（2）薪酬调查。不同薪酬结构对员工具有不同的行为导向作用。通过内外部薪酬调查，企业能够获得竞争企业薪酬结构的相关信息、本企业员工对薪酬满意度的信息、国家对于薪酬管理的规定和规范（如最低工资标准、经济补偿金、最长工作时间、法定福利）的信息等。这些信息对于完善本企业的薪酬结构、提高薪酬激励水平和竞争力具有重要的意义。

（3）企业薪酬政策线。企业薪酬政策线是根据市场薪酬线，结合企业的薪酬战略而制定的，它能够确切地反映企业的薪酬水平政策和薪酬结构政策，是用于指导企业薪酬结构设计的重要工具。企业薪酬政策线的示例如图 4-1 所示。

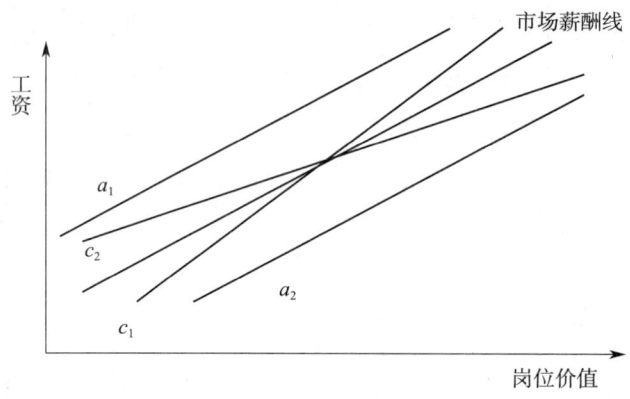

图 4-1　企业薪酬政策线

图 4-1 中 a_1、a_2、c_1、c_2 分别反映了不同的薪酬政策。其中 a_1、a_2 与市场薪酬线是平行的，两者的薪酬结构政策和市场是一致的。a_1 反映的薪酬水平高于市场平均值，属于竞争性的薪酬策略；a_2 反映的薪酬水平低于市场平均值，此种薪酬并没有显著的竞争力。

图 4-1 中 c_1、c_2 反映的整体薪酬水平与市场水平大致一致，但薪酬结构不一样。c_1 的斜率更大一些，反映出该薪酬策略要求不同职等间的薪酬差距要大于市场平均水平；c_2 的斜率相对要小一些，反映了该薪酬策略要求不同职等间的薪酬差距要小于市场平均水平。

另外，在确定薪酬最大值和薪酬最小值的过程中，薪酬结构设计者还需要考虑人力资源市场供需情况的影响及市场薪酬水平的发展趋势等，以确保薪酬最大值和薪酬最小值的科学性、合理性和竞争性。

2. 划分职等数目

职等是针对岗位的等级进行划分的，各个序列下的岗位可依据职等进行横向比较。例如，某企业各部门经理（销售经理、人力资源经理、生产经理等）属于同一职等。针对同一职等中的人员，可根据职责、业绩和资历等的不同设置不同的职级，如文员岗位可分为普通文员、中级文员、高级文员三个职级。

对于职等的划分，应坚持以下五点原则。

（1）在薪酬结构设计时，企业应根据岗位评价结果和薪酬调查数据等，结合目前岗位所在层级状况，将企业所有岗位划分为若干职等。

（2）层级差别较大的岗位尽量不要归在同一个职等中。

（3）划分职等时应考虑岗位之间的升迁关系。下一职等与上一职等间具有升迁的直接关系，所以应考虑每一职等员工已经工作年限时间与晋升至上一职等的衔接等级，从而划分恰当的职等数。

（4）划分职等的过程应公平、公正、公开，如此才能使企业员工取得共识，通过彼此沟通来消除敌意。

（5）设计职等数量时，一般需要考虑企业规模、性质、组织架构、岗位工作性质、工作复杂程度以及企业薪酬策略等方面的因素。

关于企业规模、性质、组织架构方面的因素，如企业规模大、性质复杂、管理层级众多，其职等数目应多设一些；如企业规模小、组织结构扁平，其职等数目应相对少设一些。

关于岗位工作性质、工作复杂程度方面的因素，如岗位工作性质差异大、工作复杂程度高的工种，职等数目应相对多设一些；反之，则少设职等数目。

关于薪酬策略方面的因素，如企业员工之间的薪酬差异较大，则职等数目应多设一些；如企业员工之间的薪酬差异较小，则职等数目应少设一些。

3. 确定中位值

划分职等后，薪酬结构设计者可根据薪酬政策线、岗位评价数值、薪酬策略等，确定各职等的薪酬中位值。

4. 分析薪酬增长率

各职等的薪酬中位值确定后，职等薪酬增长率就可以计算出来了。职等薪酬增长率等于两个相邻职等的薪酬中位值差额除以较低职等的薪酬中位值。如第一职等的薪酬中位值为 2 000 元，第二职等的薪酬中位值为 2 500 元，则薪酬增长率 =（2 500−2 000）/2 000=0.25，即薪酬增长率为 25%。

一般情况下，各职等的薪酬增长率应大致相等，如果差别较大，则应对职等薪酬中位值的数据进行一定调整，使各职等的薪酬增长率大致相同，以体现内部的公平性。

5. 确定薪酬幅度

薪酬幅度是在薪酬等级中所设最高及最低薪酬之间的差额，也就是每一职等可能支付的薪酬范围。通常薪酬曲线经过薪酬幅度的中点，在薪酬曲线向上及向下延伸至一定的百分比，如10%的范围，便可划出薪酬幅度。确定薪酬幅度是在薪酬中位值确定后，对每个职等的最低薪酬与最高薪酬进行确定。

（1）薪酬幅度的评价。当薪酬幅度较有弹性时，企业容易吸引有工作经验、有才能的员工加入；薪酬幅度允许两个相邻职等的薪酬部分重叠，企业也可对不同工作表现的员工给予不同的薪酬。

一般情况下，在确定薪酬幅度时要考虑薪幅重叠问题。薪幅重叠是指两个相邻职等间的薪酬重叠部分。这样的薪酬结构允许员工在某一职等内获得较高的薪酬。

如果薪幅重叠过少，则相邻的两个职等的薪酬中位值相差较大。这使得某职等上的员工需要加薪至获得最高薪酬时才能获得晋升到上一个职等的资格；如果薪幅重叠过多，可能造成员工因薪酬差异不大而不愿意升迁，不愿意在收入差距不大的条件下承担较大的责任。所以，薪幅重叠的比例应配合企业人力资源晋升的策略来设计。

（2）薪酬幅度的确定。由于同一职等内对应很多岗位，同时应给岗位工资提升留出空间，因此薪酬幅度要适中，从而满足薪酬调整的需要。通常，用薪酬变动比率来衡量薪酬变化幅度。薪酬变动比率用公式表示如下：

薪酬变动比率 =（薪酬最大值 – 薪酬最小值）/ 薪酬最小值 ×100%

一般情况下，薪酬最大值和薪酬最小值是根据薪酬中位值以及薪酬变动比率计算出来的，用公式表示如下：

薪酬最小值 = 薪酬中位值 /（1+ 薪酬变动比率 /2）

薪酬最大值 = 薪酬中位值 /（1+ 薪酬变动比率 /2）×（1+ 薪酬变动比率）

薪酬中位值 =（薪酬最大值 + 薪酬最小值）/2

6. 确定级差数目

薪酬最大值和薪酬最小值确定后，同一职等一般设定若干薪级，其中上一个薪级与下一个薪级的差数称为级差。薪级的多少应根据企业的规模、工作性质等来确定。企业的薪级越少，员工会感到晋升难度越大，缺乏激励效果；而薪级过多，则会增加企业的管理费用和管理难度。

级差可以是等比设计的，也可以是等差设计的。在设计薪酬结构的过程中，企业可能会根据经验数据，对不同阶层的人员设立不同的级差，即薪酬级差随着岗位层次的提高而不断增加，且级差间的变化通常是有规律的。例如，某房地产企业的基层人员（初级岗位）的薪酬级差一般为8%~10%，中层人员（中级岗位）的薪酬级差一般为10%~15%，高层人员（高级岗位）的薪酬级差一般为15%~20%（见表4-1）。

表4-1　　　　某房地产企业薪酬序列表

薪级	高层人员 薪酬额 级差20%	职等	中层人员 薪酬额 级差15%	职等	基层人员 薪酬额 级差10%	职等
1	12 000	A				
2	10 000	A				
3	8 300	B				
4	7 000	B	7 000	C		
5	5 800	B	6 100	C		
6			5 300	C		
7			4 600	D		
8			4 000	D		
9			3 500	E	3 500	F
10			3 000	E	3 200	F
11			2 600	E	2 900	F
12					2 600	F
13					2 400	G
14					2 200	G
15					2 000	G
16					1 800	G
17					1 600	H
18					1 500	H
19					1 400	H
20					1 200	H

（四）不同职务序列薪酬结构的设计方法

1. 管理序列薪酬结构框架

管理序列岗位是指在企业中从事管理工作并担任一定的管理职务的岗位，任职人员承担的计划、组织、领导、控制职责是企业主要的付薪依据。企业管理人员的薪酬结构框架通常用如下公式表示：

薪酬 = 基本工资 + 奖金 + 红利 + 福利 + 津贴

（1）基本工资。基本工资是管理人员的基本生活保障，往往与经营业绩没有直接关系，它是薪酬体系中最基本的也是最重要的部分。其他工资项目，如奖金、红利、津贴等都是依据基本工资的多少来确定的。基本工资往往占员工总收入的 1/3 至 2/3，具体要视管理岗位的高低而定，管理岗位越低，基本工资占比就越高。

（2）奖金和红利。奖金和红利是薪酬体系中的浮动部分，包括短期奖金和长期奖金。其中，短期奖金的适用范围更为广泛，适用于企业各个层次的管理岗位；而长期奖金则侧重于企业的中高层管理岗位，与管理人员的工作绩效以及企业的绩效紧密相连。长期奖金往往基于企业的经营结果，它将管理人员的利益与企业的整体利益连为一体。

（3）福利。管理人员可享受很多的福利，主要包括丰厚的养老金计划、住房补贴、各种商业保险、舒适的工作环境等。这也是企业为吸引和稳定管理人员的竞争手段之一。

（4）津贴。津贴是企业补偿员工在某种工作环境、工作条件下的身体、物质或生活费用的消耗而额外增加的一种薪酬的补充形式。

2. 职能序列薪酬结构框架

职能序列岗位是指从事职能管理性质工作且不具备或不完全具备独立管理职责的岗位，比如从事办公室职能管理、生产管理等职能工作的岗位。被管理对象有可能是人，也有可能是物。企业主要依据任职人员的辅助、支持职责为其付薪。职能序列岗位人员的薪酬结构框架通常用如下公式表示：

年度总收入 = 年度基本收入 + 年度其他收入

= 月度固定工资 + 工龄工资 + 各类补贴或补助 +

月度绩效工资 + 年度延迟支付工资 + 企业业绩分享

其中，基本收入往往占员工总收入的 1/3 至 2/3，具体要视职能序列岗位的高低而定，职能序列岗位越低，基本收入占比就越高。这种薪酬结构框架的优点在于，能加强员工稳定性并提高员工日常工作的积极性。较多企业也在为职能序列岗位增加福利项目，但总体数量要比高层管理人员的少，额度偏低。

3. 技术序列薪酬结构框架

技术序列岗位是指企业内部从事技术研发、设计、操作的岗位，其工作特点表现为具备一定的技术含量，企业主要的付薪依据是该岗位人员所具备的技能，一般付薪的项目不体现为计件的形式，但不排除少量的项目奖金。

技术序列岗位具有短期内不容易有业绩体现，以及平时行为不易被监督等特点。这种薪酬结构框架增加了企业对技术人员薪酬控制和行为监督的灵活性，通常用如下公式表示：

年度总收入 = 年度基本收入 + 年度其他收入

= 月度固定工资 + 工龄工资 + 技能工资 +

项目奖金 + 福利和服务 + 年度延迟支付工资

4. 销售序列薪酬结构框架

销售序列岗位是指在市场上从事专职销售的岗位，一般工作场所不固定。销售序列岗位的薪酬结构框架通常采用如下两种形式。

（1）纯佣金制。销售人员收入中没有基本工资，收入完全取决于个人业绩。

（2）基本工资 + 佣金制。基于这种岗位的特殊性，企业在设置固定工资与浮动工资时，适用的比例一般为 1∶1。具体公式如下：

年度总收入 = 年度基本收入 + 年度其他收入

= 月度固定工资 + 工龄工资 + 各类补贴或补助 +

佣金 + 销售奖金 + 年度延迟支付工资

5. 薪酬结构的再优化设计

薪酬结构设计是一项系统的工程，不同的薪酬结构适用于企业的不同发展阶段，因此，随着企业的发展要不断地优化企业的薪酬结构。

构成薪酬结构的基本工资、激励工资、津贴、福利等各种薪酬形式之间的关系和比例要平衡。基本工资具有高刚性和高差异性的特点，激励工资具有高差异性和低刚性的特点，津贴具有低差异性和低刚性的特点，而福利具有高刚性和低差异性的特点。针对这些组成部分的特性及功能，企业应该注意在薪酬结构中对它们进行综合平衡。

企业在进行薪酬结构再优化设计时，应具体到各种形式的策略选择，不能过分强调基本工资或奖金，要使薪酬结构起到更符合员工个人需要，能更经济地发挥激励作用。比如，对企业的高管人员实施薪酬领先策略时，可以把基本工资定位在市场薪酬水平中等偏上，把激励工资比重加大。这样就可以在人工成本不变的情况下，通过薪酬结构再优化设计，提高薪酬的可变性、差异性、时效性以及现金流使用的弹性。

三、薪酬等级划分

（一）薪酬等级的概念

薪酬等级是指在同一企业中，由于岗位或技能等级不同，从而形成序列关系式或梯次结构形式的不同薪酬标准，它主要反映不同岗位在薪酬结构中的差别，并将岗位价值相近的岗位归入同一管理等级，且采取一致的管理方法处理该管理等级内的薪酬管理问题。

企业在进行薪酬管理时必须遵循一定的薪酬等级划分原则，做到公平、适度、安全、认可、成本控制、平衡等，这样才能保证薪酬等级的有效性。在管理实践中，各企业的薪酬等级数目差异较大。一般而言，企业薪酬结构的等级构成主要以企业的规模、性质、组织结构及工作的复杂程度来衡量，对薪酬等级的数目要求没有绝对的标准。

（二）薪酬等级的类型

不同的企业有不同的岗位设置，因此薪酬等级也不一样。薪酬等级主要包括以下两种类型。

1. 分层式薪酬等级类型

分层式薪酬等级类型即所谓的等级工资制，其特点是企业划分的薪酬等级比较多，薪酬等级与组织层级之间存在着一定的对应关系，总体上呈金字塔形排列，因此员工的薪酬水平受到员工岗位等级的制约，薪酬水平的提高与个人岗位等级的晋升紧密相关。这种薪酬等级类型在成熟的、传统的等级型企业中较为常见。采用分层式薪酬等级类型时，由于薪酬等级较多，每个等级的薪酬浮动幅度一般比较小。

分层式薪酬等级类型的优点是：容易操作，方便管理；客观性强；员工的工作积极性可以通过岗位晋升的竞争得到提高。虽然分层式薪酬等级类型有其独特的优点，但也存在一定的局限性，主要是：薪酬水平仅与岗位等级相关，无法有效激励专业技术人员；不利于员工个人能力的增强和岗位职能的变化，缺少内部竞争公平性；形成企业内部等级森严的氛围，不利于团队合作，且容易出现论资排辈现象。

2. 宽泛式薪酬等级类型

宽泛式薪酬等级类型的特点是企业划分的薪酬等级少，薪酬等级与组织结构的层级关系联系不紧密，总体是平行的，员工薪酬水平的提高可以通过个人岗位等级向上发展而实现，也可以通过横向工作调整而实现。这种薪酬等级类型在不成熟的、业务灵活性强的企业中较常见，也适用于扁平式的组织结构形式。

这种薪酬等级类型体现了一种新的薪酬策略，即让员工明白，借助各种不同的岗位去发展自己比岗位晋升更重要，企业是根据人而不是根据岗位支持薪酬。

（三）薪酬等级的结构

企业薪酬等级结构通常通过以下三种基本的设计思路或定薪基准来

确定。

1. 以岗位为主导的薪酬等级结构

以岗位为主导的薪酬等级结构是指根据岗位价值评估的结果来确定薪酬的高低。这是目前企业普遍采用的一种定薪基准,这种薪酬设计原则适用于职能管理岗位和职责比较固定的岗位。

2. 以能力为主导的薪酬等级结构

以能力为主导的薪酬等级结构是指根据员工能力素质的高低来确定其薪酬的高低。通常这种薪酬设计原则适用于科研人员、技术类员工的岗位。

3. 以业绩为主导的薪酬等级结构

以业绩为主导的薪酬等级结构是指根据员工的实际业绩来确定其薪酬的高低。通常这种薪酬设计原则适用于销售人员这类岗位。

需要注意的是,由于企业不同部门、不同岗位的性质差异很大,目前企业在薪酬体系设计的实际操作中很少采用单一的基准,而是多种基准的综合使用。在薪酬等级结构设计方面更为常见也更为科学的做法是不同的序列采用不同的定薪基准,因此它们相互不具任何可比性。只有同一序列内的员工由于薪酬等级结构设计采用了相同的定薪基准他们的薪酬才具有可比性。

(四)薪酬级差的确定

薪酬级差又称为中点差异,是指相邻薪酬等级中位值之间的差距。实践中,在设计薪酬级差前,一般先要确定最高薪酬与最低薪酬等级的中位值,可以对不同等级的薪酬级差进行统一处理,既可以使不同薪酬等级的级差相同,又可以根据不同的薪酬等级将级差设置差别化。

薪酬级差可以用绝对额、薪酬等级系数表示。薪酬级差绝对额形式下的岗位薪级标准的公式如下:

$$岗位薪级标准 = 薪酬基数 \times 薪酬系数$$

薪酬基数水平的高低取决于员工基本生活保障和企业经营状况。薪酬系数取决于岗位评价、技术评定或能力测评的结果,它也反映了薪酬体系中最高薪酬水平和最低薪酬水平之间的差距。例如，薪酬系数是1~5，这说明最高薪酬水平是最低薪酬水平的5倍。

企业薪酬级差的特点是：薪酬级差的大小与等级数量的多少成反比关系；等级之间的劳动差别越大，薪酬级差越大。企业在确定薪酬级差时需要注意的是薪酬级差过大可能会使企业薪酬成本超过企业支付能力；薪酬级差主要用于激励低级别的员工，对高层管理者来说一般不适合。

（五）薪酬等级划分的步骤

企业在进行薪酬等级划分时一般遵循以下工作程序。

1. 确定薪酬总额，即根据员工薪酬结构中岗位工资所占比例和预算的工资总额来确定岗位工资总额。

2. 明确薪酬分配原则，即根据企业战略等确定岗位工资的分配原则，如以岗定薪、按劳分配等。

3. 进行工作分析和评价，即根据各岗位的劳动强度、责任、风险、环境等因素对每一个岗位进行分析和评价，并进行重要性排序。

4. 确定薪酬等级数量并划分等级，即根据岗位评价的结果，确定企业薪酬等级的数量并将所有岗位划分为不同的等级。等级划分遵循以下流程。

（1）决定岗位是否分系列划分薪酬等级。若不分系列，需要将不同系列的岗位评价结果对接起来，即在每个系列中各找出一个岗位，找出的这些岗位的评价结果要相同或相近，然后再将不同系列的岗位进行统一排序。如果分系列，则按岗位评价结果排序。

（2）划分薪酬等级。将各个岗位评价结果画在一个数轴上，将岗位评价点数相近的岗位划分为一个薪酬等级。

5. 确定薪酬等级的标准额度。根据企业薪酬策略确定各薪酬等级的标准额度，即确定各个薪酬等级同所有薪酬标准中点的比较额度。

6. 确定不同薪酬等级之间的薪酬差距，主要是指薪酬额度的差别。

7. 确定薪酬幅度，即确定各个薪酬等级内的薪酬幅度，也就是每个薪酬等级内的多个薪酬标准间最高标准与最低标准的差额。

8. 确定等级之间的重叠幅度，即确定相邻等级之间的重叠部分额度的大小。

9. 确定计算方法，即确定薪酬等级和额度的具体计算方法。

第二节　宽带薪酬

一、宽带薪酬概述

（一）宽带薪酬的产生

宽带薪酬（broadbanding）是由美国薪酬设计专家爱德华·海（Edward Hay）于1951年研究开发出来的。宽带薪酬的设计基础是海氏评估法，它着眼于确定不同工作对实现组织目标的相对重要性。

根据海氏评估法可以给企业的每一个职务提供一个评价点数。一般来说，每个薪酬等级的最高值与最低值之间的区间变动比率可达到100%或以上。典型的宽带薪酬通常不会超过四个等级，每个薪酬等级的最高值和最低值之间的变动比率可达到200%～300%。

宽带薪酬的产生有以下三点原因。

1. 组织扁平化趋势的需要

为了提高企业对外部环境变化的反应能力和反应速度，越来越多的企业强调组织的扁平化，从而避免企业管理的层级限制。

采取员工参与管理和决策的措施，从而加快企业与外界环境的信息交换。为了适应这种变化，企业的薪酬结构就必须做相应的改变，由原来的多等级薪酬体系，转变为少数几个等级的薪酬体系，这就出现了薪酬结构的宽带化。

2. 企业"人本管理"理念的真正体现

传统的薪酬模式中，薪酬与员工在企业的岗位和行政等级相匹配，岗位等级越高，薪酬越高，这导致员工为了得到更高的薪酬只有通过岗位晋升。

在很多企业中都普遍存在一种将优秀员工不断晋升，直到将他升至他无法胜任的岗位上的总体倾向。这使本来处于较低岗位等级但表现非常优秀的员工，不得不处在一个自己不能胜任的高级别岗位上。这种状况对于员工和企业来说都没有好处。

宽带薪酬的设计为员工提供了更多的职业发展通道，使他们由被动变为主动，依照个人的绩效水平和技能扩展能力获得加薪而不必升职。

3. 大规模岗位轮换的需要

复合型人才在扁平化的组织中变得越来越稀缺，为了培养具有多种技能和经验的复合型人才，组织必须展开大规模的岗位轮换。

在传统的薪酬模式下，员工进行岗位的横向调动，到新的岗位要重新进行岗位学习，其工作难度和辛苦程度会很高。同时，这也会增加企业的管理难度，因为在岗位轮换中要不断地改变调职人员的工资水平。

在宽带薪酬中，这样的问题可以迎刃而解。由于企业将多个薪酬等级进行重新组合，将过去处于不同薪酬等级中的大量岗位纳入现在的同一薪酬宽带中，这样对员工进行不同工种的横向调动甚至向下调动时，遇到的阻力就会小得多。同时，调动的岗位处在同一薪酬带内，可以有效地避免频繁的薪酬变动，为企业的薪酬管理带来了便利。

（二）宽带薪酬的概念

所谓宽带，主要是指薪酬等级对应的薪酬浮动范围加宽。在传统的薪酬设计理念中，业绩从根本上不能影响员工薪酬，即使员工业绩出色，也只能通过岗位晋升使其薪酬得到增长。因此，员工要想使其薪酬增长，就只有拼命向更高的岗位等级进取，而不是针对本人特长充分发挥，追求卓越。

所谓宽带薪酬，是指将企业中原有的多个薪酬等级压缩成相对较少的薪酬等级，同时将每个薪酬等级所对应的薪酬浮动范围拉大，从而形成一种新的薪酬管理系统及操作流程。宽带薪酬中的"带"指工资级别，宽带则指工资浮动范围较大。

与宽带薪酬相对应的是窄带薪酬，即工资浮动范围较小、级别较多。

采用宽带薪酬模式的企业应满足三个基本的条件。

1. 人力资源管理体系健全,用工制度和薪酬制度市场化程度较高。

2. 技术、创新、管理等智力因素对企业的发展具有优势支撑作用,员工的创造性、主动性对于企业绩效呈明显的正相关性。

3. 企业管理基础工作比较扎实,具备推行宽带薪酬模式的技术条件和数据基础。

从上述基本条件分析可见,并非所有企业均适合使用宽带薪酬模式。企业在实行宽带薪酬前应先健全相应的基础工作。

(三)宽带薪酬的类型

依据企业的具体情况,宽带薪酬分为纵向宽带和横向宽带两种。

1. 纵向宽带

纵向宽带指的是企业根据机构的等级由下而上建立起来的一套立式宽带系统。在纵向宽带体系中,每一个宽带所包含的职级都是自下而上的。如可在一级宽带中设置一线员工、组长的薪酬,在二级宽带中设置初级主管、中级主管、高级主管的薪酬,其余的以此类推。它一般适用于层次较多且以晋升作为唯一向上通道的企业。

2. 横向宽带

横向宽带指的是企业根据工作族来建立的宽带。在横向宽带体系中,每一个宽带所包含的职级都属于同一职业锚,它们之间没有管理与被管理的关系。如可在一级宽带中设置技术员、助理工程师、工程师的薪酬,在二级宽带中设置主力开发专家、开发专家、高级开发专家的薪酬,其余的以此类推。它一般适用于那些为员工提供了多种晋升通道的企业。

(四)宽带薪酬的作用

宽带薪酬在现代企业薪酬管理中具有非常重要的作用,主要体现在以下三点。

1. 引导员工提高个人技能和能力

在宽带薪酬结构下,同一个薪酬宽带内,企业为员工所提供的薪酬变动范围比员工原来的薪酬等级中多个薪酬等级范围之和可能还要大。这种情况下，员工获取高收入不用仅依靠岗位晋升这一种渠道，员工也不必为薪酬的增长而过度关注岗位晋升，而只需关注发展企业需要的技术和能力，做好企业强调的那些有价值的事情即可。

2. 密切配合劳动力市场上的供求变化

在宽带薪酬结构中，薪酬水平是以市场薪酬调查的数据以及企业的薪酬定位为基础确定的，因此，薪酬水平的定期审查与调整使企业能更好地把握其在市场上的竞争力，同时有利于企业相应地做好薪酬成本控制工作。宽带薪酬结构以市场为导向，使员工从注重内部公平转向注重个人发展以及自身在外部劳动力市场上的价值。

3. 推动良好的工作绩效

宽带薪酬将薪酬与员工的能力和绩效紧密结合起来，起到了对员工更为灵活的激励作用。在宽带薪酬结构中，部门经理可以灵活地对那些能力强、业绩好的员工提供薪酬方面的倾斜。宽带薪酬结构弱化了头衔、等级、过于具体的岗位描述以及单一的向上流动方式，向员工传递一种个人绩效文化；弱化了员工之间的晋升竞争，更多地强调员工们之间的合作和知识共享、共同进步，以此来帮助企业培育积极的团队绩效文化，这对于企业整体业绩的提高非常有益。

二、宽带薪酬的优缺点

（一）宽带薪酬的优点

1. 有利于打破等级观念

打破等级观念，即减少了工作之间的等级差别，有助于企业组织结构向扁平化发展，同时有利于企业提高效率以及创造学习型的企业文化，从而提升企业的核心竞争优势和企业的整体绩效。

2. 有利于岗位轮换与员工职业生涯的发展

在宽带薪酬结构下，薪酬的高低是由员工的能力与贡献而不是由岗位等级来决定的。员工的薪酬水平摆脱岗位的束缚。只要员工愿意通过相关职能领域的岗位轮换来提高自己的能力，获得更大的回报，他就可以简单、快速地执行。岗位轮换也推动了员工职业生涯的发展。

3. 有利于管理人员以及人力资源专业人员的角色转变

在宽带薪酬结构中，由于每一个薪酬带的薪酬区间的最高值和最低值之间的变动比率比较大，因此给员工薪酬水平的界定留有很大空间。在这种情况下，部门经理就可以在薪酬决策方面拥有更大的权力和责任，可以对其下属的薪酬定位提出更多的意见和建议。

这种做法既充分体现了人力资源管理的思想，又有利于促使直线部门的经理人员切实承担起自己的人力资源管理职责，同时也有利于人力资源专业人员从烦琐的事务性工作中脱身，转而关注对企业更有价值的高级管理工作，充分扮演好部门经理的战略伙伴和咨询顾问的角色。

（二）宽带薪酬的缺点

1. 员工晋升变得困难

传统薪酬制度下的岗位等级多，员工岗位晋升相对容易，但是宽带薪酬模式下的岗位等级少，员工很可能只得到薪酬的提高而没有获得岗位晋升。在国内企业中，晋升是一种非常重要的激励手段，而且很多员工也非常看重这一点，这可能会影响员工的工作积极性。

2. 企业成本上升

在宽带薪酬模式下，部门领导在决定员工薪酬时有更大的自由度，并且宽带薪酬结构在同一职级支持涨薪的导向性打破了传统薪酬结构中的自动遏制机制，因而使人力成本有可能大幅度上升。相比传统薪酬，采用宽带薪酬，成本上升的速度要更快，这对于企业的经营来说可能是一个不小的调整。

3. 适用范围不广

不是任何类型的企业都适合采用宽带薪酬模式。采用宽带薪酬模式的企业一般对技术、创新、研发等智力因素要求较高，其员工的创造能力对企业绩效起着至关重要的作用。国内实行宽带薪酬模式的企业多是外资企业和互联网企业，有的还仅限于企业的技术部门和研发部门。那些提倡"无边界组织"，强调跨职能、跨部门的团队型组织，为了保持较高的生产率，需要建立一种综合性的方法来将薪酬与新技能的掌握、能力的成长、宽泛的角色以及最终的绩效联系在一起，同时还要有利于员工的成长和多种职业生涯轨道的开发。而宽带薪酬的设计思路恰恰与这种组织相契合。

4. 实施的门槛较高

企业实施宽带薪酬的门槛较高。要做好宽带薪酬，企业必须具备四个条件，即明确的企业发展战略、组织结构与企业发展相匹配、完善的公司治理结构，以及良好的技术条件。

三、宽带薪酬的设计

宽带薪酬设计就是在组织内用少数跨度较大的薪酬范围来代替原有数量较多的薪酬等级，将原来十几甚至二十几、三十几个薪酬等级压缩成几个级别，取消原来较小的薪酬等级带来的岗位间明显的等级差别。同时，将每一个薪酬等级所对应的薪酬浮动范围拉大，从而形成一种新的薪酬管理系统及操作流程。

（一）宽带薪酬的设计要素

宽带薪酬的设计要素有两个。

1. 外部竞争性

外部竞争性是通过企业参与市场调查而得到的结果。薪酬水平只有具备了外部竞争性，才能吸引并留住企业优秀人才。

宽带薪酬在设计过程中，同样要遵循外部竞争性这项基本原则。将本企业所在行业劳动力市场上的各种岗位进行分类，界定各岗位的工作内容标准，使之在不同企业之间具有可比性，从而发现本企业各岗位工作内容上存在的不同之处，将相应岗位的薪酬水平进行平衡，进而再度比较薪酬水平的竞争性。

2. 内部公平性

内部公平性是指设计宽带薪酬时通常通过工作分析和岗位评价，设计出合理可行的级别体系，确保企业内部级别系统的合理性和公平性。

现在比较流行的岗位评价方法有三因素法和四因素法，即通过岗位评价，算出各岗位的点数，通过点数比较各个岗位的价值大小。将根据岗位评价结果形成的自然级别作为设计企业内部级别的基础，企业内部级别的形成有可能是自然级别合并的结果，多级自然级别合并就形成了宽带薪酬级别。不同的薪酬管理方法在岗位评价后形成的自然级别的方法也不完全相同，这一点因企业而异，由企业的类型、岗位特点、岗位分布状况和数量等因素决定。

外资企业大多采用宽带薪酬进行管理，而不同类型行业企业采用的宽带薪酬的"宽度"也不完全相同。宽带薪酬与扁平化的组织结构、不强调资历、提倡职业发展和成长等特点相匹配，与外资企业的企业文化相吻合。因此，如果要在内资企业里推行宽带薪酬管理，企业必须考虑如何建立与之相适应的企业文化。

（二）宽带薪酬的设计步骤

企业在进行宽带薪酬设计时应遵循以下步骤。

1. 确定企业的人力资源战略

根据企业战略和核心价值观确定企业的人力资源战略。支持企业战略目标的实现是人力资源管理体系的根本目标，也是企业薪酬管理体系的根本目标，否则，人力资源管理就永远停留在传统的人事管理阶段。因此企业应通过建立人力资源战略，将企业战略、核心竞争优势和核心价值观转化为可以测量的行动计划和指标，并借助于激励性的薪酬体系强化员工绩效行为，有效增强企业的战略实施能力，有力地促进企业战略目标的实现。此时，企业人力资源管理体系不仅是一套对员工贡献进行评价并予以肯定的激励方案，更是将企业战略及文化转化为具体行动，并支持员工实施这些行动的管理流程。

2. 制定契合企业需要的薪酬战略

根据企业的人力资源战略、外部的法律环境、行业竞争态势及企业的发展特点制定契合企业需要的薪酬战略。把薪酬体系和企业的经营战略有机结合起来,将不同的企业经营战略具体化为不同的薪酬战略及方案。

在进行薪酬结构设计时,应该从薪酬战略的选择、薪酬计划的制订、薪酬方案的设计、薪酬的发放及沟通等多个方面体现薪酬结构对企业战略、核心竞争优势和价值导向的支撑作用。对于符合企业战略和价值取向的行为以及有助于提高企业核心竞争优势的行动,应在薪酬上予以倾斜,以强化员工的绩效行为。

企业的薪酬结构体现了企业战略和核心价值观对人力资源,尤其是激励机制的要求,同时薪酬结构不能脱离企业所在行业的特点和企业的生命周期来设计。

首先,企业所在行业的特点主要体现为企业所在行业的技术特点和竞争态势。企业通常使用技术来将企业投入转变为企业产出的工具、技能和行动。技术常常通过其对劳动效率的影响来影响企业的薪酬结构,而行业的竞争态势则会影响各企业在人才方面的竞争性,进而对企业制定有竞争力的薪酬战略产生影响。

其次,企业要经历从出生、成长、成熟直至衰退的不同阶段。处于生命周期中不同阶段的企业具有不同的特点,因此需要不同的薪酬体系来适应其在那一阶段的特点。

3. 选择适合运用宽带薪酬的岗位或层级系列

根据企业的组织结构特点及工作性质选择适合运用宽带薪酬的岗位或层级系列。在传统的金字塔形组织结构或强调个人贡献的企业文化中,宽带薪酬模式并不适用,企业往往采用等级制的薪酬模式。随着企业的等级趋势逐渐趋于平坦,企业日益强调团队协作而不是个人贡献,企业就可以考虑用少数跨度较大的薪酬范围来代替原有数量较多的薪酬等级。

4. 运用宽带薪酬建立并完善企业的薪酬结构

(1)确定宽带的数量。宽带的数量并没有统一的标准。在实践中,企业可以根据岗位评价结果形成的自然级别作为设计企业内部级别的基础。企业内部级别的形成有可能是自然级别合并的结果,多种自然级别合并就形成了宽带薪酬级别。

到底哪些级别和哪些级别合并？哪些级别要划入另一个宽带？在这些薪酬宽带之间通常有分界点，这些分界点往往处于一些重要的"分水岭"上，即在工作或技能、能力要求存在较大差异的地方，进而将宽带划分为诸如"助理级""资深级""专业级"等级别。

（2）根据不同工作性质的特点及不同层级员工需求的多样性建立不同的薪酬结构，以有效地激励不同层次员工的积极性和主动性。

（3）确定宽带内的薪酬浮动范围。根据薪酬调查的数据及岗位评价结果来确定每个宽带的浮动范围以及级差。同时，针对每个宽带，各职能部门根据市场薪酬情况和岗位评价结果确定不同的薪酬等级和水平。这就会出现在同一岗位等级内，由于员工承担的责任和任职资格等薪酬要素不同，不同类型岗位的薪酬宽带呈现出不一致现象。例如，在专员等级内，财务专员的薪酬水平可能要高于行政专员，即财务专员的薪酬宽带要高于行政专员的薪酬宽带。

（4）宽带内横向岗位轮换。同一宽带中薪酬的增加与不同岗位等级薪酬增加相似。在同一宽带中，企业应该鼓励不同职能部门的员工跨部门流动，以增强组织的适应性，并提高员工多角度思考问题的能力。因此，员工职业的变化更可能是通过跨职能部门轮岗，而从低宽带向高宽带的流动则难度较大，机会较小。

（5）做好任职资格及薪酬评级工作。宽带薪酬虽然有很多优点，但由于部门经理在决定员工薪酬时有更大的自由度，使企业人力成本有可能大幅度上升。

因此，为了有效地控制人力成本，抑制宽带薪酬模式的缺点，在建立基于宽带的薪酬体系的同时，还必须构建相应的任职资格体系，明确工资评级标准及办法，营造一种以绩效和能力为导向的企业文化氛围。

本章自测题

1. 薪酬结构的构成要素有哪些？
2. 薪酬结构设计的目的是什么？

3. 简述薪酬结构设计的步骤。
4. 什么是宽带薪酬？宽带薪酬有哪些类型？
5. 宽带薪酬有什么作用和优缺点？
6. 如何设计宽带薪酬？

第五章　奖金管理

 学习目标

- 了解奖金的概念和特点
- 理解奖金的类别划分
- 掌握奖金设计的原则、依据和步骤
- 掌握奖金评比与发放

 引导案例

H公司是一家信息科技公司，1996年在北京成立，2004年公司将重心转移到杭州，2007年在深交所挂牌上市。公司聚焦产业互联网，采用新一代信息技术打造了"产业互联网应用引擎"，以B2B2C的业务模式赋能智慧能源、智慧家庭、公共服务、工业互联网、数字城市、新外贸等行业，助力产业创新与升级，创造新的客户价值，提升客户体验。

近期公司新成立的项目团队顺利完成一项任务，管理层和人力资源部商讨之后决定对于这个项目团队进行奖金激励，提升员工的士气。该团队由技术部经理担任项目经理，成员由程序开发

主管、网页设计主管、程序开发员、网页设计员以及技术支持文员5人组成，负责客户网站的开发。因为项目时间比较紧张，工作量比较大，公司决定实行项目制管理。这是公司推行的新制度。公司管理层承诺，如果项目团队能按时完成任务，并获得客户的肯定，公司将提供5万元作为项目奖金，以此鼓励员工。

在奖金的激励下，技术部经理带领项目团队成员以非常高效的方式开展工作，技术部经理负责与客户的沟通，协调公司内部资源，主导网站开发的方向；程序开发主管与程序开发员负责后台的程序开发；网页设计主管与网页设计员负责网站所有网页的设计；技术支持文员负责文案及测试，以及项目团队的日常工作。

在技术部经理的主导和公司其他部门的配合下，项目团队很快完成任务，项目比预定时间提前半个月完成，客户验收后十分满意。公司很快兑现了承诺，但是在奖金分配上出现了分歧。人力资源部经理和技术部经理就此进行了激烈的讨论。人力资源部经理提出，由技术部经理提交项目总结报告，公司以公开的形式进行奖金分配，但是这一建议遭到了技术部经理的反对。他认为这会将自己置于尴尬的境地，他不知道这份报告该如何写，而且他不同意公开分配奖金，因为若团队成员认为分配不均衡，就会引发他们的不满和冲突。最后，人力资源部和项目团队达成妥协，即在项目总结报告中分析每个团队成员对项目的贡献，在这个基础上，再由人力资源部负责拟定奖金的分配方案。在最终提交的项目总结报告中，每个成员的贡献值都相当，于是奖金的分配方式是所有成员平分。

最后奖金发放时，程序开发员表示不满，并提出离职申请。

你认为奖金分配发生了哪些问题？

第一节 奖金概述

一、奖金的概念和特点

（一）奖金的概念

奖金也称奖励工资，是员工因超额完成工作任务或取得优秀业绩而获得的可变薪酬，其目的在于对员工进行激励，促使其继续保持良好的工作势头。由于奖金不累计计入基础工资部分，一般基数相对较大，所以能够有效地激励员工。企业在经济效益不佳的情况下可以不发放奖金，这样有利于企业控制人工成本。

（二）奖金的特点

奖金是员工工资的重要补充，是企业为员工超额劳动部分或绩效突出部分所支付的劳动报酬。奖金与其他薪酬形式相比具有灵活性大、激励性强等特点。

1. 灵活性

奖金的发放有较大的弹性。企业可以根据工作的需要，灵活决定奖金的标准、范围和奖励周期等，既可以有针对性地激励某项工作的进行，也可以抑制某些方面的问题，从而有效调节生产经营中对工作数量和质量的要求。

2. 激励性

这种激励功能来自依据个人劳动贡献所形成的收入差别。利用这些差别，使员工的收入与其劳动贡献联系在一起，起到奖励先进、鞭策后进的作用。

3. 不稳定性

奖金的兑现仅仅是出于对本次员工所提供的超额劳动量的奖励，并不受员工以往工作和未来工作的影响，因此，员工的奖金收入具有不稳定性。

4. 及时性

奖金的发放要能及时反映员工贡献的大小，一般在员工提供了超额劳动或取得突出业绩后，奖金就应立即兑现。

5. 货币性

奖金是一种以现金形式支付的货币收入。

二、奖金的类别

在企业中，根据不同的标准，奖金可以分为不同的类别。

（一）根据奖励条件划分

根据奖励条件划分，奖金可分为单项奖与综合奖。单项奖是指以生产或工作中的某一项指标作为计奖条件的奖金形式，如安全奖、质量奖。单项奖具有灵活性大、容易管理、针对性强的特点，但是它容易引导员工片面追求单项奖而影响企业的全面发展。综合奖是指以生产或工作中多项考核指标作为计奖条件的奖金形式。综合奖具有评价全面、统一计奖的特点，但由于其计奖指标太多，也容易出现计奖重点不突出、激励和刺激作用不大等问题。

（二）根据奖励范围划分

根据奖励范围划分，奖金可分为个人奖和团队奖。个人奖是指根据个人的绩效颁发的奖金。团队奖是指根据集体绩效颁发的奖金。传统的奖励方式比较注重个人奖；而现代薪酬理论则主张关注团队奖的作用，并认为团队奖比个人奖对企业战略的实施意义更大。

（三）根据一定时期内发奖次数划分

根据一定时期内发奖次数划分，奖金可分为一次性奖励和定期奖励。一次性奖励是指对于一定时间内，完成预定工作目标或对企业做出特定贡献的个人或团队所进行的奖励。定期奖励是指企业为了达到对员工或团队的持续性激励目的而设置的奖励。只要员工或团队完成了特定的标准就可以得到定期奖励，如月度奖、季度奖、年度奖。

第二节 奖金设计

一、奖金设计的原则

每个员工都期望获得恰当的、符合自己预期的奖金，奖金设计得合理与否直接影响到员工的情绪以及对公平性的感受，关系到激励效果的发挥。一般来说，奖金设计应遵循以下原则。

（一）及时性原则

企业可以根据生产（工作）需要，随着生产的变化及时调整奖励对象、奖金数额、获奖人数以及奖励的周期和范围等。企业通过发放奖金迅速准确地反映员工提供的超额劳动的数量和质量，及时地把员工的劳动和报酬更直接地联系起来。

（二）差异性原则

由于每个员工的岗位、能力、工作时间、贡献等诸多方面都不同，企业应在设计奖金的具体金额方面体现出合理的差异性，这会提高员工对企业的归属感，加强他们对企业的认可，进而激发其工作热情。

（三）公开透明性原则

奖金的发放必须基于让企业内部员工一致认可的、明确的参照依据，企业应对每个员工的贡献和业绩尽量给出具体的奖金标准，奖金分配制度也要公开透明，以免在员工中间产生相互猜忌的现象，造成企业内部人员关系紧张。

二、奖金设计的依据

（一）工作绩效

根据奖金的定义，企业设计奖金最主要的依据就是员工、团队或部门的工作绩效。企业在核算出个人或部门每季度、每年，或所参与项目的绩效结果后，根据绩效考核来确定如何发放奖金。绩效能直观地体现员工的工作成果，因此绩效奖金也最具激励性。

（二）经费来源

企业奖金设计的另外一个依据是奖金的经费来源。奖金经费来源主要是指企业发放的奖金是从哪里提取的。奖金经费主要有以下几个来源渠道：企业按照一定比例和标准从指定的奖励基金中提取，或从节约的资金中提取，或从企业实现的利润中提取，或由国家或上级主管机关直接发放等。企业根据不同的经费来源，设计与之适应的奖金制度。

三、奖金设计的步骤

（一）确定奖励项目并制定奖励条件

企业根据自身经营、工作的需要确定奖励的项目。比如，某企业的产品质量是影响整个生产的关键，为此设立了质量奖，然后根据企业内部各部门的不同情况以及员工工作的特点设置奖励条件。

奖励条件是指员工具备什么样的行为、达到什么样的程度才能获得奖励，它是企业对员工实施奖励的具体依据。

（二）明确奖励范围、奖励周期和计奖部门

1. 奖励范围

奖励范围是指在既定条件下，参加奖金分配的人员范围和奖励幅度。

2. 奖励周期

奖励周期是指支付奖金的时间单位。奖励周期应根据奖励项目的性质和工作需要确定。比如，对于与企业整体经济效益和社会效益有关的奖励，可采取年度奖金的形式；针对持续的、有规律的生产和工作设置的奖励项目，可采用月度奖、季度奖等形式。

3. 计奖部门

计奖部门是指按照不同工作特点划分的独立考核并计发奖金的部门或组织。计奖部门主要有独立计奖部门、参照计奖部门和平均计奖部门三种类型。

（1）独立计奖部门。独立计奖部门是指企业中奖励项目和奖励条件非常明确，易于考核，从而独立给予奖励的部门。

（2）参照计奖部门。参照计奖部门是指企业中从事服务性质、辅助性质工作的部门，如后勤和维修部门等。这些部门的超额劳动难以独立计算，需要以被服务对象的业绩为基础，其奖金一般可以以被服务部门的加权平均奖金水平为参照对象来计算。

（3）平均计奖部门。平均计奖部门是指劳动成果不能准确计量的部门，如总经理办公室、行政管理部门等。其奖金一般可以按照企业的平均奖作为参照依据来计发。

（三）确定奖金总额

奖金总额的确定一般采取以下三种方法。

1. 按企业超额利润的一定百分比提取奖金。其计算公式为：

$$本期新增奖金总额 =（本期实际利润 - 上期实际利润）\times 超额利润奖金系数$$

2. 按产量、销售量、成本节约量来确定奖金总额。

（1）根据企业实际经营效果和实际支付的人工成本两个因素确定奖金总额。采用这种方式时，企业将节约的人工成本以奖金的方式支付给员工。其计算公式为：

$$奖金总额 = 生产（销售）总量 \times 标准人工成本费用 -$$
$$实际支付工资总额$$

（2）按企业年度产量（销售量）的超额程度提取奖金。采用这种方式时，企业根据目标产量（销售量）的超额程度等比例提取或按累计比例提取奖金。其计算公式为：

$$奖金总额 = （年度实现销售额 - 年度目标销售额）\times 计奖比例$$

（3）按成本节约量的一定比例提取奖金。其主要目的是奖励员工在企业生产和经营成本节约中做出的贡献。其计算公式为：

$$奖金总额 = 成本节约额 \times 计奖比例$$

3. 以附加值（净产值）为基准计算奖金总额。其计算公式为：

$$奖金总额 = 附加价值 \times 标准劳动生产率 - 实际支付工资总额$$

（四）制定奖金分配办法

奖金分配的办法有很多种，常见的有计分法和系数法两种。

1. 计分法

计分法是根据一定的规则对员工评定出一定的分数，然后根据这个分数计算出每个员工的奖金数额。计分法一般适用于生产工人。其计算公式为：

$$个人奖金数额 = 企业奖金总额 \times 个人评定分数 / 所有个人评分总和$$

2. 系数法

系数法是根据岗位价值大小先确定岗位奖金系数，然后将奖金总额分配给每个员工。其计算公式为：

$$个人奖金数额 = [奖金总额 / \sum（岗位系数 \times 岗位人数）] \times$$
$$个人岗位系数$$

如果在奖金分配过程中考虑到个人绩效考核结果，则其计算公式为：

$$个人奖金数额 = [奖金总额 / \sum（岗位系数 \times 岗位人数）] \times$$
$$个人岗位系数 \times 个人绩效考核系数$$

第三节 奖金评比与发放

一、奖金评比

企业在设置奖金项目时，均会有一定的标准或目的。奖金的评比同样要依据设置奖金的项目而确定。不同项目的奖金评比标准、评比时间、评比方式均不一样，因此，进行奖金评比时应首先确定评比的奖金属于什么项目。

（一）奖金评比的目的

通过评比发现参与人员成绩结果与企业预先确定的标准有什么不同或存在多大的差距，进而区分参与人员的优劣情况，然后再依据优劣情况排名发放相应额度的奖金。

（二）奖金评比的方式

1. 小组讨论式

小组讨论式是指成立奖金评比小组，根据既定的评比标准给参评人员打分，通过沟通、讨论确定评比结果。

2. 现场演示式

个别工种属于技术操作型，工作绩效容易观察，可在评比前制定相应的评比标准，让参与人员按照评比标准进行操作，通过现场观察获得成绩优劣情况，然后根据结果进行奖金兑现。

3. 闭卷考试式

闭卷考试式是指设计一定的问题，让参与人员进行闭卷考试，并参考标准答案，通过统一判分进行评比，进而发放评比奖金。

4. 业绩考核式

业绩考核式是指根据业绩的实际完成情况，结合业绩计划和评比标准对业绩进行评定，并按照事先界定好的奖金额度范围发放奖金。

无论什么形式、什么性质的奖金，在进行评比前均需制定一定的评比标准或者规则，方能正式开展奖金评比。

（三）奖金评比的时间

奖金设置的项目性质不同，奖金评比的时间也就不同。例如，项目奖金在项目结束时进行评比；优秀奖金则依据企业计划中的月度优秀评选、季度优秀评选或年度优秀评选项目，在相应的月度末、季度末或年度末进行评比。

二、奖金发放

奖金的发放原则是鼓励先进，鞭策后进，奖优罚劣，奖勤罚懒。贯彻多超多奖、少超少奖、不超不奖的奖金分配原则。奖金的发放可以以员工个人的业绩评定为依据，也可以以企业或部门的效益评定为依据。

通常情况下，不同目的的奖金，其发放时间和发放方式也不同。常见的奖金发放方式见表 5-1。

表 5-1　　　　　　　　常见的奖金发放方式

奖金类型	发放对象	发放时间	发放依据	发放方法
业绩奖金	全体员工	年终（一次性发放）	结合全年业绩考核成绩，分别给予不同额度的奖金	员工依据其对企业的重要程度、工作绩效等因素获得相应额度的业绩奖金
超额完成任务奖金	超额完成任务的员工	年终或考核期末	考核期业绩任务完成情况	根据财务预算，按照营业额的一定比例提取奖金
年终奖金	全体员工	年终	企业在年终有利润时，才发放年终奖	从企业的当年实际利润总额中按照一定比例提取奖金
项目奖金	技术研发人员及参与技术研发项目的其他部门人员	根据项目节点和进度而定	依据项目完成情况、个人完成情况及个人责任大小确定	一般在项目节点该项目完成时发放

除此之外，企业内部还可能存在一定的特殊奖金发放，其主要目的是要对员工的优秀表现予以正强化，以激励员工自觉地关心自身的发展，维护企业形象。特殊奖金一般包括创新奖、优秀建议奖以及优秀员工卓越贡献奖等。各种特殊奖金的发放方式见表5-2。

表5-2　　　　　　　　　　特殊奖金的发放方式

奖金名称	发放依据
创新奖	员工在工作方法、工作思路或开拓业务等方面有较大的突破和创新，在改善工作流程、提高工作效率或管理水平方面有突出贡献
优秀建议奖	针对企业的技术、生产或管理中存在的问题提出建议并被采纳；或者十分关心企业的发展，经常提出有效建议
优秀员工卓越贡献奖	在其他方面为企业经营活动做出特殊贡献，付出超额劳动

本章自测题

1. 什么是奖金？奖金有什么特点？
2. 奖金设计应遵循哪些原则？
3. 简述奖金设计的步骤。
4. 奖金评比的方式有哪些？
5. 奖金应如何发放？

第六章　福利管理

学习目标

- 了解福利的概念
- 理解福利的特点
- 掌握福利的作用
- 掌握福利的管理及规划
- 掌握法定福利的类型及相关内容
- 掌握企业福利的类型及相关内容
- 了解弹性福利计划的概念
- 理解弹性福利计划的类型
- 掌握弹性福利计划的优缺点
- 掌握弹性福利计划的设计步骤和实施要点

引导案例

为促进企业正规化建设，增强员工归属感，体现人文关怀，进一步推动企业文化建设，形成良好的企业向心力和凝聚力，Z公司根据自身具体情况，制定了以下福利制度。

1. 保险

公司根据有关规定为员工办理基本养老、基本医疗、生育、工伤、失业五项社会保险，为满足员工退休、看病、生育等不同需求提供基本的社会保障，同时为每位员工办理一份意外伤害保险。

2. 法定假日

所有公司员工都可享受国家规定的每年11天法定带薪假（元旦1天、春节3天、清明节1天、劳动节1天、端午节1天、中秋节1天、国庆节3天）。妇女节女员工放假半天。

3. 特别休假

员工试用期结束后，便可按国家有关规定享受婚假、丧假、产假等带薪假期。

4. 医疗

公司每年为员工安排一次体检，以确保员工身体健康。体检由公司统一组织，在指定医院进行。

5. 工作餐

公司向员工提供免费午餐。

6. 假日补贴

按照我国的传统文化习惯，公司会在每年端午节、中秋节、春节等传统节日向员工发放过节费。

7. 防暑降温费

7—9月，公司每月会向员工发放固定的防暑降温津贴。

8. 礼金

为发扬以人为核心的企业文化，公司在员工结婚、生子、住院、直系亲属去世等情况发生时，会向员工赠送礼品或礼金表示关怀。

9. 娱乐活动

为了丰富员工的业余生活，增强员工对企业文化的认同感，公司根据员工建议组织各种娱乐、文体活动。

10. 旅游

公司每年统一组织一次员工旅游活动。旅游经费视员工在公司服务年限分别规定。

（1）进入公司工作未满一年者，年度旅游需自付50%费用。

（2）工作满一年而未满两年者，年度旅游需自付20%费用。

（3）工作满两年者，年度旅游无自付费用。

（4）年度旅游视情况可携带家属，家属相关费用由员工自付。

11. 年夜饭和福利酒宴

公司每年请全体员工相聚共享年夜饭，欢度春节。

Z公司的福利政策得到了全体员工的正面反馈，员工工作积极性高、忠诚度高。同时，这些福利政策在无形中为公司做了宣传，每年招聘时公司都能收到很多优秀简历。

Z公司的这些福利政策中，有哪些是法定的，哪些是企业自主设立的？福利对企业发展有何作用？

第一节　福利管理概述

一、福利的概念及特点

（一）福利的概念

很多企业员工在看待报酬时，往往只关注直接货币形式的收入，即基本薪酬与奖金。但实际上，大部分企业都会向员工提供其他具有货币价值的报酬，即福利。福利是企业向员工提供的有别于根据员工的工作时间与工作绩效计算报酬的薪酬形式，它属于员工的间接报酬，是全部报酬的一部分。常见的福利形式有社会保险、带薪假期、过节礼物等。

随着时代的发展，福利已经成为企业吸引员工的重要因素之一。福利在员工薪酬总额中占据的比例越来越高，据统计，在美国企业员工的总薪酬中，福利所占比重高达 27% 左右。

（二）福利的特点

我们已经知道，福利是企业向员工提供的有别于根据员工的工作时间与工作绩效计算报酬的薪酬形式。与员工的基本薪酬、奖金等相比，福利具有以下特点。

1. 支付形式特殊

员工的基本薪酬、奖金等往往采取货币支付的形式，而福利一般都是非货币性的，更多的是采取实物支付，且可延期支付（如各类保险支付）。例如，企业在我国传统节日向员工发放具有节日特色的食品、礼物等。

2. 发放依据特殊

员工的基本薪酬、奖金等与员工的工作量、工作业绩息息相关，但多数福利形式只与员工人数有关，与员工的工作时间、工作效果无关。例如，带薪假期天数与员工的资历有关，但与其在一定时期一定量的缺勤或加班无关。

3. 发放种类多变

福利虽然有很多形式，但除了那些法定必须发放的福利外，很多福利都具有强烈的企业个性色彩，企业可依据自身情况和员工偏好，自主灵活地确定基本薪酬和福利的组合。因此，不同企业在福利支付项目方面存在很大的差异。

二、福利的作用

（一）福利对企业的作用

1. 吸引和保留员工，提高员工忠诚度

福利作为员工薪酬的重要组成部分，是一种很好的吸引员工、保留

员工的工具。有吸引力的福利机制往往更能吸引更多优秀的员工，企业便有了更多人员选择。同时，员工被录用后，有吸引力的福利项目也能保证他们能够留在企业继续工作。另外，福利在很多时候其实是一种企业文化，例如员工生日派对、异地员工子女关怀活动等，诸如此类的福利项目能极大提高员工的忠诚度与满意度。

2. 享受优惠税收政策

在许多国家，员工福利项目所受到的税收待遇往往比员工基本薪酬等受到的税收待遇更加优惠，这意味着企业在员工福利上花费的成本比在其他薪酬上花费的成本更具价值。在我国，《中华人民共和国个人所得税法》《国家税务总局关于生活补助费范围确定问题的通知》等法律法规详细规定了可以以及不可以免征个人所得税的福利项目，企业可根据实际情况灵活运用。

3. 传递企业文化和企业价值观

员工对企业文化和企业价值观的认同，关系到员工对企业工作环境和组织环境的认同。福利恰恰体现了企业的管理文化，传递了企业对员工的关怀。

（二）福利对员工的作用

1. 税收的优惠

福利不仅对企业存在税收优惠，对员工也一样。员工以福利形式获得的收入中，有些项目并不需要缴纳个人所得税。在企业薪酬一定的条件下，员工直接从企业获得福利所需成本与员工用自己获得的薪酬收入去购买相应的福利项目所需成本相比，前者成本要低很多，而两者之间的差额就可当作税收的优惠。

2. 集体购买的优惠

员工福利中有很多项目是员工工作或者生活所必需的，如果企业不设置这种类型的福利项目，员工也会自己花钱购买。显然，在购买商品或服务方面，集体购买能享受价格优惠，折算到个人，其成本比员工个人购买该项产品或服务要低很多。

3. 更稳定的收入来源

一般而言，大多数员工更加偏好稳定的收入，不希望收入存在风险波动。福利不会因为工作业绩、工作时间等发生变化，也不像提成收入那样不太稳定，福利吸引了那些追求稳定性与安全感的员工。

4. 增加了平等感和归属感

员工在企业工作，其需要并不仅是获得劳动报酬，他们还有心理方面的需求。员工希望被认同，有归属感。员工的基本薪酬、奖金等满足了员工经济方面的需求，而福利则可以满足他们在平等和归属方面的需求。福利有多种表现形式，除货币形式外，实物、活动等有时候更能令员工在工作之余感到满足。

三、福利的管理及规划

（一）福利管理

1. 员工福利管理的概念

员工福利管理是指为了保证员工福利按照预定的轨道发展、实现预期的效果，企业采用各种管理措施和手段，对员工福利的发展过程和路径进行控制或调整的活动。广义上的员工福利管理是对员工福利从产生到发展的整个过程进行全方位的管理。狭义上的员工福利管理是为了完成一个既定的中长期发展目标而采取的各种措施和手段。

2. 福利管理的内容

（1）方案制定。制定一套完善的福利管理方案，有助于协调员工福利与薪酬其他组成部分之间的关系，保证福利的预期效果。

（2）财务预算。在做财务预算时，应考虑未来市场的变化、经营环境的变化、劳动成本占总成本的比率等。

（3）管理机构。企业可以根据自身的需求来选择是否建立一个专门的管理机构。如果确定建立管理机构后，还需确认该机构的人员配置及其工作职责等。

（4）人员配备。需要配置专业的员工福利管理人员，他们既要熟悉企业的薪酬结构，也要对员工"隐形的需求"具备一定的洞察力。

（5）成本控制。成本控制是控制职能的主要内容之一。要想有效控制成本，就需要保证福利计划的准确性、预算的可行性、制度的强制性以及规范性、实施的严格性，同时相关管理人员要恪尽职守。

（6）调整变动。调整变动是调节职能的一个重要方面。企业应该根据福利与福利产生的实际效果之间的关系，不断调整和完善福利管理的内容、方式等。

（7）效果评估。效果评估是调节职能的重要内容之一。评估内容应该是员工对企业福利管理的反应，其目的是改善员工福利的实施效果。效果评估方法包括问卷调查法、访谈法、合理建议法、意见反馈法等。

3. 福利的发放

福利的发放包括福利发放的时间、福利发放的方式、福利发放的对象等多方面内容。

（1）福利发放的时间。福利发放的时间应该与福利项目的计划实施时间一致。例如，企业逢年过节给员工发放一定的福利，在高温、寒冷时期给员工发放相关福利等。

（2）福利发放的方式。有些企业的福利发放采用实物的方式，如过年过节时发物品，集体生日会上派送生日礼物；恰当的时候以货币形式发放福利也很常见。也有部分企业采用组织旅游、免费培训等形式发放福利。

（3）福利发放的对象。福利发放的对象主要根据福利设置的目的而定。一般普及型福利的发放对象是全体员工；特殊型福利的发放对象是满足相应福利规定条件的员工，如员工结婚时的红包、业绩优秀员工的外出旅游等。

4. 福利成本的控制

发放员工福利的出发点是激励员工，提高企业的生产效率，从而使企业获得相应的收益。由谁来享受福利、如何分担福利成本、在多大程度内实施福利计划以及如何控制福利成本，都有能影响福利成本控制的效果。因此，进行员工福利管理时还要注意成本控制。企业可以从以下五方面进行考虑。

（1）享受对象的确定。企业实施员工福利计划的目的是吸引人才、留住人才，提高员工工作效率，因此明确福利提供给哪些人员，使享受对象与制度设计的目标吻合是福利成本控制的第一步。

（2）员工分担福利支出。为了适度控制企业福利计划，同时也为了避免企业日后负担不起福利成本而被迫降低福利标准时引起员工不满，可以采取员工和企业共同负担福利开支的方式。完全免费的福利容易引起员工对福利的过度使用，发生浪费现象，不利于控制成本。研究表明，员工分担一些福利支出还可以提高员工对福利的评价。不少企业全部负担福利的开支，久而久之，员工视其为理所当然，并且倾向于低估企业提供的福利。

（3）实行弹性福利计划。不同员工的需求偏好是有差异的，弹性福利计划可以满足员工的不同需求，在企业福利投入一定的情况下，最大限度地满足不同员工的不同需求，从而提高员工的满意度。员工在规定的货币额度内，自由选择福利组合，实现个人享有的福利价值最大化。在实施过程中，应尽量设法降低弹性福利计划的复杂度和可能导致的缺点。

（4）规定福利支付上限。对企业内所有福利的开支或某些福利项目的支付设置上限，从而控制成本。

（5）控制管理成本。成本控制最常用的策略是员工福利外包。许多公司通过雇用外部人员来管理福利计划，它们通过竞争性投标，选择质量价格比最优的外部组织管理员工福利，这种做法使企业对成本和福利的控制更集中、更一致，效果更好。

5. 福利管理中的主要问题

福利管理在企业文化和价值观的传递方面具有非常好的传递作用，能够在提高员工实际收入水平的同时减轻员工税收的负担，吸引和留住人才，激励员工的工作积极性，并最终提升组织凝聚力。尽管如此，当前大多数企业的福利管理依然存在一些问题。

（1）缺乏激励性。目前，我国大多数企业的福利体系相当薄弱，即使制定了相关的福利政策，也存在平均化倾向。企业的福利被员工认为是普惠性的，并不与绩效挂钩，久而久之，员工认为福利就是企业付出的薪酬的一部分，是企业必须做的，因而感受不到企业的关怀。这不仅导致企业福利成本的攀升，也无法实现福利成本的付出应给企业带来的收益。企业里的每一位员工都享受同样的福利待遇，没有差别也谈不上激励。对于员工而言，相同的福利被视为"大锅饭"，员工可以理所当然地享受。这种管理模式一方面增加了企业的成本，另一方面也无益于调动员工的积极性。

（2）福利项目设计单一。传统的福利制度都是为员工提供相同的福利而且很多年都不曾改变。但是，随着劳动力队伍构成的变化，不同文化层次、不同收入层次的员工对福利的需求都存在较大的差异，而传统的福利却相对死板。一方面企业付出了大量成本，另一方面员工却并不需要，这种福利的提供与员工需求之间的脱节造成了很大的浪费，也无法实现企业的目标。

（3）漠视员工福利，激化矛盾。员工福利计划的不健全日益成为我国企业发展的"软肋"。虽然一些企业家在公众场合也常把"以人为本"的信条挂在嘴边，但真正执行起来，却打了折扣。许多企业除了向员工提供法定福利，即对政府为保障员工利益强制执行的福利进行遵守之外，它们对非法定福利形式普遍不太重视，甚至对于法定福利，有些企业执行的力度都不够，员工利益得不到保障。这使得近年来劳动争议案件的发生呈上升趋势，处理不好往往影响到劳动关系的和谐，甚至导致矛盾激化，造成不良的社会影响。

（二）福利计划

1. 员工福利计划的内容

员工福利计划的内容可以用 5w2h 进行概括，即 why——向员工提供福利的目的；whom——主要向哪些员工提供福利；how much——向员工提供多少福利，福利成本是多少；what——向员工提供什么类型的福利；how——用何种形式向员工提供福利；who——员工福利的实施主体是谁；

when——向员工提供福利的时机是何时。

2. 福利计划的指导原则

（1）合理和必要的原则。在福利计划中应坚持福利费用在企业的可承受范围内，坚持以最小费用达到最大效果，实现其经济性。

（2）统筹规划原则。综合考虑企业内外部环境与员工福利相关的各种环境，建立长远发展的思维模式，有计划、有组织地实施福利计划活动。

（3）公平性原则。福利计划的制订应以全体员工为对象，体现公平性原则，即只要是符合条件的本企业员工，都可以享受企业的相关福利项目。

3. 企业制订福利计划时应注意的问题

（1）了解国家的相关法律法规。国家相关法律法规规定的福利项目是企业必须提供的，如《中华人民共和国社会保险法》（以下简称《社会保险法》）规定的福利项目，这是企业必须承担的福利成本。另外，国家的相关法律法规对于企业如何建立某些特定的福利项目作出了部分规定，企业应根据这些规定对福利进行灵活设计。

（2）与员工进行有效沟通，开展福利调查。与员工进行有效沟通、开展福利调查等工作是建立高效福利模式的必经阶段。只有与员工进行有效沟通，才能理解员工的需求和偏好，才能体现设计福利项目的价值。另外，福利也有外部竞争性的问题，企业需要通过市场调查来了解其他企业的福利种类和福利水平等，这样才能设计出有竞争力的福利制度。

（3）设计与组织战略目标、组织文化、员工类型等相匹配的福利模式。不同的企业战略目标和企业文化需要不同人力资源策略的支持，不同岗位、年龄的员工对福利类型有着不同的诉求。针对以上内容对本企业的福利功能（如保障性福利、激励性福利等）进行定位，按照功能定位设计出符合企业战略的福利模式。

（4）将福利计划纳入企业整体薪酬计划中。福利是薪酬的一个重要组成部分，直接薪酬对员工的生活水平起着决定性作用，它多是以即期现金来支付的；作为福利的间接薪酬对员工的生活水平起着保障和提高的作用，它多是以实物和延期支付为主，这就需要企业实现两者之间的平衡。如果直接薪酬和福利互不相干地单独提高，会导致企业薪酬成本的上升，所以要保证直接薪酬和福利的合理比重，达到既能增强企业吸引力，又能提高资金利用率的目的。

（5）明确福利项目所需资金的数量及其来源。福利预算的制定和控制是福利管理工作的重要组成部分，设计福利项目时，必须对企业财务状况进行分析，将福利成本控制在合理的范围内，明确福利项目所需资金的数量及其来源。

第二节 法定福利

法定福利是由国家相关法律法规规定的福利内容，具有强制性，是任何企业都必须提供的福利项目。法定福利为企业员工提供了生活和工作的基本保障，减少了员工的后顾之忧。在我国，法定福利主要包括社会保险、住房公积金、法定休假等。

一、社会保险

社会保险作为国家社会福利制度的重要组成部分，是指为了保障员工的合法权益，而由政府统一管理强制执行的社会性福利措施。社会保险由各企业的人力资源部统一负责办理，社会保险费由企业代扣代缴，员工配合企业准备办理社会保险所需要提供的各种资料。凡与企业建立正式劳动关系的员工均需要缴纳社会保险费，员工或企业均不能因为个人原因而不缴、漏缴或少缴社会保险费。

社会保险具体包括养老保险、医疗保险、失业保险、工伤保险和生育保险五项基本内容。

（一）养老保险

养老保险，全称社会基本养老保险，是社会保险最重要的组成部分之一。它是为解决劳动者达到法定退休年龄时，因丧失劳动能力而退出劳动岗位后基本生活的维持问题，根据国家相关法律规定而建立的一种社会保障制度。养老保险是以老年人的生活保障为指标的，通过再分配手段或者储蓄方式建立保险基金，支付老年人生活费用，它的实施具有保证劳动力再生产、保持社会安全稳定以及促进经济发展的作用。

1. 养老保险的特点

在我国，养老保险具有三个显著特点。一是由国家立法强制实行，企事业单位和个人都必须参加，符合养老条件的人可向社会保险部门领取养老金；二是养老保险的费用一般由国家、用人单位和个人三方或单位和个人双方共同负担，并实现广泛的社会互济；三是养老保险具有社会性，影响很大，享受人多且时间较长，费用支出庞大。

2. 缴纳基数与缴纳比例

企业一般以企业职工的工资总额作为缴费基数，职工个人则以上一年度的月平均工资作为个人缴纳社会保险费的工资基数。在我国，缴费基数由社会保险经办机构根据用人单位的申报，依法对其进行核定。一般来说，职工缴费工资如果高于所在省（区、市）上年度社会平均工资300%的，以上年度社会平均工资的300%作为缴费基数；职工缴费工资若低于所在省（区、市）上年度社会平均工资60%的，以所在省（区、市）上年度社会平均工资的60%作为缴费基数。

养老保险费由企业和职工个人共同负担，企业按本企业职工上年度月平均工资总额的一定比例缴纳，一般为16%，职工个人按本人上年度月平均工资收入的一定比例缴纳，一般为8%。

3. 领取条件

我国劳动者按月领取基本养老金必须具备三个条件：一是达到法定退休年龄，并已办理退休手续；二是所在单位和个人依法参加养老保险并履行了养老保险缴费义务；三是个人缴费至少满15年（过渡期内缴费年限包括视同缴费年限）。

（二）医疗保险

医疗保险是指劳动者按照国家规定缴纳一定比例的医疗保险费建立

医疗保险基金后，参保人因患病或意外伤害而就医诊疗发生医疗费用时，由国家和社会管理的医疗保险基金支付其医疗保险待遇。在这里，医疗保险特指城镇职工基本医疗保险。我国国务院于 1998 年 12 月下发了《国务院关于建立城镇职工基本医疗保险制度的决定》（国发〔1998〕44 号），部署在全国范围内全面推进职工医疗保险制度改革工作，要求 1999 年内全国基本建立职工基本医疗保险制度。

目前，我国城镇所有用人单位，包括企业（国有企业、集体企业、外商投资企业、私营企业等）、机关、事业单位、社会团体、民办非企业单位及其职工，都要参加基本医疗保险。这是目前我国社会保险制度中覆盖范围最广的险种之一。

1. 医疗保险的主要内涵

（1）合理负担的共同缴费机制。基本医疗保险费由用人单位和劳动者共同缴纳，体现国家社会保险的强制特征和权利与义务的统一。这种方式不仅可以扩大医疗保险资金的来源，更重要的是明确了用人单位和劳动者的责任，增强了劳动者的自我保障意识。

（2）统筹基金与个人账户相结合。基本医疗保险基金由社会统筹使用的统筹基金和个人专项使用的个人账户基金组成。在职职工个人账户由个人缴纳的基本医疗保险费计入，计入标准原则上控制在本人参保缴费基数的 2%，单位缴纳的基本医疗保险费全部计入统筹基金。

（3）统账分开、范围明确的支付机制。统筹基金和个人账户确定各自的支付范围，统筹基金主要支付大额和住院医疗费用，个人账户主要用于支付参保人员在定点医疗机构或定点零售药店发生的政策范围内自付费用。可以用于支付参保人员本人及其配偶、父母、子女在定点医疗机构就医发生的由个人负担的医疗费用，以及在定点零售药店购买药品、医疗器械、医用耗材发生的由个人负担的费用。统筹基金要按照"以收定支、收支平衡"的原则，根据各地的实际情况和基金的承受能力，确定起付标准和最高支付限额。

（4）有效制约的医疗服务管理机制。基本医疗保险支付范围仅限于规定的基本医疗保险药品目录、诊疗项目和医疗服务设施标准内的医疗费用；对提供基本医疗保险服务的医疗机构和药店实行定点管理；社会保险经办机构与基本医疗保险服务机构（定点医疗机构和定点零售药店）要按协议规定的结算办法进行费用结算。

（5）统一的社会化管理体制。基本医疗保险实行一定统筹层次的社会经办，原则上以市（地）级以上行政区（包括地、市、州、盟）为统筹单位，也可以县为统筹单位，由统筹地区的社会保险经办机构负责基金的统一使用和管理，保证基金的合理使用和及时支付。各项社会保险费由税务部门统一征收。

（6）完善有效的监管机制。基本医疗保险基金实行财政专户管理；医疗保险经办机构要建立健全规章制度；统筹地区要设立基本医疗保险社会监督组织，加强社会监督。要进一步建立健全基金的预决算制度、财务会计制度和社会保险经办机构内部审计制度。

2. 缴纳基数与缴纳比例

各统筹地区要确定一个适合当地职工负担水平的个人基本医疗保险缴费率，一般为工资收入的2%。

由个人以本人工资收入为基数（职工工资收入高于当地职工平均工资300%的，以当地职工平均工资的300%为缴费基数），按规定的当地个人缴费率缴纳基本医疗保险费。

另外，个人缴费一般不需个人到税务部门去缴纳，而是由单位从工资中代扣代缴。

（三）失业保险

失业保险是国家强制执行的，对因失业而暂时中断生活来源的劳动者提供物质帮助并促进其再就业的一种社会保障制度。失业保险由用人单位、职工个人缴费及国家财政补贴等渠道筹集资金建立失业保险基金，对因失业而暂时中断生活来源的劳动者提供物质帮助以保障其基本生活。

1. 失业保险的特点

（1）普遍性。失业保险主要是为了保障有工资收入的劳动者失业后的基本生活而建立的，其覆盖范围包括劳动力队伍中的大部分成员。不分部门和行业，不分所有制性质，职工应不分用工形式，不分家居城镇或农村，解除或终止劳动关系后，只要本人符合条件，都有享受失业保险待遇的权利。

（2）强制性。失业保险是通过国家制定法律、法规来强制实施的。按照规定，在失业保险制度覆盖范围内的用人单位及其职工必须参加失业保险并履行缴费义务，不履行缴费义务的用人单位和劳动者都应当承担相应的法律责任。

（3）互济性。失业保险的基金主要来源于社会筹集，由用人单位、劳动者和国家三方共同负担，缴费比例、缴费方式相对稳定，筹集的失业保险费，不分来源渠道，不分缴费单位的性质，全部纳入失业保险基金，在统筹地区内统一调度使用以发挥互济功能。

2. 缴纳基数与缴纳比例

我国曾实行用人单位按照本单位应参保职工上年度月均工资总额的 2% 缴纳失业保险费，劳动者按照本人上年度月均工资的 1% 缴纳失业保险费的政策。2015 年 2 月 25 日，国务院常务会议确定将失业保险费率由失业保险条例规定的 3% 统一降至 2%。从 2016 年 5 月 1 日起，失业保险总费率在上述基础上可以阶段性降至 1%～1.5%，其中个人费率不超过 0.5%。从 2017 年 1 月 1 日起，失业保险总费率为 1.5% 的省（区、市），可以将总费率降至 1%；单位及个人的费率应当统一，个人费率不得超过单位费率。

3. 领取条件与期限

失业人员同时具备以下条件，即可享受失业保险待遇：按规定参加失业保险，所在单位和个人已按规定履行缴费义务满 1 年；非因本人意愿中断就业的；已办理失业登记，并有求职要求的。

《社会保险法》第四十六条规定：“失业人员失业前用人单位和本人累计缴费满一年不足五年的，领取失业保险金的期限最长为十二个月；累计缴费满五年不足十年的，领取失业保险金的期限最长为十八个月；累计缴费十年以上的，领取失业保险金的期限最长为二十四个月。重新就业后，再次失业的，缴费时间重新计算，领取失业保险金的期限与前次失业应当领取而尚未领取的失业保险金的期限合并计算，最长不超过二十四个月。"

另外特殊说明，我国申领失业保险金当前并没有次数限制。《社会保险法》和《失业保险条例》只规定了享受失业保险的相关条件，而没有规定限制享受失业保险待遇的次数。

（四）工伤保险

工伤保险是指劳动者在生产经营过程中因遭受意外伤害或患职业病而丧失劳动能力时，对其给予救助、治疗或生活保障的一种社会保障制度。其缴费比例受企业所属行业的危险程度影响。

1. 工伤保险的特点

（1）工伤保险对象的范围是在生产劳动过程中的劳动者。工伤保险作为抵御职业危害的保险制度适用于所有劳动者，任何劳动者发生工伤事故或遭受职业疾病，都应毫无例外地获得工伤保险待遇。

（2）工伤保险实行无过错责任原则。劳动者因工负伤或患职业病暂时或永久失去劳动能力以及死亡时，工伤不管什么原因，责任在个人或在企业，都享有工伤保险待遇。

（3）工伤保险不同于养老保险等险种，劳动者不缴纳保险费，全部费用由用人单位负担，即工伤保险的投保人为用人单位。根据国务院颁布的《工伤保险条例》中针对工伤保险费缴纳的规定，用人单位缴纳工伤保险费的数额应为本单位职工工资总额乘以单位缴费费率之积。

2. 法律依据

1951年2月26日，中央人民政府政务院颁布了《中华人民共和国劳动保险条例》，标志着包括工伤保险在内的社会保险制度在我国正式开始实施。

1996年8月12日，劳动部颁布了《企业职工工伤保险试行办法》（劳部发〔1996〕266号），着重强调了工伤保险要把工伤预防、工伤康复和工伤补偿结合起来。

2003年4月27日，国务院颁布了《工伤保险条例》，自2004年1月

1日起施行。

2010年12月20日,国务院颁布第586号令,对《工伤保险条例》若干条目进行了修改,并自2011年1月1日起施行。

2015年7月22日,人力资源社会保障部和财政部联合印发《关于调整工伤保险费率政策的通知》,明确了单位费率的确定与浮动办法。各统筹地区社会保险经办机构根据用人单位工伤保险费使用、工伤发生率、职业病危害程度等因素,确定其工伤保险费率,并可依据上述因素变化情况,每一年至三年确定其在所属行业不同费率档次间是否浮动。初步测算,工伤保险费率调整,全国一年可减轻企业负担150亿元。调整费率后,工伤职工的工伤待遇水平不会受到任何影响。

(五)生育保险

生育保险是指劳动者因个人生育原因而暂时中断劳动时,由国家和社会及时给予生活保障和物质帮助的一项社会保障制度,目的在于通过提供生育津贴,帮助女职工在生育后恢复劳动能力,促进其尽快返回工作岗位。生育保险的缴纳不受性别影响。凡是与用人单位建立了劳动关系的职工,包括男职工,都应当参加生育保险。

《社会保险法》第五十三条规定:"职工应当参加生育保险,由用人单位按照国家规定缴纳生育保险费,职工不缴纳生育保险费。"《社会保险法》第五十四条规定:"用人单位已经缴纳生育保险的,其职工享受生育保险待遇;职工未就业配偶按照国家规定享受生育医疗费用待遇。所需资金从生育保险基金中支付。"

二、住房公积金

住房公积金作为国家福利的重要组成部分之一,是指国家机关、国有企业、城镇集体企业、外商投资企业、城镇私营企业及其他城镇企业、事业单位、民办非企业单位、社会团体及其在职职工缴存的长期住房储蓄金,是住房分配货币化、社会化和法制化的主要形式。

住房公积金制度是国家法律规定的重要的住房社会保障制度,具有强制性、互助性、保障性特点。企业和职工个人必须依法履行缴存住房公积金的义务。

国务院在1999年4月3日颁布了《住房公积金管理条例》（国务院令第262号），并于2002年3月24日和2019年3月24日两次对该条例进行了修订。《住房公积金管理条例》对住房公积金进行了界定。

在我国，住房公积金主要分为职工个人缴存的住房公积金和职工所在单位为职工缴存的住房公积金两部分，两部分均属于职工个人所有。《住房公积金管理条例》规定，单位录用职工的，应当自录用之日起30日内向住房公积金管理中心办理缴存登记，并办理职工住房公积金账户的设立或者转移手续。单位与职工终止劳动关系的，单位应当自劳动关系终止之日起30日内向住房公积金管理中心办理变更登记，并办理职工住房公积金账户转移或者封存手续。

职工住房公积金的月缴存额为职工本人上一年度月平均工资乘以职工住房公积金缴存比例。单位为职工缴存的住房公积金的月缴存额为职工本人上一年度月平均工资乘以单位住房公积金缴存比例。新参加工作的职工从参加工作的第二个月开始缴存住房公积金，月缴存额为职工本人当月工资乘以职工住房公积金缴存比例。单位新调入的职工从调入单位发放工资之日起缴存住房公积金，月缴存额为职工本人当月工资乘以职工住房公积金缴存比例。

职工和单位住房公积金的缴存比例均不得低于职工上一年度月平均工资的5%；有条件的城市，可以适当提高缴存比例，原则上不高于12%。

单位应当按时、足额缴存住房公积金，不得逾期缴存或者少缴。

住房公积金自存入职工住房公积金账户之日起按照国家规定的利率计息。

住房公积金应当用于职工购买、建造、翻建、大修自住住房，任何单位和个人不得挪作他用。职工有下列情形之一的，可以提取职工住房公积金账户内的存储余额：（1）购买、建造、翻建、大修自住住房的；（2）离休、退休的；（3）完全丧失劳动能力，并与单位终止劳动关系的；（4）出境定居的；（5）偿还购房贷款本息的；（6）房租超出家庭工资收入的规定比例的。依照前款第（2）、（3）、（4）项规定，提取职工住房公积金的，应当同时注销职工住房公积金账户。职工死亡或者被宣告死亡的，职工的继承人、受遗赠人可以提取职工住房公积金账户内的存储余额；无继承人也无受遗赠人的，职工住房公积金账户内的存储余额纳入住房公积金的增值收益。

三、法定休假

（一）休息日

休息日又称为公休假日，是劳动者工作一周之后的休息时间。《中华人民共和国劳动法》（以下简称《劳动法》）第三十八条规定，用人单位应当保证劳动者每周至少休息一日。

1995年，随着《国务院关于修改〈国务院关于职工工作时间的规定〉的决定》（国务院令第174号）的施行，我国职工每日工作8小时，每周工作40小时。该决定同时规定，国家机关、事业单位实行统一的工作时间，星期六和星期日为周休息日；企业和不能实行国家规定的统一工作时间的事业单位，可以根据实际情况灵活安排周休息日。

2020年，受新型冠状病毒感染的肺炎疫情的影响，为帮助旅游行业摆脱困境，恢复消费，促进社会经济的发展，5月22日，湖北省咸宁市发出通知，试行周末2.5天弹性休假模式。在此之前已有江西、河北、重庆、安徽、陕西、福建等十余个省（区、市）推出类似举措。

我国《工资支付暂行规定》（劳部发〔1994〕489号）规定，用人单位依法安排劳动者在休息日工作，而又不能安排补休的，按照不低于劳动合同规定的劳动者本人日或小时工资标准的200%支付劳动者工资。

（二）法定休假日

法定休假日又称为法定节假日，是由国家法律、法规统一规定的用以开展纪念、庆祝活动的休息时间。新中国成立后，我国法定节假日为7天。1999年法定节假日增至10天，形成劳动节、国庆节两个"黄金周"。2007年颁布的《国务院关于修改〈全国年节及纪念日放假办法〉的决定》(国务院令第513号)将清明节、端午节、中秋节和除夕设为法定节假日。将我国传统节日设定为法定节假日,有利于弘扬和传承我国优秀传统文化,提升中国文化在国际上的影响力,提高全世界华人的文化凝聚力。

我国现行法定节假日标准为11天,即全体公民放假的节日:新年,放假1天(1月1日);春节,放假3天(农历正月初一、初二、初三);清明节,放假1天(农历清明当日);劳动节,放假1天(5月1日);端午节,放假1天(农历端午当日);中秋节,放假1天(农历中秋当日);国庆节,放假3天(10月1日、2日、3日)。部分公民放假的节日及纪念日:妇女节(3月8日),妇女放假半天;青年节(5月4日),14周岁以上的青年放假半天;儿童节(6月1日),不满14周岁的少年儿童放假1天;中国人民解放军建军纪念日(8月1日),现役军人放假半天。少数民族习惯的节日,由各少数民族聚居地区的地方人民政府,按照各该民族习惯,规定放假日期。

(三)带薪年休假

带薪年休假是劳动者连续工作满1年后每年依法享有的保留职务和工资的一定期限连续休息的假期。《劳动法》第四十五条规定,国家实行带薪年休假制度。2007年,国务院颁布的《职工带薪年休假条例》(国务院令第514号)明确规定,机关、团体、企业、事业单位、民办非企业单位、有雇工的个体工商户等单位的职工连续工作1年以上的,享受带薪年休假。职工累计工作已满1年不满10年的,年休假5天;已满10年不满20年的,年休假10天;已满20年的,年休假15天。国家法定休假日、休息日不计入年休假的假期。2008年,《机关事业单位工作人员带薪年休假实施办法》(人事部令第9号)和《企业职工带薪年休假实施办法》(人力资源社会保障部令第1号)颁布实施。至此,我国全面建立起适用于各类用人单位的带薪年休假制度。带薪年休假制度的实行,使职工能够得到更好的休息,有利于劳动者的身体健康,也有利于劳动者在经过充分的休息后以更充沛的精力投入生产和工作。

职工有下列情形之一的，不享受当年的年休假：（1）职工依法享受寒暑假，其休假天数多于年休假天数的；（2）职工请事假累计 20 天以上且单位按照规定不扣工资的；（3）累计工作满 1 年不满 10 年的职工，请病假累计 2 个月以上的；（4）累计工作满 10 年不满 20 年的职工，请病假累计 3 个月以上的；（5）累计工作满 20 年以上的职工，请病假累计 4 个月以上的。

单位确因工作需要不能安排职工休年休假的，经职工本人同意，可以不安排职工休年休假。对职工应休未休的年休假天数，单位应当按照该职工日工资收入的 300% 支付年休假工资报酬。

（四）其他假期

在我国，职工还可以享受探亲假、婚丧假、产假等其他假期。下面主要介绍探亲假和婚丧假。

1. 探亲假

1981 年，国务院发布《关于职工探亲待遇的规定》（国发〔1981〕36 号），规定了国家机关、人民团体和全民所有制企业、事业单位的职工探亲假标准。根据规定，职工工作满 1 年，与配偶不住在一起，又不能在公休假日团聚的，可以享受探望配偶的假期待遇（每年给予一方探亲假 1 次，假期为 30 天），与父亲、母亲都不住在一起，又不能在公休假日团聚的，可以享受探望父母的假期待遇（未婚职工每年 1 次，假期为 20 天；已婚职工每 4 年 1 次，假期为 20 天）。同时，单位应根据实际需要给予路程假。探亲假期包括公休假日和法定节日在内。

2. 婚丧假

在我国，国有企业职工可以享受婚丧假。按照《国家劳动总局、财政部关于国营企业职工请婚丧假和路程假问题的通知》〔80〕劳总薪字 29 号）的规定，职工本人结婚或职工的直系亲属（父母、配偶和子女）死亡时，可以根据具体情况，有单位酌情给予 1~3 天的婚丧假。另外，可根据路程远近，给予路程假。

第三节　企业福利

一、企业年金

我国自 2018 年 2 月 1 日起施行的《企业年金办法》（人力资源社会保障部、财政部令第 36 号），将企业年金界定为企业及其职工在依法参加基本养老保险的基础上，自主建立的补充养老保险制度。也就是说，企业年金是由企业根据自身经济实力，在国家规定的实施政策和实施条件下，为本企业职工所建立的一种辅助性的养老保险。

（一）我国企业年金的发展历程

我国企业年金产生于 20 世纪 90 年代初。

1991 年 6 月，国务院颁布《关于企业职工养老保险制度改革的决定》（国发〔1991〕33 号），提倡、鼓励企业根据自身经济能力为本企业职工建立补充养老保险。

1994 年 7 月颁布的《劳动法》规定，国家鼓励用人单位根据本单位实际情况为劳动者建立补充保险。这就为建立我国企业补充养老保险制度提供了法律依据。

1995 年 3 月颁布的《国务院关于深化企业职工养老保险制度改革的通知》（国发〔1995〕6 号）以及 12 月颁布的《劳动部关于印发〈关于建立企业补充养老保险制度的意见〉的通知》（劳部发〔1995〕464 号）明确了关于补充养老保险的运行规定。

2000 年 12 月颁布的《国务院关于印发完善城镇社会保障体系试点方案的通知》（国发〔2000〕42 号）第一次将"企业补充养老保险"正式更名为"企业年金"，企业年金开始进入试点阶段。

2004 年 1 月，劳动和社会保障部颁布的《企业年金试行办法》（劳动保障部令第 20 号）规范了企业年金发展的框架，对企业年金运作管理作出规定，同时废止了原劳动部 1995 年 12 月颁布的《关于印发〈关于建立企业补充养老保险制度的意见〉的通知》。同年还发布了《企业年金基金管理试行办法》(劳动保障部、银监会、证监会、保监会令第 23 号)。

2011 年 2 月 12 日颁布的《企业年金基金管理办法》(人力资源社会保障部、银监会、证监会、保监会令第 11 号)自 2011 年 5 月 1 日起施行,同时废止了 2004 年 2 月 23 日发布的《企业年金基金管理试行办法》。

2013 年 3 月颁布的《关于扩大企业年金基金投资范围的通知》(人社部发〔2013〕23 号)和《关于企业年金养老金产品有关问题的通知》(人社部发〔2013〕24 号),进一步扩大了企业年金的投资范围。

2015 年 4 月,国务院办公厅印发《机关事业单位职业年金办法》(国办发〔2015〕18 号),要求为机关事业单位工作人员建立职业年金。

2017 年 12 月颁布的《企业年金办法》(人力资源社会保障部、财政部令第 36 号),自 2018 年 2 月 1 日起施行,同时废止了劳动和社会保障部 2004 年 1 月 6 日颁布的《企业年金试行办法》。

(二)企业年金的设计

1. 必备条件

符合下列条件的企业可以建立企业年金:(1)依法参加基本养老保险并履行缴费义务;(2)具有相应的经济负担能力;(3)已建立集体协商机制。

2. 企业年金方案的制定

企业年金方案应当包括以下内容:(1)参加人员;(2)资金筹集与分配的比例和办法;(3)账户管理;(4)权益归属;(5)基金管理;(6)待遇计发和支付方式;(7)方案的变更和终止;(8)组织管理和监督方式;(9)双方约定的其他事项。

3. 缴费额的确定

企业年金所需费用由企业和职工个人共同缴纳。企业缴费每年不超过本企业职工工资总额的 8%。企业和职工个人缴费合计不超过本企业职工工资总额的 12%。具体所需费用,由企业和职工一方协商确定。职工个人缴费由企业从职工个人工资中代扣代缴。

4. 企业年金领取条件的设置

符合下列条件之一的,职工可以领取企业年金:(1)职工在达到国家规定的退休年龄或者完全丧失劳动能力时,可以从本人企业年金个人账户中按月、分次或者一次性领取企业年金,也可以将本人企业年金个人账户资金全部或者部分购买商业养老保险产品,依据保险合同领取待遇并享受相应的继承权;(2)出国(境)定居人员的企业年金个人账户资金,可以根据本人要求一次性支付给本人;(3)职工或者退休人员死亡后,其企业年金个人账户余额可以继承。未达到上述企业年金领取条件之一的,不得从企业年金个人账户中提前提取资金。

二、企业补充医疗保险

企业补充医疗保险是企业在参加城镇职工基本医疗保险的基础上,国家给予政策鼓励,由企业自主建立或参加的一种补充性医疗保险形式。

企业补充医疗保险是基本医疗保险的有力补充,也是多层次医疗保障体系的重要组成部分。企业补充医疗保险不同于基本医疗保险,其设计模式可以不求一致,只要能够弥补基本医疗保险的不足,满足职工多元化的医疗需求,同时使有限的医疗资源得到更为合理和有效的利用就可以推行。

按照医疗种类划分,企业补充医疗保险可分为普通医疗保险、意外伤害医疗保险、住院医疗保险和特种疾病保险。其中,普通医疗保险是负责被保险人因疾病和意外伤害支出的门诊医疗费用和住院医疗费用。意外伤害医疗保险是负责被保险人因遭受意外伤害支出的医疗费,作为意外伤害保险的附加责任险。住院医疗保险是负责被保险人因疾病或意外伤害需要住院治疗时支出的医疗费。特种疾病保险是当被保险人被确诊为患有某种特定疾病时,保险人按约定的金额给付保险金,以满足被保险人的经济需要。

三、企业补充住房计划

企业补充住房计划是由企业根据自身经济实力,在国家规定的实施政策和实施条件下,为本企业职工建立的用于解决其住房问题的计划。

通常,企业补充住房计划主要包括补充住房公积金、住房补贴、低价格的集体购房计划、利息补贴计划、由企业提供公寓或宿舍等。其中,补充住房公积金是住房公积金的一种补充,用于职工的住房消费。住房补贴是企业为职工解决住房问题而给予的补贴资助。

与住房公积金计划相比,企业补充住房计划主要具有以下特征。

(一)自愿性

企业补充住房计划是企业根据自身经济实力自愿建立的,同时职工也可根据自身的需求自愿选择是否参加。而住房公积金是国家强制要求企业为职工缴纳的。

(二)针对性

企业可以根据本企业职工的实际需求来选择不同方式的补充住房计划,如贷款购房的职工可以选择利息补贴计划,无购房计划的职工可以选择由企业提供公寓或宿舍。

四、其他企业福利

(一)教育援助

教育援助是对那些想继续接受教育、提升学历和知识水平的职工提供的一种很普遍的福利类型。

根据目前市场上的教育援助情况,可以把教育援助分为内部援助计划和外部援助计划。内部援助计划主要是指企业内部的培训。例如,一些企业尝试在企业内开设自己的大学课程,如海尔大学、吉利大学等。外部援助计划主要指的是学费报销。其目的是鼓励职工学习,同时吸引那些愿意提升自身知识和技能水平的职工。当职工证明他们已经完成了企业批准他们参加的课程之后,就可以报销与之相关的所有费用。

此外,还有一些针对职工子女的教育计划。比如,有些企业会为职工的子女创立一个专门的教育账户，每月根据与职工事先约定好的比例或金额向该账户转入一笔资金。

（二）儿童看护服务

在国外，很多企业都会为职工提供儿童看护服务。我国一些大型国企也会为职工提供儿童看护、"候鸟关怀"计划。这种服务可以根据企业介入程度的不同划分为多种形式。企业参与程度最低的一种儿童看护服务是，企业向职工提供或帮助职工查找儿童看护服务的成本和质量方面的信息；参与程度较高的企业会向那些已经购买了儿童看护服务的职工提供补贴；在最高的企业参与层次上，企业则直接向职工提供工作场所中的儿童看护服务。多项调查都显示，提供儿童看护服务的企业，其职工的缺勤现象大大减少，生产率也会有一定程度的上升。

（三）老人护理服务

随着人口平均年龄的提高，企业和职工都越来越多地关注老年人的护理问题。与儿童看护服务有些类似，老年护理服务的目的是帮助职工照顾不能充分自理的年迈父母。从企业的角度来讲，老年护理福利之所以如此重要，其原因与儿童看护福利一样，帮助职工照顾他们年迈的家人会提高职工的工作绩效。企业提供的老年护理福利主要包括：弹性工作时间、长期保健保险项目以及企业资助的老年人看护中心等。近些年来，由于我国长期实施独生子女政策，很多作为独生子女的职工都将面对老人的赡养以及父母生病、年老时的护理压力，企业针对这种情况研究制定相关的福利政策是非常有必要的，在吸引和留住职工方面也会产生积极的效果。

第四节 弹性福利计划

一、弹性福利计划概述

（一）弹性福利计划的概念

员工的差异性会影响员工对福利的偏好，如年轻员工偏好灵活的工作时间、社交和娱乐性的福利，年老的员工偏好健康保险福利、退休福利等。传统的福利计划只提供一些统一的、刚性的福利，而这种福利未必符合所有员工的需求，这就使得企业所支付的福利费用得不到最有效的利用。而弹性福利计划能更好地弥补上述缺陷。

弹性福利计划又称为"自助餐福利计划"，即员工可以从企业提供的各种福利项目中自由地选择其所需的福利。弹性福利计划的基本思想是让员工对自己的福利组合计划进行选择，以满足员工的差异性福利需求。

在弹性福利计划中，福利项目的选择会受到两方面的制约：一是企业必须制定总成本约束线，从而达到在特定福利成本以内获得高效收益的目的；二是每种福利组合中必须包括一些非选择项目，如国家规定的法定福利项目等。

（二）弹性福利计划的类型

出于企业经营环境的动态性和不同类型企业、员工的差异性，弹性福利计划逐渐演化为附加型弹性福利计划、核心加选择型福利计划、混合匹配型福利计划、套餐型福利计划四种类型。

1. **附加型弹性福利计划**

这是最普遍的弹性福利形式，是在不降低员工原有直接薪酬水平和福利水平的基础上，再提供其他不同的福利措施或提高原有福利项目的水准，供员工选择。例如，某企业提供附加型弹性福利计划，它在原先的福利计划（法定福利、交通补助、员工咨询服务项目等）之外，再向员工提供国外休假补助、人寿保险等。

2. 核心加选择型福利计划

该类型的弹性福利计划由核心福利和弹性选择福利组成，前者是每个员工都可以享有的基本福利，而后者的福利项目中都附有价格，供员工自由选择。

3. 混合匹配型福利计划

该类型的弹性福利计划是指员工在其享有的总福利水平一定的前提下，按照自己的意愿在企业提供的福利项目（菜单）中决定每种福利的多少。

4. 套餐型福利计划

该类型的弹性福利计划又称为标准福利计划，是指企业推出福利项目优惠水准不同的福利组合，员工不能自行构建福利组合，只能在企业推出的福利组合中选择一个。

（三）弹性福利计划的优缺点

1. 弹性福利计划的优点

弹性福利计划的优点，主要表现为以下三个方面。

（1）个性化。弹性福利计划区别于传统福利计划最大的特点就是前者有针对性，员工可以根据自己和家庭的不同需求进行福利选择。

（2）竞争性。一般企业采用传统福利计划的较多。采用弹性福利计划的企业可以把自己和竞争对手区别开来，增强自己的竞争优势。

（3）激励性。激励作用是采用弹性福利计划的目的之一。企业采用弹性福利计划可以使员工更加有归属感，更加认同企业文化，从而提升他们的工作积极性。

2. 弹性福利计划的缺点

弹性福利计划的缺点，主要表现为以下三个方面。

（1）目标难统一。由于员工需要的福利目标不同，因此制定一个大家都满意的福利方案不是一件容易的事情。

（2）偏离目的，更重价值。当弹性福利计划设置好后，员工可能因为感觉其他计划更有价值,而偏离自己的初衷。

(3)增加管理成本。由于弹性福利计划的福利项目比较多样,从而增加了统计核算的管理成本。

二、弹性福利计划设计步骤

弹性福利一般是基于绩效薪酬的运用,企业在设计弹性福利计划时应注意以下问题:物质奖励和非物质奖励相结合,清晰界定各福利项目之间的关系,根据员工需求调整福利项目,福利项目应与绩效进行有机结合。弹性福利计划的设计步骤具体如下。

(一)充分理解企业的战略目标和国家的相关法律法规

不同的企业战略需要不同的人力资源策略来支持,且制定任何福利政策要以不触犯法律法规为前提,这样才能够设计出适合本企业需要的福利制度。

(二)充分了解企业的经营状况和财务状况

良好的财务指标是福利计划得以有效实施的前提,再完美的福利计划如果没有资金的支持就等于零,所以在制订弹性福利计划时,应有专业财务人员的协助。

(三)盘点企业现有的福利项目并进行财务分析

为精确地测算现有福利成本,弹性福利计划设计者应对已经实施的福利项目进行统一的盘点,为弹性福利计划的制订和福利项目定价提供数据依据。

(四)进行企业内外部福利调查

企业设计的弹性福利计划应具有内部公平性、内部适用性和外部竞争性,所以企业不仅要针对各类员工对福利项目的需求进行调查,还应对其他企业所设置的福利项目进行调查。

（五）确定每类员工的福利限额

企业通常会用福利点数来标志此限额，它是在各类员工的资历、绩效、职务等因素的基础上进行评定的。

在确定福利点数后，还需进一步确定福利点数的单价，即一个福利点数相当于多少现金，其计算公式是企业福利计划总额与全体员工福利总点数的比。其中企业福利计划总额是在企业经营数据、薪酬数据、现有福利项目数据等基础之上，在企业可承受福利成本范围之内设定的额度。

（六）确定福利项目清单

根据上述分析，确定企业提供给员工的福利项目清单，并对福利项目进行定价。

合理的福利项目必须符合以下标准：一是可衡量性，即每项福利都可以衡量价值；二是恰当性，即福利项目对外要有竞争性，对内要与企业的战略、规模和经济实力等相符；三是灵活性，即福利项目不仅要尽可能地满足员工的个性化需求，还能根据企业经营状况进行有效调整；四是可管理性，即设计的福利项目应切合实际，可以实施；五是可理解性，即各福利项目的设计和表述能够被员工所理解。

对福利项目进行定价通常采取福利的点数价格，即用福利项目的现实价格除以每点单价得到该福利项目所需要的点数。上述方式是针对可衡量的实物或服务进行定价，对于不能用货币衡量的项目，则应根据一定的标准折算成现值进行定价。

（七）员工选择福利项目

员工根据其福利限额和福利选择标准对自己所需要的福利项目进行选择。在这一过程中可能会出现员工购买力不足等情况，此时需要根据企业设计的规则进行管理。另外，在此过程中，不能损害薪酬模式的透明度，应避免福利不公平，且要把管理消耗控制在一定限度内。

（八）协调、管理和沟通

为保证福利政策和实践的统一，必须将弹性福利计划全面、系统地编写到员工手册中。企业需要针对弹性福利计划实施中出现的纠纷及员工意见等，及时采取处理措施，企业还应根据内外部环境的变化合理调整和优化弹性福利制度。

三、弹性福利计划实施要点

实施弹性福利计划的企业既要保证国家强制性福利的到位，又要为员工支付弹性福利，这在一定程度上会增加企业的福利成本。由于弹性福利计划突出个性化，会加大福利管理的难度，在一定程度上会增加管理成本。所以，在实施弹性福利计划时应注意以下四方面问题。

（一）进行福利成本控制

企业福利计划总额的确定必须满足企业薪酬成本控制的要求。企业还要对确定的福利项目进行精确的成本核算和年度预算，以求把成本控制在合理范围内，避免为满足员工需要而支付超过企业承受能力的福利成本。

（二）进行员工福利调查

弹性福利的着眼点在于员工的不同需求。企业需要通过调查来了解不同员工对福利项目的需求。在进行调查时需要注意：一方面要对福利项目进行详尽的描述，另一方面要对员工需要的福利项目尽量提供可以衡量的价值标准。这样便于企业对福利项目进行价值衡量，也便于员工对福利项目进行选择。

（三）福利与绩效相挂钩

弹性福利的一个重要特点就是基于绩效和能力。企业对不同工作表现的员工应给予不同的福利预算额度，以便激励员工争取更好的业绩。

如果企业没有将福利计划与绩效充分结合，只能使福利发挥"保健作用"，就不能有效激励员工。

（四）加强与员工的信息沟通

在弹性福利计划的制订、实施等一系列过程中，应在不同层次、不同范围内与员工进行有效沟通，广泛收集员工对该计划的建议或意见，以便使福利计划得到更好的实施。企业也应及时、清晰地向员工说明福利计划所涉及的内容，以确保福利计划的透明性和公平性。

本章自测题

1. 什么是福利？福利的特点有哪些？
2. 员工福利有什么作用？
3. 福利管理的内容有哪些？
4. 简述常见的法定福利。
5. 企业福利一般包括哪些？
6. 弹性福利计划有哪些类型？
7. 弹性福利计划有什么优缺点？
8. 弹性福利计划的设计步骤有哪些？
9. 实施弹性福利计划要注意什么？

第七章　股权期权激励

学习目标

> 了解股权与期权的概念
> 理解股权期权激励的作用
> 了解股权期权激励的主要对象与授予标准
> 了解股权激励的主要模式
> 了解合伙人制的概念及特点
> 了解合伙人制的形式与设计步骤

引导案例

H企业成立于2012年，初始注册资本为2万元，李某与另外4位投资人平分股份。3年后，H企业开始推出员工持股计划。员工开始以每股1元的价格购入企业股票。当时每个持股员工手中都有H企业所发的股权证书，并盖有H企业薪酬委员会的印章。2017年，H企业的注册资本达到700万元，增量全部来源于员工购买的股份。此时，H企业员工的薪酬由基本工资、奖金和股票分红组成，这三部分收入几乎相当。其中，股票是在员工进入企业一年以后，依据员工的岗位、季度绩效、任职资格状况等因素进行派发的，一般由员工用其年度奖金购买。

2018年，H企业推出了虚拟股权期权计划。所谓"虚拟股"是指企业授予激励对象的一种虚拟股票，激励对象可以据此享受一定数量的分红权和股价升值权，但是没有所有权和表决权，不能转让和出售，在离开企业时自动失效。推出虚拟股之后，H企业员工所持有的原股票被逐步消化吸收转化成虚拟股。具体操作方法是，由实体股东按当年每股净资产购买真实股票，再发行等比例虚拟股出售给员工。H企业规定根据企业的评价体系，员工获得一定额度的期权，期权的行使期限为4年，每年兑现额度为1/4。

随着时间的推移，老员工积累的股份太多，分红收益太大。企业内部部分老员工坐享股票带来的丰厚收益，出现怠惰，失去了奋斗精神。新老员工收入明显失衡。2011年，H企业微调了虚拟股制度，实行岗位饱和配股。根据级别设置配股上限，达到配股上限后，就不再参与新的配股。不同岗位级别匹配不同的持股量，比如级别为10级的员工，持股上限为1万股，12级为3万股。这一规定使得手中持股数量巨大的老员工的配股受到了限制，但是有利于激励企业的新员工。

H企业的股权激励制度"不是股份制，而是分享制"。从早期的员工持股，再到后来的虚拟股等，在全员持股的情况下，H企业所实行的就是一种员工分红激励的手段。由于有了这种激励，员工的主动性、积极性和企业的凝聚力、竞争力不断提高。H企业的股权激励制度是它能成功的重要原因之一。

H企业股权激励制度设计的思路是什么？这种股权激励制度的变更解决了企业的什么问题？

第一节 股权期权激励概述

一、股权期权激励的概念

股权（equity），是有限责任公司或者股份有限公司的股东对公司享有的人身和财产权益的一种综合性权利，即股权是股东基于其股东资格而享有的、从公司获得经济利益，并参与公司经营管理的权利。

期权（option）又称为选择权，是一种合约，源于18世纪后期的美国和欧洲市场，该合约赋予持有人在某一特定日期或该日之前的任何时间以固定价格购进或售出一种资产的权利。期权只有在购买后，才会成为股权。期权与股权的区别具体如下。

1. 享有的权益不同

股权指股东基于其股东资格而享有的，从企业获得经济利益，并参与企业经营管理的权利；享有股东应有的各项权益。

期权指某人得到企业授予在某一段特定日期内的任何时间，可以以固定的价格购进或售出一种资产的权利；要享受股权所赋予的各项权益需要持有人行使期权，即购买股权。

2. 退出机制不同

股权的退出机制中有是否赎回、是否保留的选择；股权具有财产性、可分割性、可转让性等特点。

期权在退出机制方面比股权多一项是否行权的选择；期权有非线性损益结构。

股权期权激励是指以股票作为手段对企业经营者实施的一种激励机制。企业经营者和员工通过持有企业股权的形式来分享企业剩余索取权，从而达到与企业所有者双赢的目的。股权期权激励能够将企业的前途命运与企业的高级管理人才和技术骨干有效联结起来，是企业吸引、留住优秀管理人才和技术骨干的重要手段。

在薪酬激励体系中，基本工资主要是根据经营者、员工的资历条件及其岗位预先确定，在一定周期内相对稳定，与企业的业绩并不紧密相连；奖金与企业的业绩联系较为密切，但仅仅是与企业短期业绩紧密相连，与企业长期价值的关系并不明显；而股权期权激励会让企业经营者更注重企业长期价值的增加，从而使经营者与企业股东的利益追求尽可能趋于一致，所以股权期权激励在企业的薪酬激励体系中发挥着尤为重要的激励作用。

二、股权期权激励的发展

西方企业发展和推行激励制度的实践证明，股权激励、期权激励已经成为众多理论和制度中最富有成效和操作性的激励制度之一。

（一）股权激励的发展

1. 股权激励的历史沿革

股权激励是企业在经营管理中对经理和员工的一种长期薪酬激励机制。大约在20世纪30年代，美国就产生了股权激励的思想萌芽。一些具有改革精神的企业，为改变委托代理关系下企业所有者和经营者之间目标不一致的问题，开始对股权激励进行了探索。

一些企业所有者尝试给予员工一定数量的股份，以期将员工（含高级管理者）的利益与企业的利益相衔接，这在一定程度上收到了良好的效果。但由于受到"资本至上"逻辑的束缚，人力资本的作用被长期忽视。资本所有者在企业中具有绝对占有权表现得越发明显，当时股权激励被看作物理资本所有者对人力资本所有者的一种"恩赐"，股权激励体现出物理资本所有者与人力资本所有者之间是一种不对等的雇佣与被雇佣的关系。

随着人力资源理论的不断发展、成熟，真正意义上的股权激励机制于20世纪60年代在美国企业中崛起，这时的股权激励是对企业经营者、科技骨干实行契约化管理并在落实资产责任的基础上进行的，这对于提高企业员工的积极性和主人翁意识具有极大的推动力。

股权激励机制在20世纪80年代的美国取得了普及性的发展，它为恢复美国经济、提升企业经营业绩、降低代理成本、招揽核心人才发挥了极为重要的作用。在之后的几十年中，欧洲、亚洲的一些国家纷纷应用此种激励制度，并取得了良好的激励效果。

2. 股权激励理论的发展

伯利（Berly）和米恩斯（Means）于1932年首次提出，在企业股权较为分散的情况下，不拥有企业股权的经理与相对较为分散的小股东之间是存在利益矛盾的，而随着管理人员占有企业股权数量的增加，企业经理的利益将与广大股东的利益趋于一致，使企业利益趋于一致，即令企业利益倾向于最大化。

施图尔茨（Stulz）于1958年的研究表明，企业存在委托代理关系的情况下让管理者拥有适度的持股权，会在很大程度上缓和管理者与企业之间利益冲突。詹森（Jensen）和麦克林（Meckling）于1976年通过实证研究表明，管理层持股使他们成为企业的主人，这将有效地降低企业的委托代理成本，进而改善业绩。

麦康奈尔（McConnel）与瑟韦斯（Servaes）于1990年的研究发现，企业价值与股权水平两者之间是倒U形的关系。华信惠悦（Waston Wyatt）于2003年在此基础上进一步发现，管理层持股比例高的企业与那些管理层以市场平均持股水平持股的企业相比，前者的股东回报率要高出近53%，管理层持股比例与股东回报呈正相关。

（二）期权激励的发展

1. 期权激励的历史沿革

1952年，美国税收呈上升趋势，美国公司高层管理者的绝大部分薪酬都通过个人所得税上缴了国库，这对职业经理人的工作积极性造成了极大的打击。当时美国辉瑞（Pfizer）公司为了避免高额所得税率对高级管理层的现金报酬造成缩水作用，首次尝试推出了面向公司全体雇员的股票期权计划。

股票期权制度在其产生后的很长一段时间内并没有得到人们的重视。20世纪60年代，美国硅谷的高科技公司积极推广并采用股票期权制度。

这对于刚起步、资金紧张的高科技公司来说，是能够吸引并留住人才的最好办法。进入20世纪70年代，以美国为代表的发达国家开始对公司治理结构进行改革，由此推动了股票期权制度的发展。

20世纪80年代中期，一些具有改革精神的企业授予高级管理者一定数量的本企业股票期权，有效地将企业利益与高级管理者的利益进行了衔接。1981年，美国实施激励性股票期权，并将激励性股票期权与非法定股票期权严格区分，实行不同的税收政策，并沿用至今。

至此，股票期权制度的运用日益广泛，各个国家纷纷引进该激励方式。

2. 期权激励理论的发展

詹森和麦克林于1976年提出利益收敛假说，他们认为股票期权可以将管理者和股东的动机统一起来，经理人持股比例的增加有助于使其追求公司价值的最大化。

霍尔（Hall）和利布曼（Liebman）于1997年采用布莱克-舒尔斯（Black-Scholes）模型计算了1980—1990年年初478家美国大公司首席执行官（CEO）的报酬与股票市值之间的关系。研究发现，公司价值与管理人员持有的公司股票和期权之间的关系要比公司价值与他们获得的工资和奖金之间的相关性显著。

尚恩·约翰逊（Shane A. Johnson）等人构建了指数股票期权模式，利用基准股票价格代表绩效中的共同部分，过滤掉个体经理人不能控制的风险，使股票期权只对特有业绩给予报酬。阿尔弗雷德·拉帕波特（Alfred Rappaport）基于目前业绩与股票期权报酬相关性差的状况，建议以一种与市场指数紧密联系的期权代替传统的股票期权。

张晖明和陈志广于2002年利用沪市593家上市公司2000年的年报数据专门考察了高管人员激励与企业绩效的关系，发现两者呈显著正相关，特别是以净资产收益率和主营业务利润率表现的企业绩效与高管人员报酬具有明显的线性关系。

从上述学者对股票期权和绩效之间的联系研究来看，股票期权是一种比较有效的激励方式。

三、股权期权激励的作用

股权期权激励是一种新型的、按照生产要素分配的有效形式，是经过发达国家资本市场多年实践证明的、长期激励的有效方式。与其他激励方式相比，股权期权激励具有力度大、时效长等特点。股权期权激励作为一种薪酬政策，主要有以下作用。

（一）对企业核心人才有明显的激励作用

在我国现代企业制度下，所有权和经营权相分离，企业所有者与经营者之间是一种委托与被委托的契约关系。除经营者外，企业在管理层、技术层等还有一些核心人才，他们的决策和工作行为对企业的可持续发展具有重要的作用。

从代理关系和核心人才的角度来看，股权期权激励涵盖两个方面的内容：一是防止代理人（经理）、其他核心人才偷懒或不努力的行为，二是激励核心人才按照股东的利益作出决策。股权期权激励建立起了核心人才与企业的资金纽带联系，有助于理顺委托代理链条中的利益分配关系，使得核心人才的利益与企业的发展息息相关，使他们与企业形成紧密的利益共享、风险共担、荣辱与共的发展关系。

（二）对企业核心人才具有约束作用

股权期权激励是一种激励和约束合一的机制。实施股权期权激励时，由于核心人才要获得实际利益就必须以实现预定的经营目标为前提，所以该激励是以约束为前提的。股权期权激励本质上是让企业核心人才拥有一定的剩余索取权并承担相应的风险。这种剩余索取权能驱动核心人才不断努力提高业绩，实现企业的长远发展及股东利益最大化的统一，从而避免企业内部核心人才的短期行为。

（三）吸引和留住核心人才

企业面对激烈的人才争夺，要将薪酬作为吸引人才的重要手段之一。

为招揽并留住各类核心人才，企业必须采取措施使其人才获得的薪酬达到和超过核心人才的"机会成本"。其中，措施之一就是采用技术入股、管理入股或实施期权计划等，以充分体现人才的价值，最大限度地吸引有管理能力、技术能力、创新能力的高层次人才。

（四）有利于降低企业的代理成本

企业所有权与经营权的分离形成了一种委托代理关系，企业所有者必须支付一定的代理成本。该成本包括以工资和红利方式支付给经营者的显性成本，还包括由于经营者的过失或不作为而造成的隐性成本。采取股权期权激励制度可以提高经营者的工作积极性和主动性，这有助于降低隐性成本；另外，实施股权期权激励制度，企业不需要向经营者支付大量的现金作为报酬，从而有助于降低代理成本中的显性成本。

（五）有利于创建和丰富有特色的企业文化

股权期权激励有助于营造员工当家作主的氛围，激发员工的积极性和创造性，体现了包容性和利益共享的企业文化。

四、股权激励与期权激励的区别

人们经常把股权激励和期权激励混为一谈，实际上，虽然股权激励和期权激励都是将企业股票或股份作为激励方式的载体，从而实现企业利润的最大化，但是两者之间在概念、激励力度、外部有效性基础、公司治理结构、有效期、成本等方面有很多不同点。

（一）股权激励与期权激励的概念区别

股权激励又称为产权激励，是指在对企业经营者、技术骨干、管理骨干等核心人才实行契约化管理和落实资产责任的基础上，采用多种方式，给予企业核心人才以股权激励，使其在达成经营目标的前提下，享有本企业的部分产权，并使其权益兑现中长期化的一种产权制度安排。

期权激励是指企业给予激励对象在将来某一时期内，以事先约定的价格购买一定数量股票或股份的权利，激励对象到期可行使或放弃该权利。其中，持有该权利的激励对象在规定时期内，以约定的价格购买股票或股份的过程称为行权，购买价格称为行权价格或敲定价格。

从概念中可以看出，股权和期权都是分享企业剩余索取权的激励方式，然而两者之间在概念上也有不同之处。股权激励是直接将企业的产权作为激励工具，有偿或无偿地授予激励对象，激励对象一旦获得股权激励必将承受风险。而期权激励在本质上是授予激励对象一种选择的权利，激励对象可以选择是否行权，这有助于锁定激励对象的风险。

（二）股权激励与期权激励的激励力度区别

期权激励从风险和收益两个角度来看，其激励力度都要大于股权激励。

1. 期权激励比股权激励的风险小

期权激励授予激励对象一种选择的权利，当资本市场处于强势状态，行权时的股票价格高于约定价格（敲定价或行权价），激励对象可以行权以获得收益；反之，激励对象可以放弃行权，而没有任何损失。

股权激励中的激励对象一旦接受了该计划，就购买或无偿享有了企业股权，当股权贬值时，激励对象需承担相应的损失。

2. 期权激励具有很高的持有价值

期权激励通过资本市场的放大作用后，将具有很高的持有价值，其激励力度远远大于股权激励的力度。尤其是当资本市场处于强势状态时，期权激励能为激励对象带来显著的收益。

（三）股权激励与期权激励的外部有效性基础区别

从激励目标实现的外部支撑环境看，期权激励比股权激励更依赖于完善程度高的资本市场，具体表现在如图7-1所示的几方面。

```
┌─────────────────────────────────┬─────────────────────────────────┐
│ 要求资本市场至少是半强式有效的  │ 资本市场要具备健全的外部监督约束体系│
├─────────────────────────────────┼─────────────────────────────────┤
│ 要求股票市场的价格能够客观地反映企│ 实现股权激励，国家应建立健全关于 │
│ 业的业绩，这样公司管理人员的能力才可│ 公司治理、外部监控、信息披露等方面│
│ 能通过股票市场的价格信号被充分地反映│ 的法律法规，以避免管理人员出现违规│
│ 出来，从而达到充分的激励力度    │ 操作的现象                      │
├─────────────────────────────────┼─────────────────────────────────┤
│ 如果在缺乏完善的职业经理人市场  │ 完善、系统的法律框架（如证券法、公│
│ 的情况下实施期权激励计划，经营者│ 司法、税法、会计准则、股票上市规则等）│
│ 会缺乏接管能力和抗压能力，此时企│ 会为期权激励计划的实施提供详细的依据│
│ 业股东和经营者所面临的风险是不对│                                 │
│ 称的                            │                                 │
├─────────────────────────────────┼─────────────────────────────────┤
│ 具备发达的职业经理人市场和接管市场│ 要求具备完善的法律框架           │
└─────────────────────────────────┴─────────────────────────────────┘
```

图 7-1　期权激励对资本市场的要求

（四）股权激励与期权激励的公司治理结构区别

公司治理结构是一种联系并规范股东（财产所有者）、董事会、监事会、高级管理人员权利和义务分配，以及与此有关的聘选、监督等问题的制度框架。简单地说，公司治理结构就是处理公司各种契约关系的一种制度。良好的公司治理结构，可解决公司各方利益分配问题，对公司能否高效运转、是否具有竞争力，起到决定性的作用。

从长期激励的角度看，股权激励和期权激励都需要企业具有完善的内部治理结构，然而两者对各权力部门的完善程度要求是不相同的。例如，在实行股权激励的企业，对岗位设定、工作分析、业绩考核等方面的要求成为考核经理人业绩的重要环节；在实行期权激励的企业，为了使股票的价格能够客观地反映企业的业绩，消除激励对象片面追求股票账面增值的现象，监事会对经理人经营活动的监管约束就显得极为重要。

（五）股权激励与期权激励的有效期区别

很多的股权激励模式如管理干股、赠予股份等都是在对激励对象过去业绩肯定的基础上行使的激励；而期权激励则是将激励对象未来的收入与自己的工作努力程度、企业经营业绩等紧密联系，从而实现激励目标。

（六）股权激励与期权激励的成本区别

由于期权激励授予激励对象的是在未来购买企业股票的权利，不会影响企业的资产分布。如果激励对象使用现金行权，还会使得企业的现金流增加，所以实施期权激励的激励成本较低。而在股权激励中，不论是业绩股票还是虚拟股票，激励对象所拥有的都是实在的股票及相关的权利，这在一定程度上影响了企业的资产分布。

五、股权期权激励需警惕的误区

在股权期权计划的实施项目中，要注意股权期权激励对象的设置、股票来源和数量、股票行权有效期设置和股票行权价格的确定四方面是否合理。

（一）股权期权激励对象的设置是否合理

股权期权计划是对董事、监事、高级管理人员及其他企业核心员工进行的长期性激励。企业的董事、监事和高级管理人员在实行股权期权计划时，应当诚实守信，勤勉尽责，维护企业和全体股东的利益。

同时应该注意，激励对象虽可包含企业的董事、监事、高级管理人员、核心技术（业务）人员，以及企业认为应当激励的其他员工，但不能包括独立董事。

（二）股票来源和数量是否合理

股权期权计划中的股票，可以根据本企业实际情况，通过向激励对象发行股份、回购本企业股份，以及法律、行政法规允许的其他方式获得。

（三）股票行权有效期设置是否合理

股权期权计划的行权有效期设置要有一定的标准，从而方便企业核心人才进行行权、弃权。一般规定股权期权授权日与获授股权期权首次可以行权日之间的间隔不得少于1年；股权期权的有效期从授权日计算不得超过10年；在股权期权有效期内，企业应当规定激励对象分期行权；股权期权有效期过后，已授权但尚未行权的股权期权不得行权。

（四）股票行权价格的确定是否合理

股票行权价格的确定要有一定的科学依据，应该遵循股权期权计划的规定，一般企业的行权价格不应低于股权激励计划草案摘要公布前一个交易日的企业标的股票收盘价，或股权激励计划草案摘要公布前30个交易日内的企业标的股票平均收盘价。

第二节 股权激励的设计

一、股权激励的模式

（一）常见的股权激励模式

1. 分红权激励

分红权激励是指企业股东将部分分配利润奖励给为企业发展做出突出贡献的员工的激励方式，奖励的实现需要员工工作达到约定的业绩。

2. 分红回填股份激励

分红回填股份激励是指在企业登记注册、增资扩股时激励对象向其他股东借款入股，或在企业存续期间激励对象受让企业股东部分股份，以后再用红利冲抵借款或转让借款，从而使激励对象拥有完整股权权益的股份激励方式。

3. 赠予股份

赠予股份是指企业股东将其持有的部分股份等直接无偿赠予激励对象（对企业有重要作用或业绩达到约定条件的员工），使激励对象享有企业的部分股权。

4. 技术入股激励

技术入股激励是指技术持有人（或者技术出资人）以技术成果、发明专利等作为无形资产作价出资企业的行为，相应的技术成果或发明专利入股后，技术持有人（或出资方）取得股东地位，相应的技术成果财产权转归企业享有的激励方式。

5. 员工持股激励

员工持股激励属于一种特殊的报酬激励计划，是指为了吸引、保留和激励企业员工，通过让企业内部员工购买企业部分股权的方式，他们享有剩余索取权并拥有相应管理权的一种激励方式。

员工持股计划（employee stock ownership plan，ESOP）又称为员工持股制度，是员工所有权的一种实现形式，也是企业所有者与员工分享企业所有权和未来收益权的一种制度。员工持股计划是股权激励中比较常见的形式，近年来我国有越来越多的企业开始实行这种激励机制。员工通过购买企业部分股票（或股权）而拥有企业的部分产权，并获得相应的管理权。实施员工持股计划的目的是使员工成为企业的股东。

员工认购企业股权一般有以下几种形式：现金出资认购；向银行金融机构借款认购；向控股股东借款认购；由企业历年累计公益金转化为股权；将所受奖励直接转化为股权；将个人专利或技术作价折为股权。

其中，现金出资认购是企业员工有偿取得企业的部分或全部产权的持股方式；有些企业会对有突出贡献的员工直接奖励股权，即员工可无偿获得股份；而拥有个人专利或非专利技术的员工也可将专利或技术直接折价为股权而无须现金出资认购。

员工持股计划是企业内部员工出资认购本企业部分股权，并委托企业进行集中管理的产权组织形式。实施员工持股计划，不仅能使员工获得资本增值所带来的利益，还增强了员工的主人翁意识，为企业留住了优秀人才。

6. 虚拟股票

虚拟股票是指企业授予激励对象一种"虚拟"的股票，激励对象在任期内可以据此享受一定数量的分红和股价升值收益。虚拟股票没有所有权和表决权,不能转让和出售,在激励对象离开企业时自动失效。

7. 股票增值权

股票增值权是指企业授予激励对象与虚拟股票类似的一种以数量来计算的权利,当企业的股价上升时,激励对象可以通过行权获得相应的股价升值收益。享有股票增值权的激励对象不拥有实际意义上的股票,不拥有股东表决权、配股权、分红权。另外,股票增值权不能转让、担保、偿还债务等。

8. 限制性股票激励

限制性股票激励是指企业为实现特定目的,按照预先确定的条件,将一定数量的股票赠予或以较低价格出售给激励对象,激励对象只有在工作年限或业绩目标符合股权激励计划规定的条件时,才可抛售股票的一种激励方式。

9. 延期支付计划

延期支付计划是指企业将管理层的部分薪酬按当日企业股票的市场价格折算成股票数量,存入企业为管理层人员设立的账户中,在达到企业规定的既定期限后,再以企业股票的形式或根据期满时的股票市场价格以现金方式支付给激励对象。

10. 储蓄 – 股票参与计划

储蓄 – 股票参与计划是指参加该计划的员工将每月工资的一定比例存入储蓄账户,就可以在一定时间内两次以低于股票的市价价格购买企业一定数量的股票,企业根据员工认购股数、认购价与到期时股票市价的差额支付给员工个人的收益。

11. 股票奖励

股票奖励是指企业无偿赠予激励对象一定数量的股票,激励对象自获得赠予起享受分红。如果实现了预定的业绩目标,激励对象就可以获得奖励股票的所有权;如果没有实现预定的业绩目标,激励对象应该将奖励股票于期末归还企业,当年可获分红不必归还。有时候,为了激励员工,企业也会将股票作为一次性奖励无条件地赠予员工。

12. 业绩股票

业绩股票是指企业用普通股作为长期激励性报酬支付给经营者和工作业绩有明确的数量指标的具体业务负责人。激励对象能否真正获得业绩股票主要由事先规定的业绩指标来决定。

13. 业绩单位

业绩单位与业绩股票模式完全相同，只是价值支付方式有差异，业绩股票是无偿赠予股票，而业绩单位是赠予现金。

14. 管理层/员工收购

管理层/员工收购是指企业的管理者或员工利用借贷所融资本或股权交易收购本企业的行为。通过收购，企业的管理者或员工变为企业的所有者。下面具体讲一下管理层收购。

管理层收购是目标企业的管理者利用借贷等方式，收购本企业的股份，从而改变企业的所有者结构、控制权结构和资产结构，进而达到重组本企业的目的，并获得预期收益的一种收购行为。管理层收购的主要投资者是目标企业内部的经理和管理人员，他们往往对目标企业非常了解，并有很强的经营管理能力。管理层收购的资金往往由管理者自筹或通过融资获得。这样，目标企业的管理者必须具有较强的组织能力，融资方案必须满足借贷者的要求，也必须为权益人带来预期利润，同时借贷具有一定的融资风险。目标企业往往是具有巨大资产或存在潜在管理效率空间的企业，管理者通过掌握目标企业的控制权，重组企业结构，实现节约代理成本、获得巨大现金流入。

从管理层进行收购时的出资方式来看，常见的管理层收购方式包括以下三种。

（1）收购资产。管理层收购目标企业大部分或全部的资产，实现对目标企业的所有权和经营控制权的掌握，适用的目标企业为上市公司、大集团分离出来的子公司或分支机构等。

（2）收购股票。管理层从目标企业的股东那里直接购买控股权益或全部股票。

（3）综合证券收购。收购主体对目标企业提出收购要约时，其出价为包括现金、股票、公司债券、认股权证、可转换债券等多种形式的组合。

其中，采用综合证券收购可使管理层在收购目标企业时，避免支付更多的现金从而造成新组建企业财务状况的恶化，又可以防止控股权的转移。所以，综合证券收购在各种收购方式中被采用的比率呈逐年上升的趋势。

（二）常见的股权激励模式的比较

本书挑选企业实际使用较多的股权激励模式来进行比较，具体见表 7-1。

表 7-1　　　　　　　　常见的股权激励模式的比较

激励模式	股份获得方式	权利范围	激励对象	激励力度和期限
分红权股份	激励对象附条件受赠分红	限于分红	主要高层管理人员和核心技术人员	较小且不稳定
分红回填股份	激励对象用分红回填股份	逐步取得相应股份的全部股权	主要高层管理人员和核心技术人员	较大且长期
有限购买股份	激励对象优于第三人购买企业股份	取得购买部分股份的股权	经理等高层管理人员、技术人员或普通员工	较小但长期
赠予股份	激励对象附条件受赠股份	取得受赠部分股份的股权	经理等高层管理人员和核心技术人员	较大且稳定
技术入股	激励对象用技术置换股份	取得入股部分股份的股权	核心技术人员	大且长期
员工持股	全体或部分员工购买股份	通过持股会或代表人行使相应股权	全体或部分员工	视情形而定，存在法律障碍

（三）常见的股权激励模式的优缺点及适用企业的类型

常见的股权激励模式的优缺点及适用企业的类型具体参见表 7-2。

表 7-2　　常见的股权激励模式的优缺点和适用的企业类型

激励模式	优点	缺点	适用的企业类型
虚拟股票	虚拟股票发放不会影响企业的总资本和所有权结构，无须中国证监会批示，只需股东大会通过即可	企业的现金压力较大，虚拟股票的行权价和抛售时的价格确定难度较大	现金流量比较充裕的非上市企业和上市公司
股票增值权	激励对象无须付出现金，无须中国证监会审批	资本市场的弱有效性使股价和经营者的业绩关联不大，企业的现金压力较大	现金流量比较充裕且股价比较稳定的上市公司或非上市企业
限制性股票计划	激励对象一般不需要付钱购买，可以激励高级管理人员将更多的时间和精力投入长期战略目标的实现	业绩目标或股价目标的科学确定较困难，现金流压力较大	业绩不佳的上市公司、产业调整期的上市公司、初创立的非上市企业
延期支付计划	锁定时间长，减少了经营者的短期行为，计划可操作性强	高管人员持股数量较少，难以产生较大的激励力度，二级市场有风险，经营者不能及时变现	业绩稳定型上市公司及集团公司、子公司
储蓄-股票参与计划	吸引和留住高素质人才并向所有员工提供公司潜在收益的机会	激励力度可能不够，有平均化和福利化倾向，激励作用较小	高科技上市公司及其子公司，以及创业板上市公司及其子公司
股票奖励	激励对象一般不需要付钱购买	业绩目标的科学性很难保证，容易导致高管人员为获取业绩股票而弄虚作假，高管人员抛售股票受到限制，现金流压力较大	上市公司或非上市企业，以及业绩平稳或一般的企业
业绩股票	激励高管人员努力完成业绩目标，实现股东和高管的双赢	业绩目标的科学性很难保证，容易导致高管人员为获取业绩股票而弄虚作假，高管人员抛售股票受到限制	业绩稳定型上市公司及其集团公司、子公司

续表

激励模式	优点	缺点	适用的企业类型
业绩单位	激励高管人员努力完成业绩目标，实现股东和高管人员的双赢，无须中国证监会审批，只需股东大会通过即可	激励对象获得的为现金，激励没有长期性，业绩目标的科学性很难保证，容易导致高管人员为获取业绩股票而弄虚作假	现金流量比较充裕且股价比较稳定的上市公司或非上市企业

二、股权激励方案设计步骤

股权激励方案设计包括股权激励适用范围的确定、股权激励主体及对象的确定、股权授予数量设计、股权激励业绩考核、股权激励模式选择和股权激励方案的实施六项内容。

（一）股权激励适用范围的确定

股权激励是指以股票的形式对企业经营者实施的一种激励机制。企业经营者和员工通过持有企业股权来分享企业剩余索取权，从而达到与企业所有者双赢的目的。股权激励能够将企业的前途命运与其高级管理人员和技术骨干有效结合起来，是企业吸引、留住优秀管理人才和技术骨干的重要手段。

在薪酬激励体系中，基本工资主要是根据经营者、员工的资历条件及他们的岗位预先确定的，在一定周期内相对稳定，与企业的业绩并不紧密相连；奖金与企业的业绩联系较为密切，但仅仅与企业短期业绩紧密相连，与企业的长期价值关系并不明显；而股权激励会让企业经营者更注重企业长期价值的增加，使经营者与企业股东的利益追求尽可能趋于一致，所以股权激励在企业的薪酬激励体系中发挥着尤为重要的激励作用。

作为一种行之有效的长期激励方式，股权激励并不是适用于所有类型企业的，适用及不适用企业类型具体见表7-3。

表 7-3　　　　　　股权激励的适用及不适用企业类型

适用企业类型		不适用企业类型	
上市公司	高科技公司	传统行业非上市企业	垄断性企业
☆ 股票流通性好 ☆ 法人治理机制健全 ☆ 外部监督体系完善	☆ 对技术人才依赖性强 ☆ 投资项目回报期长 ☆ 成长性好，回报高	☆ 股权流动性差 ☆ 无市场化定价机制 ☆ 增长空间有限	☆ 高管人员经营风险不大 ☆ 价值增长基本可控 ☆ 股票收益靠垄断获得

股权激励要想发挥有效的激励功能，需要完善的资本市场作为依托，股价要能真实反映上市公司的经营状况。上市公司的股价由市场决定，流通性很好，再加上健全的法人治理机制和完善的外部监督体系，所以此类型企业比较适合实施股权激励。高科技公司对人才和技术的依赖性较强，需要运用股权对其管理人才和技术骨干进行激励，以吸引和保留技术人才，降低技术人才的流失风险，因此，此类型企业也适合实施股权激励。

（二）股权激励主体及对象的确定

1. 股权激励计划实施主体确定

薪酬委员会一般在公司董事会下设立，其大部分成员应是独立非执行董事，且由董事会委任。薪酬委员会负责制定公司董事及高级管理人员的全部薪酬政策及架构，并对他们进行绩效评价。所以股权激励计划的实施主体一般是公司薪酬委员会，由其负责股权激励计划的制订和实施。

2. 股权激励计划实施对象确定

股权激励计划的实施对象，应该是对公司整体业绩起关键作用或产生重大影响的关键人员。

（1）选择股权激励计划实施对象的标准。在选择股权激励计划实施对象的标准时应考虑如下内容。

1）岗位价值，即激励对象所在岗位在公司的重要程度，以及其对公司整体业绩的影响性。

2）贡献程度，即激励对象能对公司实现当前及长远战略目标做出非常重要的贡献。

3）稀缺程度，即激励对象是技术骨干或核心人才，在市场上找到其替代人选比较困难。

4）成长潜力，即激励对象具有较强的成长性，能长期服务于公司并成为公司重点培养的对象。

（2）股权激励计划的对象。原则上，股权激励计划的对象一般包括公司董事、高级管理人员，以及对公司整体业绩和持续发展有直接影响的核心管理骨干和技术人才。其中，高级管理人员是股权激励计划的激励重点，具体的人员类别如下所示。

1）公司董事，包括执行董事、非执行董事，独立非执行董事不参与。

2）高级管理人员，包括总经理、副总经理、公司财务负责人等其他对公司决策、经营、管理负有领导职责的人员。

3）核心管理人才，由公司董事会根据其对上市公司发展的重要性和贡献等情况确定。

4）技术骨干，掌握公司核心技术、决定公司技术水平及产品竞争力的技术人才，高科技公司可结合行业特点和高科技人才构成情况界定核心技术人才的激励范围。

（三）股权授予数量设计

在股权激励计划有效期内授予的股权总量，应结合公司股本规模、股权激励对象的范围、公司薪酬结构及中长期激励预期收益水平合理确定。在股权激励计划有效期内授予的股权总量累计以及首次股权授予数量均应控制在公司股本的适当比例范围之内。

确定股权激励数量时，不仅要确定用于股权激励的股票总额，还应明确每位激励对象的股权激励数量以及预留股票数量（用于后期激励），其中公司授予高级管理人员的具体股权数量可按下列办法确定。

1. 确定薪酬总水平

（1）高级管理人员薪酬总水平应根据公司绩效与薪酬管理制度，结合同类人员薪酬市场价位、本公司员工平均收入水平等因素综合确定。

（2）高级管理人员预期股权收益占薪酬总水平的比例应根据公司岗位分析、岗位测评、岗位职责等因素按岗位序列确定。

2. 确定预期收益

按照国际通行的期权定价模型，计算股权公平市场价格，确定每股股权激励预期收益。

3. 确定授予数量

按照国家规定的授予比例限额和股权授予价格（行权价格），确定高级管理人员股权授予的数量。

另外，股权的授予价格应根据公平市场价格原则，按照国家有关规定确定，上市公司因发行新股、转增股本、合并、分立等原因导致总股本发生变动需要调整行权价格或股权授予数量的，可在公司董事会作出决议并经公司股东大会审议批准后按照相关规定的原则和方式进行调整。

（四）股权激励业绩考核

公司实施股权激励计划，应建立完善的业绩考核体系和办法，即激励对象可以获取激励报酬所需要达到的目标或业绩标准。业绩考核指标既要包含反映股东回报和公司价值创造等综合性指标，如净资产收益率、经济增加值、每股收益等，还要包含反映公司盈利能力及市场价值等成长性指标，如净利润增长率、主营业务收入增长率、公司总市值增长率等，还要包括反映公司收益质量的指标，如主营业务利润占利润总额比重、现金营运指数等。相关业绩考核指标及计算公式见表7-4。

表7-4　　　　　　业绩考核指标及计算公式

	业绩考核指标	计算公式
收益性指标	净资产收益率（ROE）	$\dfrac{\text{净利润}}{\text{股东权益}} \times 100\%$
	经济增加值（EVA）	净利润 – 资本成本

续表

	业绩考核指标	计算公式
收益性指标	基本每股收益	$\dfrac{归属于普通股股东的当期净利润}{当期实际发行在外普通股的加权平均数} \times 100\%$
成长性指标	净利润增长率	$\dfrac{本期净利润额 - 上期净利润额}{上期净利润额} \times 100\%$
	主营业务收入增长率	$\dfrac{本期主营业务收入 - 上期主营业务收入}{上期主营业务收入} \times 100\%$
	公司总市值增长率	$\dfrac{本期总市值 - 上期总市值}{上期总市值} \times 100\%$
反映收益质量的指标	主营业务利润占利润总额比重	$\dfrac{主营业务利润}{利润总额} \times 100\%$
	现金营运指数	$\dfrac{经营所得现金 - 经营性营运资产净增加}{经营所得现金} \times 100\%$

收益性指标与成长性指标，是股权激励业绩考核的两个基本维度。根据企业的不同发展阶段，股权激励的侧重点也有所不同，成长型企业侧重成长性指标，成熟型企业则更看重收益性指标。

实施股权激励的公司在设置业绩目标时，应对股权的授予和行使环节分别设置相应的业绩目标，将股权的授予、行使与激励对象业绩考核结果紧密挂钩，并根据考核结果分档确定不同的股权行使比例。公司授予激励对象股权时确定的业绩目标水平，应不低于公司近3年平均业绩水平及同行业的平均业绩水平；股权激励的对象行使权利时的业绩目标水平，应结合公司所处行业特点和自身战略发展定位，在授予时业绩水平的基础上有所提高，并不得低于公司同行业平均业绩水平。

（五）股权激励模式选择

股权激励模式选择是指从股票期权、股份赠予、技术入股、员工持股、虚拟股票、股票奖励、管理层收购、员工收购等股权激励模式中选择适合企业的股权激励模式。

（六）股权激励方案的实施

设计一套完整的股权激励方案除了要考虑包括激励对象、激励数量、行权价格和时间、股票来源以及相应的组织机构等诸多方面的因素，还应遵循一定的实施流程。

1. 股权激励资格获取

根据设定的业绩目标和股权激励比例对确定的股权激励对象及岗位人员进行考核，考核合格后方可获得股权激励计划参与资格。

2. 签署股权激励计划书

股权激励计划书中应有明确的激励对象、业绩目标、授予数量、有效期限、行权价格、行权时间、行权方法和结束条件等内容。

3. 兑现股权

签署股权激励计划后，对股权进行具体的分配，被授予股权的对象根据计划书中的约定购买股票，享有股权收益。

三、股权激励方案

现给出某企业技术入股实施方案，供读者参考。

××企业技术入股实施方案

一、目的

1. 为鼓励企业科技人员不断进行技术创新，不断创造出具有高科技含量的产品。

2. 将技术所有者与企业利益紧密结合起来，调动企业科技人员的积极性，通过技术股权吸引人才，留住人才。

3. 创造一种尊重科技、尊重人才的企业文化氛围，为企业的长远、健康发展奠定基础。

二、核心技术界定

1. 技术股权激励对象为掌握企业核心技术并承担企业重点项目

的技术小组或技术人员。

2. 本方案所称核心技术，是指企业长期积累的一组先进、复杂的技术和能力组合。具体可从以下三个方面进行界定。

（1）具有延展性，即核心技术可以打开多种不同类型产品潜在的市场。

（2）核心价值性，即核心技术是使企业为用户提供根本性好处的技能，主要体现在全新产品的出现、性能的提升、成本的下降等方面。

（3）先进、复杂并难以模仿，即核心技术是企业具体产品平台的基础，能将终端产品快速、低成本、低风险地推向市场，有效降低产品开发成本、缩短产品开发周期、提升产品质量。

三、技术股权来源

1. 企业成立时，现有股东直接赠予技术人员一定的股权，或者技术人员以技术作价入股获得一定的股权。

2. 企业扩股时，由企业大股东出资购买股份并馈赠给核心技术人员。

3. 企业股东将所持股份按一定价格转让给技术人员，但转让款须用拟转让股份的分红支付。

4. 技术人员可在企业登记注册或进行扩资时向其他股东借款入股，并用拟入股股份红利冲抵借款。

5. 企业进行股份转赠或配送股时，使用由原始技术股所产生的转增股或配送股。

四、技术股权分类

1. 技术现股，即通常意义上的技术股权，是指企业为鼓励技术人员突破技术瓶颈、解决技术难题，承诺技术人员在技术难题、瓶颈突破时即可拥有完整的股权权益。

2. 技术期股，是指技术人员须满足一定的条件后企业授予他的可在未来某个时期获得股份的权利。

五、技术股权获得条件

企业对技术人员获得技术股权设置一定的条件和要求，具体从以下四个方面综合考虑。

1. 该项技术是否达到企业规定的指标或要求。
2. 该项技术在生产转化过程中的应用情况，如质量、成熟度等。
3. 该项技术带来的经济效益。
4. 该技术人员的工作业绩和态度。

六、技术股权数量及价格

1. 企业授予技术人员技术股总量控制在企业总股本的20%以内。
2. 技术人员入股时，按当时企业每股净资产作价设定股价。

七、违约责任赔偿

1. 技术人员入股后所持技术归企业所有，应保证该项技术用于本企业产品的研发或生产。
2. 技术人员入股后在约定期限内不得离开企业，否则要承担一定的违约责任。
3. 技术人员入股后要撤出技术的，应赔偿由此给其他股东造成的损失，具体数额按照所持技术股比例作相应的分摊赔偿。

第三节　期权激励的设计

一、期权激励的模式

（一）股票期权激励模式

股票期权激励是现今比较流行的激励工具之一。股票期权是一种重要的金融衍生证券，是指公司授予激励对象在未来一定期限内以预先约定的价格（行权价）和条件购买本公司一定数量股票的权利。其中，激励对象在未来一定期限内有权行使该权利，也有权放弃该权利，但股票期权不得用于转让、质押或偿还债务等。

1. 股票期权的基本要素

一个股票期权计划一般包括期权持有者、股票期权的标的资产、标的资产的股票数量、行权价格、时间等要素。

（1）期权持有者是期权的购买者，而不是期权出售者，期权持有者可以是公司的经理层、技术层等人员，也可以是公司内部的普通员工。

（2）股票期权的标的资产是股票。作为激励的期权标的资产的股票，与股票期权市场中的股票可能是不同的，具体如图7-2所示。

图7-2　作为标的资产的股票与股票期权市场中的股票的差异

（3）作为激励的股票期权，标的资产的股票数量应注意以下三点：一是数量可以事先确定，也可以不事先确定；二是该数量应控制在公司股票总数的一定比例之内；三是期权持有人持有的股票期权数量应与其在公司中的职责及相应的业绩贡献等相关。

（4）行权价格是指公司向激励对象授予股票期权时所确定的、供激励对象购买本公司股票的价格。行权价格的确定是非常重要且复杂的，相对于市场价格而言，行权价格越高，则股票期权的价值将下降，对激励对象的吸引力也将下降；行权价格越低，则股票期权的价值就越高，对激励对象的吸引力也就越大。

（5）股票期权激励计划的时间主要是指授予（权）日、等待期、有效期、行权期（日）。

2.《上市公司股权激励管理办法》（中国证券监督管理委员会令第126号）关于股票期权的规定

"第二十八条　本办法所称股票期权是指上市公司授予激励对象在未来一定期限内以预先确定的条件购买本公司一定数量股份的权利。

"激励对象获授的股票期权不得转让、用于担保或偿还债务。

"第二十九条　上市公司在授予激励对象股票期权时，应当确定行权价格或者行权价格的确定方法。行权价格不得低于股票票面金额，且原则上不得低于下列价格较高者：

"（一）股权激励计划草案公布前1个交易日的公司股票交易均价；

"（二）股权激励计划草案公布前20个交易日、60个交易日或者120个交易日的公司股票交易均价之一。

"上市公司采用其他方法确定行权价格的，应当在股权激励计划中对定价依据及定价方式作出说明。

"第三十条　股票期权授权日与获授股票期权首次可行权日之间的间隔不得少于12个月。

"第三十一条　在股票期权有效期内，上市公司应当规定激励对象分期行权，每期时限不得少于12个月，后一行权期的起算日不得早于前一行权期的届满日。每期可行权的股票期权比例不得超过激励对象获授股票期权总额的50%。

"当期行权条件未成就的，股票期权不得行权或递延至下期行权，并应当按照本办法第三十二条第二款规定处理。

"第三十二条　股票期权各行权期结束后，激励对象未行权的当期股票期权应当终止行权，上市公司应当及时注销。

"出现本办法第十八条、第三十一条规定情形，或者其他终止实施股权激励计划的情形或激励对象不符合行权条件的，上市公司应当注销对应的股票期权。"

（二）股份期权激励模式

1. 股份期权激励的内涵

股份期权激励是指根据特定的契约条件，赋予经营者、科技人员和对公司有特殊贡献的员工在一定时间按照某个约定的价格购买本公司一定股份的权利。

一般情况下，激励对象所获授或获赠的股份期权需要等待一定的时间后才能获得行权的权利，激励对象获得行权权利的日期称为获权日，授予或赠予日与获权日之间的时间称为等待期。

股份期权激励中所需要的股份一般有三个来源，即公司现有股东通过协议转让的方式形成股份期权的股份来源，增资扩股时按一定比例预留一部分股份，转增股本时按比例预留一部分股份。

2. 股份期权激励计划的实施步骤

股份期权激励模式的效果如何，不仅与该激励计划本身的设计有关，在很大程度上还取决于激励计划的具体实施情况。股份期权激励计划的实施，一般包括以下步骤。

（1）组建期权计划委员会或薪酬委员会。该委员会是股份期权激励计划实施的组织者和管理者，是由董事会指定，成员由董事、监事及人力资源部门的主管组成。该委员会具有以下职责：分析并掌握本公司进行期权激励的现实基础；评估激励对象的薪酬水平；确立最符合公司财务状况、最能够促使激励对象致力于公司目标的薪酬组合；行使一般激励对象薪酬计划；评价激励对象的工作表现等。

（2）对公司进行内部诊断。对公司进行内部诊断的目的包括了解公司自身的问题，对公司进行价值评估，对人力资本进行定价，明确股份期权获授人的权利和义务等。

经过对公司内部的诊断后，委员会应对以下问题得出结论：公司法人治理机制的完善程度如何；公司推行股份期权激励计划的目的和目标是什么；公司价值的多少比例可以用来进行股份期权的激励；公司核心人力资本包括哪些等。

（3）确定股份期权激励计划方案。内部诊断是确定股份期权激励计划方案的基础和准备，内部诊断的详细、真实程度直接关系到股份期权激励计划方案的完整程度。在股份期权激励计划方案的制定过程中，信息传递和反馈具有极为重要的作用，所以公司应建立一套完善的信息传递和反馈机制。

另外，由于股份期权激励计划方案涉及股东、获授人、公司等各方的利益，所以在股份期权激励计划方案的制定过程中应协调、平衡好各方的利益。

（4）董事会和股东大会通过。期权计划委员会或薪酬委员会不是股份期权激励计划的决策者，股份期权激励计划应获得公司董事会讨论通过和股东大会的表决批准后才能实施，这在一定程度上减少了公司内部人员自己为自己定薪酬的问题。

（5）披露公开部分信息。就上市公司而言，应根据证券监管部门制定的法律法规进行信息披露；就非上市企业而言，委员会应当从保证股份期权激励计划的激励效果，保障股东知情权、员工知情权等角度进行信息披露。

（6）授予股份期权。股份期权激励计划的授予，一般以董事会或委员会等核准通过之日为生效日，在授予员工股份期权时，公司应向员工寄送诸如股份期权授予协议书、股份期权计划书、行权表格、常见问题解答等文件。

（7）进行业绩考核。业绩考核是股份期权激励计划实施的重要步骤之一，激励计划必须考虑激励对象对公司的贡献。就公司而言，激励对象对公司的贡献必须真实反映公司的经营成果。一般情况下，业绩考核指标应与股份期权激励计划一同颁布实施。

（8）授予行权的权利。获授人可以依据股份期权授予协议书、股份期权计划书等文件，针对自身所处的税收环境、自身偏好等，对已经获权的期权进行行权。员工决定行权时，应填写行权通知书，公司的计划管理者收到员工的行权通知书，在核实无误后，计划管理者应计算员工需要支付的行权价款和应缴税款。在此之后公司的计划管理者可通知公司的股份管理部门将股份交割给获授人。

（三）技术股权激励模式

技术股权是指核心技术人员以技术作价入股所拥有的股权，即公司馈赠给核心技术人员并与其技术成果、技术积累、技术岗位相联系的股权，以及因这些股权所获得的转增股、配送股。由上述内容可见，技术股权主要有三个不同的来源，即技术作价入股的股权、其他股东馈赠或优惠出让给技术人员的股权、上述股权的转增股和配送股。

按照技术股的所有者细分，技术股可以分为法人技术股和个人技术股。法人技术股是指由企业或事业单位法人拥有的技术股。个人技术股是指由自然人拥有的技术股。

按照技术股所拥有的权益细分，技术股可以分为完整权益股和部分权益股。完整权益股的拥有者拥有该技术股的所有权益，如技术股的所有权、表决权、分红权、转让权、增值权、馈赠和处置权等。部分权益股的拥有者只拥有股权中的部分权益，一般拥有分红权和增值权，没有所有权和表决权。

按照获取股权的时间细分，技术股可以分为即期股权和远期股权。即期股权是指激励对象在获得股权时即拥有完整权益或部分权益。远期股权是指授予的是未来购买股份的权利，激励对象在到期购买之前，尚不具备股权本身的权益（如表决权、分红权等）。

二、期权激励方案设计步骤

股票期权激励计划的设置是一个严密庞大的系统，公司一般设立薪酬委员会来专门负责这项工作。通常在不同的环境背景下实施股票期权激励计划，就需要根据实际情况作出不同的安排。在具体的股票期权激励计划设计中，可以通过各个设计因素的调节来组合不同效果的方案。

（一）股票期权激励计划的制订

股票期权激励计划作为公司薪酬制度的一个重要组成部分，它的实施会涉及公司内部众多部门的协调运作。

1. 股票期权激励计划的实施主体

所谓股票期权激励计划的合法实施主体是指依据法律、法规的相关规定，有资格实施股票期权激励计划的各类公司。

2. 股票期权激励计划的管理机构

股票期权激励计划的决策机构是公司的股东大会，日常的管理和领导由公司董事会承担。在公司董事会下设立薪酬委员会，负责股票期权激励计划的具体管理。

薪酬委员会由外部独立董事组成，以保证其公平公正性。其在股票期权激励计划管理中的主要职责包括但不限于以下内容：

（1）设计出符合公司利益的股票期权激励计划（方案）。

（2）制定出规范合格的文件，对股票期权激励计划的实施方案中的一些关键问题给予明确与规范的描述。

（3）准备必要的文件，报送监管部门。

（4）拟定股票期权激励计划的有关管理细则，制定业绩考核办法和其他与股票期权激励计划实施相配套的规章制度。

（5）在计划条款设计完成后，将其上报董事会审批。

（二）股票期权的授予

1. 股票期权激励计划的目的

为什么要实行股票期权激励，实施该激励方案要达到什么样的效果和目的，这是上市公司推出股票期权激励计划应明确的首要问题。

股票期权激励计划既可以作为吸引、挽留人才的薪酬战略，又可以作为节约现金支出的一种方法；既可能用来塑造公司所有权文化，又可能用于改善与供应商的长期关系。公司应当根据其宗旨和目标的不同，选择适当的股票期权激励形式。

虽然上市公司股票期权激励的侧重点不同，但实施股票期权激励计划的目的归纳起来有以下三点。

（1）建立与健全上市公司员工业绩考核与评价体系，完善上市公司薪酬规划，使上市公司的薪酬制度具有竞争性，从而保证在激烈的市场竞争中公司的生存与持续发展能力。

（2）充分尊重和认识人力资本在公司竞争与发展中的不可替代的作用，将公司需要的优秀人才留住。

（3）树立员工与公司共同持续发展的理念与股权文化。

2. 激励对象的确定依据和范围

（1）股票期权的激励对象。股票期权激励计划中的激励对象是指股票期权的授予对象。在股票期权激励计划中，激励对象的选择通常是由公司董事会决定的。各公司采用多种不同的方法和政策来决定哪些员工获得股票期权。

一般来说，传统的股票期权激励对象是以公司经营者为主，但是由于股票期权激励的良好效果，这一激励方式的应用对象也由公司高级管理人员向公司的核心技术人员以及对公司有突出贡献的员工扩展，尤其是在高科技公司，不仅高级管理人员和核心技术人员是股票期权激励计划的主要受益人，很多普通技术人员甚至是一般员工都被逐步纳入持股计划的范围。

《上市公司股权激励管理办法》明确规定："激励对象可以包括上市公司的董事、高级管理人员、核心技术人员或者核心业务人员，以及公司认为应当激励的对公司经营业绩和未来发展有直接影响的其他员工，但不应当包括独立董事和监事。外籍员工任职上市公司董事、高级管理人员、核心技术人员或者核心业务人员的，可以成为激励对象。

"单独或合计持有上市公司5%以上股份的股东或实际控制人及其配偶、父母、子女，不得成为激励对象。下列人员也不得成为激励对象：

"（一）最近12个月内被证券交易所认定为不适当人选；

"（二）最近12个月内被中国证监会及其派出机构认定为不适当人选；

"（三）最近12个月内因重大违法违规行为被中国证监会及其派出机构行政处罚或者采取市场禁入措施；

"（四）具有《公司法》规定的不得担任公司董事、高级管理人员情形的；

"（五）法律法规规定不得参与上市公司股权激励的；

"（六）中国证监会认定的其他情形。"

（2）股票期权的授予标准。股票期权的授予标准主要包括如下三种。

1）职务，即根据职务大小来进行股票期权的赠予。优点是能够比较好地按照员工对组织的贡献程度、对公司业绩的最终影响程度来确定对员工的赠予额度。在一般情况下，这种标准能够被员工所接受。缺点是难于确定不同职务之间的相对差别。

2）业绩。按业绩赠予是用员工过去或当期已经实现的业绩来作为标准赠予股票期权，以期待未来的较高业绩。优点是支持和鼓励了组织成功的因素，对提高和改善组织业绩具有非常积极的直接作用。缺点是对不同类型岗位进行业绩评价比较困难。

3）能力，即采用员工的从业能力来作为赠予的标准。优点是符合公司设立股票期权激励计划的初衷，有利于员工的潜能转化为显能，有助于提高组织未来的业绩。缺点是对于能力的度量在目前的条件下比较困难，主观性较强。

3. 股票期权的赠予规模

（1）股票期权的来源。

1）公司的留存股票。这部分留存股票是日后授予员工期权的主要来源。

2）增发新股。如果公司发展很快，原有的留存股票不足以满足需要，经中国证监会同意，部分公司可以增发新股，以解决留存股票不足的问题。

3）回购股份。公司出资到证券市场上购回部分本公司的股票放入留存账户，用于员工的期权激励。

另外，根据《上市公司股权激励管理办法》规定："拟实行股权激励的上市公司，可以下列方式作为标的股票来源：

"（一）向激励对象发行股份；

"（二）回购本公司股份；

"（三）法律、行政法规允许的其他方式。"

（2）影响股票期权数量的因素。影响股票期权数量的因素主要有公司的股本。一般来讲，公司授予股票期权的数量占总股本的份额不会超过10%。另外就是公司的薪酬规划，即员工的总收入中由股票期权所带来的收入所占的比重。

（3）授予数量的确定。股票期权授予数量的确定主要有两种做法。

1）预先设定给予员工期权奖励兑现后的总金额，然后根据股票期权的估价模型推算出授予数量。

2）基于系统的薪酬调研。某一岗位授予数量的市场平均水平，以及公司内部岗位间的相对重要性和价值差异等，都可以作为授予数量的参考。

4. 股票期权的分配

股票期权的分配主要解决诸如将分配多少股票期权、分配的频率如何、如何计算激励对象所分配的股票期权数量等问题。

公司薪酬委员会决定授予激励对象的股票期权数量，影响这一数量的因素主要包括以下五方面。

（1）职务。从董事会主席到首席执行官、部门经理，直至普通员工，职务层级越高，所获期权越多。

（2）业绩表现及工作岗位的重要性。薪酬委员会根据年度各员工的业绩和表现，结合各岗位工作的重要性，通过系统的业绩评价，决定授予的期权数量。

（3）在公司的工作年限。一般而言，在岗位和业绩表现同等时，员工在公司工作时间越长，所得到的期权数量会越多。

（4）公司留存的期权数量。不同公司由于资本结构、成立时间不一样，所留存的期权数量也不同。

（5）公司其他的福利待遇。大型公司工资、奖金及退休计划等福利待遇较好，工作稳定性较高，股票期权数量相对较少；小型新创办公司，为了弥补福利待遇上的不足，股票期权的数量相对较大。

5. 股票期权的赠予方式

股票期权的赠予主要有如下两种方式。

（1）一次性赠予。公司一次性赠予员工股票期权，赠予日可以是员工被雇用之日，以吸引员工加入本公司；可以是员工升职之日；也可以是员工持续任职一段时间后赠予。公司可以根据需要灵活选择赠予时间。

（2）分期赠予。公司可以每年按一定比例赠予员工股票期权，也可以将业绩划分为不同梯度，激励员工不断努力工作，达到更高的业绩水平，从而获得更多的股票期权。公司依据某种业绩标准或者某种统一的原则赠予股票期权。在聘用员工时赠予一定数量的股票期权，然后在员工升职时或者升职以后定期再追加赠予股票期权。

6. 有效期、授权日与可行权日

（1）有效期。股票期权的行使期限也叫股票期权的有效期，是指员工从取得股票期权之日起到期权失效之日止的整个时间跨度。

在我国，股票期权激励计划的有效期从授权日计算不得超过10年。

（2）授权日。股票期权激励计划在授予员工之后，员工并不是马上就能够行使获得的相应股票期权，而是要在赠予后等待一定时期，才能一次性全部或是逐步获得执行的权利，进而完全自由地选择是否行使期权。公司不是在授予后就允许员工立即行权，主要是出于挽留员工和激励员工两方面的考虑。从授权日到可行权日期间，员工一旦跳槽将失去已被授予的股票期权，从而达到公司挽留员工的目的。而某些公司规定，只有员工达到了一定的绩效指标以后才能获得行权资格，这种规定向员工发出了信号，公司已准备向员工发放期权奖励，这无疑加强了对员工的激励。

在授予股票期权时，授予协议应该说明购买相应期权股票权利的有效期限，这个期限也被称为期权的寿命周期。一般而言，从期权授予之日算起，期权的有效期一般为5~10年。一旦股票期权到期（过期），员工就不能再购买期权股票。

（3）可行权日。

1）授权日与可行权日。在我国，股票期权授权日与获授股票期权首次可以行权日之间的间隔不得少于1年。

2）窗口期与可行权日。为了防止高级管理人员利用其信息优势从事内幕交易，有关法律将股票期权或持有人出售股票的时机限制在"窗口期"内，所谓窗口期是指从每季度公布上季度收入和利润等指标后的第3个工作日开始直至该季度第3个月的第10天为止。

3）可行权日的选择。可行权日的选择，通常有如下所示的五种做法。

一是以授权日为基准，可行权日可以在授权日后1年、4年或者更长的时间，具体的时间跨度由公司根据需要确定。二是以工龄为基准，如可行权日可以确定在员工工作了4年或者更长时间以后。三是以其他特殊日期为可行权日，公司可以选择某个纪念日期作为可行权日。四是以绩效指标的实现为标准，将绩效指标的实现作为可行权的前提条件，从而激励员工工作。五是综合标准，即将多种标准结合起来，只有在员工都满足了这些标准之后，才能够授予其行权资格。

7. 股票期权的程序

（1）公司董事会下设的薪酬委员会负责拟定股票期权授予方案。

（2）董事会审议批准薪酬委员会拟定的股票期权授予方案。

（3）监事会核查授予股票期权的激励对象的名单是否与股东大会批准的股票期权激励计划中规定的原则相符。

（4）公司与激励对象签订授予股票期权协议书，约定双方的权利义务。

（5）在授权日由公司向激励对象送达股票期权授予通知书，一式两份。

（6）激励对象签署授予股票期权协议书。

（7）公司根据激励对象签署的情况制作股票期权计划管理名册，记载激励对象姓名、获授股票期权的数量、授权日期、股票期权授予协议书编号等内容。

（8）公司根据中国证监会、证券交易所、登记结算公司的有关规定办理实施股票期权激励计划的相关事宜。

8. 授予协议

股票期权的授予协议是一种书面文件，说明股票期权授予的条款和条件。授予协议通常包括员工（股票期权受益人）的真实姓名、股票期权授予的有效日期、股票期权的类型、股票期权所对应的股票数量、股票期权的执行价格、股票期权的等待期、股票期权的有效期。

除此之外，协议通常还规定期权持有人执行股票期权的步骤、支付股票期权执行价格的方式以及其他相关的问题。绝大多数公司都要求期权受益人在授予协议上签字并限期交回。下面是某公司拟定的股票期权授予协议书。

××公司股票期权授予协议书

协议编号：

甲方：××股份有限公司

法定代表人：

电话：　　　　　　　　　　传真：

地址：　　　　　　　　　　邮政编码：

乙方：

身份证号码：

联系方式：

地址：　　　　　　　　　　邮政编码：

根据《中华人民共和国民法典》等法律法规规定和股票期权计划书的有关规定，本着自愿、公平、平等互利、诚实信用的原则，甲方与乙方就股票期权赠予、持有、行权等有关事项达成如下协议。

第一条　乙方自＿＿＿＿年＿＿月＿＿日起在甲方工作，现担任＿＿＿＿＿＿＿＿＿＿一职，属于主要管理人员／技术骨干／对公司发展做出突出贡献的员工。经甲方董事会按照甲方股票期权的有关规定进行评定，确认乙方具备股票期权资格。

第二条　股票期权的授予。

本公司将于＿＿＿＿年＿＿月＿＿日，按照股票期权计划书的规定，授予员工股票期权，乙方可以按照下表的规定，购买全部或部分公司股票。在规定的失效日之后本协议书项下的期权自动生效。

股票期权授予表

授予日	_____年____月____日
受权人	（员工真实姓名）
行权价格	××元/股（不低于授予日股票公平市场价值）
授权规模	_____股普通股票
待权期	自授予日____月后，____%的期权获权，之后每一个期权授予纪念日，获权____%，直至全部获权
失效期	_____年____月____日（不迟于授权日后10年）

第三条　行权，乙方需向甲方发出行权通知书，明示其准备购买的股数，同时乙方需交纳足额的支付价款。除现金行权外，还可以使用普通股票作为支付手段，或者以现金和普通股票搭配进行支付。在这种情况下，作为支付手段的普通股票，其价值是根据行权日公司股票公平市场价值，由公司董事会确定的。

第四条　当甲方被兼并、收购时，除非新的股东大会同意承担，否则乙方尚未赠予的部分停止赠予，已赠予未行权的部分必须立即行权。

第五条　当甲方因送红股、转增股、配股、增发新股等影响原有流通股东持有数量的行为时，需要对乙方持有的股票期权数量和行权价格进行调整，调整办法参照股票期权计划书。

第六条　当乙方因辞职、解雇、退休、丧失行为能力、死亡而终止服务时，按照股票期权计划书处理。

第七条　继承人。

乙方指定_____为乙方的继承人，继承人情况如下：

姓名：

性别：

与乙方的关系：

身份证号码：

地址：　　　　　　　　　　　电话：

第八条　本协议书一式两份，甲乙双方各持一份。

第九条　本协议书未尽之事宜应由甲乙双方协商解决，并以双方同意的书面形式确定下来。

第十条　本协议书自双方签字或盖章完成之日起生效。

甲方（盖章）：_____公司　　　乙方：

代表人（签字）：_____

_____年___月___日　　　　　　_____年___月___日

相关说明

当股票期权的授予获得正式批准之后，通常至少要给予员工两份授予协议签字：一份由员工保存，以便做各种记录；另一份由股票期权激励计划的管理者放入有关员工的档案。如果需要，还有一份由公司的法律顾问来保存。

（三）股票期权的执行

1. 行权价格

（1）行权价格的确定。公司在设计股票期权激励计划的行权价格时，应当兼顾计划本身的吸引力和现有员工的承受力。一般而言，行权价格根据授予当天的市价来确定，等于、低于或者高于这个市价，但是差幅并不是很大。否则，过高的行权价格难以被员工接受，过低的行权价格难以被现有股东接受。

（2）重新定价。股票期权激励计划是看涨期权，因此它有效发挥激励作用有一个前提假设，即公司的股价将呈上涨态势。但是股票价格由多重因素影响，除了公司基本面以外，还受宏观经济环境、市场供求、市场预期等影响。因此，有可能公司运营得很好，但是受市场大环境所累,公司股价不升反降,甚至跌破了行权价格,这就会导致股票期权价值的丧失。

如果股价的下降确实是由外部因素引起的,而且这种不利因素会最终消失,那么员工就不应该对此负责,也不应该因此而损失应该属于自己的股票期权收益。如果不利因素的影响只是短暂的,不会影响员工的行权,那么公司只需重申自身坚实的基本面和乐观的发展前景就可以了,以避免在员工中产生不必要的误解。

但是,如果这些外部因素会影响公司相当长的时间,致使员工认为在短期内期权没有价值,从而放弃行权,那么公司就应当积极采取措施,防止股票期权激励计划失败,避免员工的士气受到影响。以下是几种常用的措施。

1)给予其他形式的补偿。公司可以适当增加员工薪金或者福利,以减轻股票期权激励计划失败对员工的不利影响。

2)重新设计新的股票期权激励计划。公司如果坚持以股票期权作为激励模式,则设计实施新的股票期权激励计划,以更好地适应新出现的情况。但是,新计划的设计和实施往往会有一个时滞,从认识到设计、批准到最终实施要花去比较长的时间。更何况很可能在新计划实施时市场情况又发生了变化,以至于新的计划也不再适应当时的环境了。在这种情况下,重新定价条款的作用就凸现了出来。

3)对行权价格重新定价,即在股票期权激励计划中标示,当公司股票价格跌破某一底线而且员工又达到了预期的绩效指标时,公司可以对行权价格重新定价,一般是下调行权价格,以使股票期权重获价值。

常见的重新定价条款规定,新的行权价格将等于重新定价当天公司股票市场价格。重新定价条款使员工所获得的股票期权由无价值的价外期权转化为有价值的价内期权,这有利于期权持有人。

2. 行权条件

行权条件一般涉及两个方面,一是公司的主体资格必须符合要求,二是期权持有人的资格必须符合要求。激励对象只有在同时满足下列条件时,才能获授股票期权,具体内容如下。

（1）公司未发生以下任一情形：最近一个会计年度财务会计报告被注册会计师出具否定意见或者无法表示意见的审计报告；最近一年内因重大违法违规行为被中国证监会予以行政处罚；中国证监会认定不能实行股票期权激励计划的其他情形等情况。

（2）激励对象未发生以下任一情形：最近三年内被证券交易所公开谴责或宣布为不适当人选；最近三年内因重大违法违规行为被中国证监会予以行政处罚；具有《中华人民共和国公司法》规定的不得担任公司董事、监事、高级管理人员情形的；公司董事会认定其他严重违反公司有关规定的。

在以上条件都符合的前提下，行权的条件就落实为具体的要求与指标，通常为业绩考核，即期权持有人必须在公司的业绩考核为合格的情况下才可以行权。

3. 行权方式

在员工决定执行期权后，公司可以根据自身的情况、员工的情况、竞争对手策略等，最终确定所设计的股票期权激励计划将采取哪一种或哪几种行权方式。下面列出常见的三种行权方式。

（1）现金行权。这是最为普通的行权方式，员工用自有现金支付行权价格，并持有购入的期权股票。如果在行权时要确认应税收入，员工需要一并缴纳相关税费。这种方式需要员工有充足的现金用于行权，而且行权后持有公司股票，员工将承担股票价格下降的风险。

（2）股票互换行权。这是一种较为复杂的行权方式，是使用已经拥有的公司股票作为支付手段，来购买期权股票。其中，互换比率按照股票现价与行权价格之间的关系来确定。这种行权方式多被高级管理人员采用。首先，高级管理人员往往拥有一定数量的公司股票，可以用于互换。其次，股票期权激励计划授予高级管理人员的期权数量比较大，用现金行权可行性不大。如果员工持有的股票价值低于待付的行权价格和相关税费，差额部分应当用现金补齐。

（3）经纪人当日出售。这是一种比较常见的行权方式，是指员工在行权后立即售出期权股票，从而兑现资本收益。

4. 激励对象行权的程序

激励对象向薪酬委员会提交股票期权行权申请书，提出行权申请。董事会授权薪酬委员会对申请人的行权资格与行权条件审查确认。激励对象的行权申请经薪酬委员会确认后，公司向所挂牌的证券交易所提出行权申请。经证券交易所确认后，由证券登记结算公司办理登记结算事宜。

（四）计划的修改与终止

对已授予期权的任何修改均需经授权人同意，以保护授权人利益不受侵害。对股票期权激励计划作出增加计划项下期权的行权规模的决定，即增加行权引致的股票的发行数目、改变行权价格、改变授权人资格规定、延长计划授予有效期、行权有效期限等时，需经公司股东大会表决通过。

除此之外，董事会有权修改计划或终止计划的继续实施。

（五）股票期权激励计划下股票的处置

股票期权激励计划对股票的处置这个环节的规定，是出于防止股权流失的考虑而作出的，主要涉及对处置的方式、处置的时间和转让对象等进行限制等问题。

最常见的处置方式是售出股票，得到收益。但是这种出售并非是在公开市场上询价，找到出价最高的买主，而往往是按照市价转让给公司或者公司现有股东，以防止控制权旁落。这就会涉及回购权和优先回购权。

回购权是一项合同协议，根据此项协议，公司有权在协议中规定的事件发生时，购回个人通过员工股票期权行权而获得的股票。

优先回购权是对股票的一种契约性限制，它授权公司可以以任何第三方提出的相同的条款和条件，优先购回受限股票。

股票期权激励计划还可以对员工处置期权股票的时间加以限制。尤其是公开上市公司的经理人员，他们对期权股票的处置行为更应当避免内幕交易的嫌疑。

除了相关法律上的规定外，公司还可以从自身激励的目的出发，对员工处置股票加以限制。例如，公司授予一项股票期权激励计划意在挽留和激励现有员工。在这一目的的驱动下，计划本身的授予规模应当足够大，以形成对员工的吸引力。同时，计划可以对员工的行权和处置行为进行规定，如要求员工在授予日后的 2 年后才能行权，而且所获得的期权股票不能立即出售，必须持有 3 年以上才能售出。

（六）特殊情况下股权期权激励计划的调整

1. 公司发生重大行为时股权期权激励计划的调整

在公司生产运营过程中，可能出现要约收购、并购、控制权发生变化等行为，在诸如此类的情况下，公司设计的股权期权激励计划会随之作出相应的调整。

（1）公司之间要约收购时，股权期权可准许加速行权。

（2）一般来说，公司遭遇并购时，股权期权授予的时间是否加速，由公司自行决定。

（3）在公司控制权发生变化时，每个公司都会根据自身的发展特点及需求作出选择，做法不一。一般做法是控制权发生变化之前，对计划进行调整，未行权的部分立即行权。控制权发生变化之后，未行权部分自动失效。

（4）如果公司的资本结构在期权仍可行使时出现变动，就尚未行使的期权、行使价和行使方法而言，股票期权激励计划设计的股份数目或面额均需作出相应的调整。

2. 激励对象发生重大行为时股权期权激励计划的调整

股权期权以激励公司员工为目的，因此员工由于辞职、解雇、退休等原因而终止对公司的服务时，其股权期权也要作出相应的调整。

（1）雇佣关系终止时。股权期权激励计划通常要说明，在员工终止与公司的雇佣关系的情况下，如何处理股权期权。

（2）退休。董事会有权给予员工这样的权利，即其所持有的股权期权的授予时间表和有效期不变，享有与员工离职前一样的权利。

（3）丧失行为能力。如果员工在事故中永久性地丧失行为能力，因而终止了与公司的雇佣关系，在持有的股权期权正常过期之前，该员工或其配偶可以自由选择时间对可行权部分行权。

（4）死亡。尚未行权的股权期权由法定的继承人继承，对于被继承的股权期权的有效期，不同的公司规定不一致。

三、期权激励方案

以下是某公司股票期权激励计划的设计方案，供读者参考。

> **××公司股票期权激励计划设计方案**
>
> 特别提示：
>
> 1. 本股票期权激励计划依据《中华人民共和国公司法》《中华人民共和国证券法》《上市公司股权激励管理办法》和其他有关法律、行政法规的规定制订。
>
> 2. 本股票期权激励计划采用股票期权作为激励工具，激励计划的股票来源为××公司向激励对象定向发行××股票。行权的股票来源为从资本市场回购或定向发行。首期计划授予激励对象的股票期权总额度为公司总股本的×%，即×万份期权。
>
> 3. 首期授予的股票期权有效期为自首期股票期权授权日起的×年，激励对象在授权日之后的第×年开始分×年匀速行权。
>
> 4. 本次授予的股票期权的行权价格为×元。××股票期权有效期内发生资本公积转增股本、派发股票红利、股份拆细或缩股、配股等事宜，行权价格将做相应调整。
>
> 5. 本股票期权激励计划必须满足如下条件后方可实施：国务院国有资产监督管理委员会和中国证券监督管理委员会审核无异议、××公司股东大会批准。
>
> 一、股票期权激励计划的目的
>
> 1. 倡导价值创造为导向的绩效文化，建立有效的激励与约束机制。
>
> 2. 平衡公司短期目标与长期目标，将高级管理人员和主要技术

骨干的长期利益与公司长期业绩发展和股东价值紧密连接。

3. 有效地吸引与保留优秀管理人才和技术骨干。

二、股票期权激励计划的管理机构

1. 股东大会、董事会为员工股票期权激励计划的决定机构，监事会为激励计划的监督机构。

2. 在公司董事会下设立薪酬委员会作为公司股票期权激励计划的执行与管理机构。它主要负责拟订和修改本激励计划，报董事会、股东大会审批和主管部门审核，并在股东大会授权范围内办理本激励计划的其他相关事宜。

三、激励对象的确定范围

根据对公司业务发展的重要性和实现公司战略目标的需要，激励对象确定如下：

1. 公司董事（不包括独立董事）；

2. 高级管理人员；

3. 中级管理人员；

4. 关键岗位的骨干员工；

5. 薪酬委员会决议通过的特殊人员。

四、股票期权激励计划的股票来源和股票数量

1. 标的股票来源

公司将通过向激励对象市场回购或定向发行股票作为本激励计划的股票来源。

2. 标的股票数量

本激励计划首期授予激励对象的股票期权为 × 万份，对应的标的股份数量为 × 万份，占当前公司总股本 × 万股的 ×%。

五、股票期权激励计划的分配

1. 股票期权的分配

股票期权按照岗位、工作业绩的不同，按考核分数比例进行浮动

分配，主要是依据"以岗定股、股随岗走"的原则。

表1 股票期权的分配

姓名	职务	股权数量/万份	占授予数量总比例	占总股本比例

2. 股票期权的授予时机

股票期权的授予时机，可以一次全部授予，也可以根据受聘、升职、每年的业绩考核，根据公司当年整体业绩来决定股票期权的数量，具体事宜由薪酬委员会决定。

3. 股票期权的授予

公司应当与被授予人签署股票期权协议。股票期权激励计划的具体方案，均需在股票期权协议中明确约定。为了保障股票期权激励计划参与各方的利益，减少争议，公司应在有证券业从业资格的律师协助和公证机关的见证下与所有参与者分别签订股票期权协议。

六、股票期权行权价格及确定依据

首次行权价格的确定方法为：行权价格依据下述两个价格中的较高者确定，为×元。

1. 股票期权激励计划草案摘要公布前1个交易日的本公司股票收盘价（×元）。

2. 股票期权激励计划草案摘要公布前30个交易日内的本公司股票平均收盘价（×元）。

七、股票期权的有效期、授权日、行权日

1. 股票期权激励计划的有效期

整个计划的有效期为自首期股票期权的授权日起10年，原则上每3年授予一次。

首次授予的股票期权有效期为自首期股票期权授权日起的5年。

2. 授权日

股票期权激励计划授权日在本激励计划报中国证券监督管理委员会备案且中国证券监督管理委员会无异议、本公司股东大会批准后由董事会确定。但授权日不得为下列期间。

（1）定期报告公布前30日。

（2）重大交易或重大事项决定过程中至该事项公告后2个交易日。

（3）其他可能影响股价的重大事件发生之日起至公告后2个交易日。

3. 行权日

股票期权的有效期为5年，以授权日为T日，在每个可行权期内激励对象可以选择分期行权或一次行权。

第一个行权期（T日+1年至T日+2年内），激励对象行权数量为获授股票期权的40%。

第二个行权期（T日+2年至T日+3年内），激励对象行权数量为获授股票期权的30%。

第三个行权期（T日+3年至T日+4年内），激励对象行权数量为获授股票期权的30%。

在行权期内，满足行权条件的激励对象如未对当期股票期权足额行权的，则未行权的剩余部分股票期权可以延至继后行权期内行权，但最迟须在T日+4年内行权完毕，即激励对象必须在授权日之后4年股票期权有效期内行权完毕，股票期权有效期过后，尚未行权的股票期权不得行权。

其中，激励对象为董事、高级管理人员的，若在行权有效期内其任职（或任期）期限未满，则其可行权额度上限为其获授股票期权总额的80%，其余20%在任职期满后方可行权，且不受该期股票期权行权有效期限制，但不能超过本次激励计划的有效期。

八、股票期权的获授条件

只有在同时满足下列条件时,激励对象才能获授股票期权;若未能同时满足下列条件,本激励计划自然终止。

1. 公司未发生如下任一情形

(1) 最近一个会计年度财务会计报告被注册会计师出具否定意见或者无法表示意见的审计报告。

(2) 最近一年内因重大违法违规行为被中国证券监督管理委员会予以行政处罚。

(3) 中国证券监督管理委员会认定的其他情形。

2. 激励对象未发生如下任一情形

(1) 最近三年内被证券交易所公开谴责或宣布为不适当人选的。

(2) 最近三年内因重大违法违规行为被中国证券监督管理委员会予以行政处罚的。

(3) 具有《中华人民共和国公司法》规定的不得担任公司董事、监事、高级管理人员情形的。

(4) 激励对象前一年度绩效考核结果为称职以下。

九、行权业绩条件

以授权日为T日,以授权日所在年度为Y年度。

第一个行权期(T日+1年至T日+2年内),Y年度公司加权平均净资产收益率不低于×%。

第二个行权期(T日+2年至T日+3年内),Y+1年度公司加权平均净资产收益率不低于×%。

第三个行权期(T日+3年至T日+4年内),Y+2年度公司加权平均净资产收益率不低于×%。

根据××公司股票期权激励计划实施考核办法,激励对象行权期相应年度的绩效考核必须合格。用于计算年净资产收益率的"净利润"为扣除非经常性损益前的净利润和扣除非经常性损益后的净利润中的低者。

十、公司与激励对象各自的权利义务

1. 公司的权利与义务

在股票期权激励计划中，公司的权利与义务如图1所示。

1	公司有权要求激励对象按其所任职岗位的要求为公司工作，如激励对象不能胜任所任职工作岗位或者考核不合格，经公司董事会批准，可以取消激励对象尚未行权的股票期权
2	若激励对象因触犯法律、违反职业道德、泄露公司机密、失职或渎职等行为严重损害公司利益或声誉，经公司董事会批准，可以取消激励对象尚未行权的股票期权
3	公司根据国家有关税收法律法规的规定，代扣代缴激励对象应缴纳的个人所得税及其他税费
4	公司不为激励对象依股票期权激励计划获取有关股票期权提供贷款以及其他任何形式的财务资助，包括为其贷款提供担保
5	公司应当根据股票期权激励计划、中国证券监督管理委员会、证券交易所、登记结算公司等的有关规定，积极配合满足行权条件的激励对象按规定行权。但若因中国证券监督管理委员会、证券交易所、登记结算公司的原因造成激励对象未能按自身意愿行权并给激励对象造成损失的，公司不承担责任
6	法律法规规定的其他相关权利义务

图1　在股票期权管理中公司的权利与义务

2. 激励对象的权利与义务

在股票期权激励计划中，激励对象的权利与义务如图2所示。

1	激励对象应当按公司所聘岗位的要求，勤勉尽责、恪守职业道德，为公司的发展做出应有贡献
2	激励对象有权且应当依照本激励计划的规定行权，并按照有关规定锁定股份
3	激励对象不得将其获授的股票期权转让或用于担保、偿还债务
4	激励对象因本激励计划获得的收益，应按国家有关税收法律法规缴纳个人所得税及其他税费
5	法律法规规定的其他相关权利和义务

图2　在股票期权管理中激励对象的权利与义务

十一、股票期权激励计划的调整方法和程序

1. 股票期权数量的调整方法（略）

2. 行权价格的调整方法（略）

3. 股票期权激励计划的调整程序

××公司股东大会授权公司董事会因资本公积金转增股份、派送股票红利等原因调整股票期权数量或行权价格的权利，董事会根据上述规定调整行权价格或股票期权数量后，应及时公告并通知激励对象。

因其他原因需要调整股票期权数量、行权价格或其他条款的，应经董事会作出决议并经股东大会审议批准。

十二、股票期权激励计划的变更、终止

1. 公司方面

（1）公司控制权发生变化。

若因任何原因导致公司的实际控制人发生变化，所有已生效的期权应在×个月内行使完毕，未生效的期权于事实发生时立即生效，并在×个月内行使完毕。

（2）公司如出现如下情形之一的，应终止实施股票期权激励计划。

1）最近一个会计年度财务会计报告被注册会计师出具否定意见或者无法表示意见的审计报告。

2）最近一年内因重大违法违规行为被中国证券监督管理委员会予以行政处罚。

3）中国证券监督管理委员会认定的其他情形。

2. 激励对象发生职务变更、离职、死亡的

（1）激励对象职务发生变更，但仍为公司的董事（独立董事除外）、监事、高级管理人员或员工，或者被公司委派到公司的子公司任职，则已获授的股票期权不做变更。但是激励对象因不能胜任工作岗位、考核不合格、失职等行为严重损害公司利益而导致的职务变

更，经公司董事会批准，可以取消激励对象尚未行权的股票期权。

（2）激励对象因过失、违纪或违法被终止雇佣关系时，不再成为本激励计划的合格参与人，所有尚未行权的有效期权均于事实发生时立即失效。

（3）激励对象主动提出解除雇佣关系，或公司提出终止雇佣关系时，所有已生效的期权应在×个月内行使完毕，尚未生效的期权立即失效。

（4）激励对象如因生病、受到伤害或伤残、退休、受到集团调任及不受公司或个人控制的调离等其他已经过董事会严格审查的情况时，所有已生效但尚未行使的期权可在事实发生之日起×个月内的任何时间内行使，未生效的期权立即失效。

（5）激励对象死亡，但公司在其死亡之前并未提出终止雇佣关系时，所有已生效但未行使的期权可由激励对象的法定继承人在激励对象死亡之日起×个月内行权；未生效的期权于死亡之日起立即失效。

十三、股票期权转让

转让方法、转让的数量限制、时间限制等，报经股票期权薪酬委员会决议后执行。

十四、附则

1. 本办法未尽事宜由股东大会、董事会核准后实施。
2. 本办法具体事宜由股票期权薪酬委员会负责解释。

| 相关说明 | |

第四节 合伙人制的设计

一、合伙人制的概念及特点

(一) 合伙人的概念

《中华人民共和国合伙企业法》规定,本法所称合伙企业,是指自然人、法人和其他组织依照本法在中国境内设立的普通合伙企业和有限合伙企业。普通合伙企业由普通合伙人组成,合伙人对合伙企业债务承担无限连带责任。本法对普通合伙人承担责任的形式有特别规定的,从其规定。有限合伙企业由普通合伙人和有限合伙人组成,普通合伙人对合伙企业债务承担无限连带责任,有限合伙人以其认缴的出资额为限对合伙企业债务承担责任。国有独资公司、国有企业、上市公司以及公益性的事业单位、社会团体不得成为普通合伙人。

以上是法律层面合伙企业中有关合伙人的相关内容。在法律层面上,我国实行合伙制的企业基本有三类:会计师事务所、律师事务所和咨询公司。

但本书中所说的合伙人制是企业管理层面的内容,是指借鉴法律合伙人制组织结构,由两个或两个以上合伙人,利用各自的市场资源、人脉资源、技术资源等,优势互补,成立合作伙伴关系,共同经营企业,共同承担企业经营风险,并分享企业利润的一种新兴企业管理制度。

(二) 合伙人制的特点

1. 一般情况下,由创始人团队选拔合伙人,合伙人决定董事会成员,董事会决定执行管理层,执行管理层进行日常管理。

2. 合伙人享有企业经营所得并对经营亏损共同承担责任;可以由所有合伙人共同参与经营,也可以由部分合伙人经营,其他合伙人仅出资并自负盈亏。

3. 合伙人的组成规模可大可小,即由两个或两个以上合伙人拥有企业并分享企业利润,合伙人就是企业主人或股东的组织形式。

4. 合伙人制中的合伙人无人数限制。

5. 合伙人制是一人一票,与所持股票份额无关。

二、合伙人制的形式

合伙人制主要有以下四种形式。

(一)创始合伙人制

创始合伙人制是指在企业初创阶段达成一致意见,以资金、技术、资源等方式入股的合伙人制。

此类合伙人制常用于咨询公司和轻资产类的企业,企业运营本身没有太大资金投入,其合伙的成员主要以人为主要竞争力,在合伙人都出钱的基础上合伙人自身都会按照专业技能和贡献值来作价入股成为企业创始合伙人(也称原始股东)。这样的合伙人制一方面可以让后加盟企业的核心人员拥有经营企业的主人翁意识,也可分享企业在业务经营收益方面的红利;另一方面还能激活组织战斗力,让业务发展和项目运作具有凝聚力。

(二)事业合伙人制

事业合伙人是高度认同组织价值观,承诺并力行组织目标与原则的人的群体。合伙人依据各方贡献的大小,包括资金的贡献、能力的贡献、智力的贡献、资源的贡献,形成合作股权的比例,赚取短期的投资收益价值和长期的资本价值。

企业的经营需要专业和技术人才、业务和营销人才、管理和运营人才、资本和金融人才四方面能力的人才齐聚,才能快速发展。因此,事业合伙人制就是将上述四类人才通过一种共担、共创、共享机制,形成企业内部的集聚,激发人才的活力,激发每一个人为自己奋斗的动能。

合伙人制是去中心化的思维,在本质上更注重打造企业家群体。此外，合伙人制也不等于资源整合，事业合伙人制实质上是在企业内部建立起企业家共同体，这群人有共同的理念、共同的价值观、共同的追求，能够为了一个共同的目标而奋斗。

（三）内部合伙人制

内部合伙人制是企业打造员工内部创业平台，解决企业内部纵向决策与横向分工弊端的一种内部创业合伙人形式。内部合伙人制有两种不同的形式。

1. 内部创业合伙人制

内部创业合伙人制是由员工或员工团队组建项目组，企业将项目决策权下放，由项目组独立决策，开展各项工作，并享受项目收益。在这种机制下，企业领导者成为辅助与支持角色。

内部创业合伙人制与创始合伙人制和事业合伙人制最大的不同是合伙人不需要出资缴纳"入伙费用"，即不需要出资认股。在利益分享上是企业与项目团队进行利润分成，多劳多得。

内部创业合伙人可以依据企业业务规划积极筹备、拓展相关业务，承担业务单元的目标。合伙人内部创业是基于在一个经营平台内，鼓励合伙人在独立的业务单元或者业务体系中进行创业的内部合伙人激励机制。这个机制的存在推动了企业内部人才的创业型成长。

2. 独立合伙人制

独立合伙人可持有分公司股权，负责区域范围内的经营业务。独立合伙人制指的是以个人身份与企业建立长期紧密合作关系，对双方合作的项目实行公司化的操作，双方对项目收入采取按比例分成的方式进行分配。内部创业合伙人有个人发展意向的，可以在与企业签订独立合伙人协议后，成为企业的独立合伙人，自负盈亏，直接对企业总经理负责，双方在工作中采取平等协商的机制。

独立合伙人是独自负责区域的业务，可以让区域与总部之间形成协调分散、相对统一的经营架构；同时，独立合伙人在区域范围内还能以出让股权的方式整合身边的其他社会资源，从而实现二级、三级合伙人的发展，整合资源共同经营企业，从而达到企业经营核心层全员合伙人的经营架构，实现万众一心，同心同德，共同发展。

在企业内部的合伙人制中项目组是独立核算的业务团队，随着进一步的发展，又出现了经合伙人会议批准可在自己股权范围内发展的二级、三级合伙人。二级、三级合伙人的发展模式在某种程度上让企业的经营模式变成全员合伙人制，每个人都在不同的股权架构下获得自己的合伙人等级收益。

（四）天使投资与股权众筹合伙人制

随着信息技术不断突破，合伙人制出现了天使投资与股权众筹的创新模式。天使投资与股权众筹合伙人制是投资方提供了企业创新发展所需要的主要资本，但是表决权让给了创始人和合伙人。合伙人可以是众筹构成的。天使投资与股权众筹合伙人制将是未来主流的创业模式。

三、合伙人制的设计步骤

合伙人制的具体设计包括四方面内容：合伙人选定、合伙人团队建设、合伙人股权配置、动态管理。

（一）合伙人选定

合伙人制给企业的发展带来了新的机遇，能够有效激励合伙人主动凝聚团队，此时选拔合伙人团队就显得至关重要了。合伙人团队的成立，原则上都是基于成员间相互认可彼此的事业理念，经过一定时间或者经过沟通确定大家相互匹配。

1. 合伙人资格要求

一般情况下，须满足以下四个条件才具有合伙人资格。

（1）必须在企业工作满一定的年限，一般是 5 年。

（2）合伙人必须持有企业股份，且有限售要求。

（3）由在任合伙人向合伙人委员会提名推荐，并由合伙人委员会审核同意。

（4）在一人一票的基础上，通过75%及以上的合伙人投票同意其加入。

此外，合伙人还要符合两个弹性标准：一是对企业发展有积极贡献；二是高度认可企业文化，愿意为企业使命、愿景和价值观竭尽全力。

2. 合伙人的权利

（1）合伙人具有提名权和任命权。

1）合伙人具有提名董事的权利。

2）合伙人提名的董事占董事会人数的一半以上，因任何原因董事会成员中由合伙人提名或任命的董事不足半数时，合伙人有权任命额外的董事以确保其半数以上董事控制权。

3）如果股东不同意选举合伙人提名的董事，合伙人可以任命新的临时董事，直至下一年度股东大会；下一年度股东大会上，临时董事享有并可行使原董事的选举权。

4）如果董事因任何原因离职，合伙人有权任命临时董事以填补空缺，直至下一年度股东大会。

（2）合伙人具有奖金分配权。

合伙人每年享有分配的奖金，并且该奖金属于税前列支项。

（二）合伙人团队建设

企业发展到一定规模后，需要将发展理念逐步制度化。

1. 合伙人的愿景管理

合伙人是因为对企业具有相同的发展理念而组合在一起的，企业通过股权或者利益将合伙人联系在一起。合伙人能组合在一起最重要的原因是他们对企业的发展愿景一致，正是这一点才将他们彼此凝聚起来。也就是说，企业要怎样发展、向哪里发展，合伙人将企业发展愿景清晰地表达并达成一致。

2. 建立合伙人议事规则

合伙人团队建设除了要规范日常沟通反馈外，还要有固定的方式进行正式沟通，包括定期举办会议或者座谈会等形式。这样既可以保证决策过程的严谨性和可接受性,也可以解决合伙人之间的不一致问题。议事规则需要注意以下三方面内容。

(1)召集。为了保障重大决策事项的内部管理机制,企业一般保留创始人召集合伙人的权利。

(2)提议。会议召开前,需要提议者提前在一定范围内公示提案,其中那些只涉及部分合伙人的内容需要经过有关人员的认可。

(3)表决。一般需要在三个方面进行明确:参会人员比例、赞成人员比例、书面留档。

(三)合伙人股权配置

合伙人的股权配置主要包括股权比例分配、股权价值和分红权配给三个方面。

1. 股权比例分配

一般情况下,由合伙人的能力决定配置的股权比例,而不是完全以出资额作为标准。合伙人团队决定了每位合伙人对企业的独特价值,而这种价值的依据就是人力资本价值,也就是合伙人能够为企业创造的价值。股权比例一般设置上限:单个合伙人一般不超过50%。

2. 股权价值

一定规模或上市的企业一般采用市场价值通用的方式评估。对于规模不大且非资本型的企业,要避免成本较高的价值评估方式。合伙人制中的价值评估与市场通行方式不同,不必像出于收购或者清算目的的价值评估那样需要核算精准,主要是梳理合伙人之间的关系,只需要保证相对公平,能够在合伙人之间形成共识即可。

3. 分红权配给

股权配给确定了企业的控制权分配,能够保障企业的发展沿着主要合伙人的意向发展。分红权本质是合伙人的激励设计,是一种对合伙人团队中管理经营责任的价值肯定。分红权设计较为灵活,一般有以下三种方式。

(1)同股同权,即分红权的比例与股权持有比例相同的收益权。

（2）分红权适度放大，即分红权对参与经营的合伙人适度增加。

（3）虚拟股设计。对于那些还没有分配权和决策权的后备合伙人，他们只享有分红权。此时，虚拟股可达到不稀释股权，同时激励后备合伙人的目标。

（四）动态管理

合伙人的动态管理是指合伙人的进入、退出以及激励与考核。

1. 合伙人进入

合伙人团队在建立后不是一成不变的。面对复杂的经营管理环境，企业需要持续引进新的合伙人来解决业务多元化问题并满足对人才的多样化需求，因此合伙人团队需要一定的开放性和流动性。

合伙人制的体系搭建完成后，确定新的合伙人需要考虑六个因素：定人（谁能成为新合伙人）、定种类（持有何种股）、定量（持有股权数）、定价（股权实现价值）、定方式（如何获得股权）、定来源（新增股权的来源）。

2. 合伙人退出

合伙人的退出机制必须在合伙人团队建立时就明确，可以直接表现为股权回购，需要明确回购主体和回购金额。回购主体一般优先创始合伙人，确保其对企业的把控。回购金额一般按照合伙人进入时的方式确定。

3. 合伙人激励与考核

合伙人制是一种对企业管理层权力结构的创新机制，制度设计本身包含了股权和分红权的确立分配。从整体来看，合伙人的激励机制主要有三种：基本年薪、绩效年薪和分红。

合伙人制作为企业的一种内部管理制度，企业在选择具体模式时应首先关注公司治理层面，同时注意将合伙人制与岗位体系、薪酬体系相结合，这样才能更好地解决传统公司治理结构下所有者与经营者"貌合神离"的问题，真正将"资本雇佣劳动"转变为"劳动雇佣资本"。

本章自测题

1. 简述股权与期权的概念，说出股权与期权的联系并比较两者的区别。
2. 请说明股权期权激励的作用。
3. 简述选择股权激励对象应考虑的因素。
4. 请列举几种常见的股权激励模式，并简要说明其主要内容。
5. 合伙人制的形式有哪些？
6. 简述合伙人制的设计步骤。

第八章 不同岗位的薪酬设计

 学习目标

➢ 了解不同岗位薪酬设计的影响因素
➢ 了解中高层管理人员、专业技术人员、销售人员、生产人员薪酬设计特点
➢ 掌握中高层管理人员、专业技术人员、销售人员、生产人员薪酬设计模式
➢ 运用中高层管理人员、专业技术人员、销售人员、生产人员薪酬设计方案

 引导案例

GL 集团是以 GL 科技制造有限公司（以下简称 GL 科技）为主体的集团公司。GL 科技成立于 1995 年，目前是中国市场上最大的家电产品生产销售厂商。集团现有员工 4 000 多人，在北京、上海、成都、广州、合肥、武汉等主要城市有十多个分公司，随着公司经营规模的不断扩大和人员需求的不断上升，对人力资源管理工作提出了更高的要求。

GL集团在创业初期对人力资源管理方面投入较少，原有的基础比较薄弱，多年以来一直没有形成全面、科学、高效的人力资源管理体系，特别是员工薪酬福利方面的问题，一直困扰着集团各个层级的管理者。创业初期，集团人员结构单一，数量较少，管理者可以口头判断人员工资水平。随着集团的发展、人员的激增，管理者口头判断的方式显然不能满足人力资源管理要求，同时这样的薪酬发放方式严重受限于管理者的个人偏好，在公平性、公正性、市场竞争性方面具有重大缺失。在综合分析后集团决定聘请MK公司对集团的薪酬体系进行整体规划设计。

MK公司的管理咨询顾问通过系统的分析，对GL集团现有的薪酬管理问题进行了诊断，整理出的主要问题有：

一是薪酬分配原则不明晰，缺乏内部公平性。不同岗位之间、不同个人之间的薪酬差别是凭感觉来确定的。

二是对外部，特别是同行业的薪酬水平知之甚少，根本无法准确地定位不同岗位的市场薪酬水平。对于哪个岗位需要加薪、加多少这类问题，管理者和员工都不清楚。

三是薪酬结构和福利项目混乱。基本工资、浮动工资、绩效奖金按照何种比例分配，如何有效地设立保险和福利项目，这些重要的基本问题都没有搞清楚。

四是在众多分公司之间缺乏统一的薪酬制度，导致各自为政的现象日益严重，急需建立统一的薪酬管理制度。

MK公司针对这些问题向GL集团提出了三种薪酬体系设计规划方案，但对此GL集团管理层都不太满意。

如果你是MK公司的高级管理咨询顾问，你将如何设计适合GL集团的薪酬方案？

第一节　不同岗位薪酬设计的影响因素

一、岗位因素

岗位是企业进行任务分配的直接途径，岗位工作任务的价值也就决定了该岗位薪酬水平的高低。各部门岗位的设置基于企业组织目标的逐步分解，岗位工作内容的重要性决定了岗位价值的高低，决定了该岗位能为企业带来的效益大小。为企业创造效益较大的岗位所对应的回报也要高一些，因而该岗位的薪酬水平也应该较高。

基于岗位的薪酬管理通常包括岗位固定工资和岗位浮动工资，具体内容如图 8-1 所示。

岗位固定工资	岗位浮动工资
固定工资一般由劳动力市场工资水平和企业自身的经济承受能力来决定。岗位固定工资取决于岗位价值，即岗位在岗位簇中的地位，岗位价值需要根据岗位说明书进行科学系统的评估，并以岗位职级的形式进行区分	浮动工资由企业自身的经营状况来决定。岗位浮动工资的基准也是根据岗位价值评估确定的职级而定的。这就在岗位管理与薪酬管理之间建立了密切的联系

图 8-1　岗位固定工资和岗位浮动工资的内容

二、工作任务因素

各岗位的工作任务是根据企业经营战略目标逐级分解下来的，这也是决定各岗位存在价值的关键部分。工作任务通常作为企业对岗位业绩考核的主要内容，业绩考核的结果直接影响着任职者的个人收益甚至是职业发展。

工作任务决定了该岗位任职者应该具备的业务技能、专业知识、道德素养等各种因素，进而也决定了任职者在劳动力市场上的价值水平。工作任务作为各岗位的核心要素，也是企业薪酬体系设计时要考虑的关键内容。工作任务的难易程度，直接决定了该岗位在企业内部的价值，进而也就决定了岗位的职级。

职级是企业内部薪酬水平确定的前提和基础，职级高对应的薪酬等级也高，该岗位的薪酬水平相应就比较高。

在劳动力市场上工作任务的稀缺性和相应技术水平的难易程度直接决定了该类人员在市场上的薪酬水平，人员供过于求时，薪酬水平相应较低，人员供不应求时，薪酬水平相应较高。

三、工作性质因素

根据不同的角度和标准，企业内部各岗位的工作性质也有不同，因而也决定了各岗位的薪酬体系存在一定的区别。不同工作性质的岗位与薪酬之间的关系大致分为以下四种。

（一）脑力劳动型和体力劳动型

脑力劳动型主要是要运用智力完成工作，如管理岗和办公室职能、后勤等相关岗位。企业中高层领导、后勤基层管理人员、教学人员、科研人员、财务人员等岗位人员从事的工作均为脑力工作，他们一般都是凭借专业技能或智力完成其岗位工作任务。

体力劳动型是以体力劳动为主，要运用身体来完成工作内容，如从事生产劳动和服务的工作。相应岗位的工作人员包括生产线上的装配工、技术工等。当然，有些工作是脑力劳动和体力劳动兼具型。

在薪酬体系设计时也要根据各岗位的工作性质进行有针对性的设计。体力劳动型的员工和脑力劳动型的员工均因其从事工作的技术难度不同和人才稀缺性不同，薪酬水平有所不同。

（二）领导型和非领导型

领导型主要是指在企业内有一定"官职"的人员，在其职责范围内具有管理、调配、处理、处置财产等职权或者组织、管理、协调、指挥、决策等权利。非领导型是指没有"官职"或不属于领导岗位上的工作人员，但其工作内容涉及对财产的管理、处理或处置，他们也被列入管理岗位行列，只是他们手下无兵。

这两类人员在工作性质上存在着很大的差别。通常情况下，领导型岗位的人员决定着企业的运营方向，把握着企业的生死大权，因而其担负的风险和责任相对较大，并且其工作基本属于不能马上见效或者有结果的行为，这些行为结果存在较强的滞后性；而非领导型岗位人员的工作内容或行为存在很强的时效性，即其行为结果能马上体现出来。

基于这两类人员的不同工作性质，企业在进行薪酬体系设计时也应该有一定的岗位倾向。领导型岗位的薪酬体系一般应体现出行为结果的长期性和滞后性，非领导型岗位则是侧重于短期行为。

（三）工作内容单一型和多样型

有些岗位无论是体力劳动还是脑力劳动，其工作内容非常单一，就一件事、一句话或者一个动作，反复操作，但并不是说工作内容单一工作量就小，如流水线工人、话务人员等。有些岗位可能工作量不大，但工作内容相当烦琐、多样化，比如办公室行政人员。因此，针对这两类岗位的薪酬体系设计也应该不同。

对于工作内容单一的岗位，薪酬体系设计时要侧重工作数量和工作质量的业绩考察；对于工作内容多样的岗位，薪酬体系设计时要侧重工作完成的效率、完成的结果和完成的数量，具体的要视企业各岗位的实际情况来定。

（四）常规型与挑战型

有些岗位的工作内容是几件事，常规性地、重复性地、按部就班地跟踪落实，企业内部有章可循，没有太多的突发问题或高难度的技术风险、任务风险等。有些岗位的工作内容则相反，工作人员经常需要面对不同的突发性问题，面对不同的新型挑战。对于挑战型岗位，没有明确的规章制度或工作规则，企业内部也无章可循，遇到问题时只能靠员工自己独立地从不同角度思考，动用各方资源进行策划解决。

针对这两类岗位进行薪酬体系设计时应注意，常规型岗位的薪酬体系应侧重考察岗位日常工作内容的完成情况，如实施月度绩效薪酬体系、季度绩效薪酬体系等薪酬方案。而对于挑战型岗位，薪酬体系应侧重考察新成果、新项目或突发问题解决情况，采用如固定薪酬加项目奖金或企业年度利润分红或企业股票、期权等方式。

四、工作时间因素

工作时间又称为法定工作时间，是指劳动者为履行工作义务，在法定限度内，在用人单位从事工作或者生产的时间。

工作时间的长度由国家相关法律具体规定，企业通过劳动合同形式遵守执行。不同的工作时间段及采用不同类型工作时间制的企业，劳动报酬支付标准也不同。劳动者或用人单位不遵守相关规定或约定的，要承担相应的法律责任。

（一）工作时间的特点

1. 工作时间是劳动者履行劳动义务的时间。劳动者必须为用人单位提供劳动合同约定的相应劳动，劳动者提供劳动的时间即为工作时间。劳动时间包括工作小时、工作日和工作周三种，其中工作日即在一昼夜内的工作时间，是工作时间的基本形式。

2. 工作时间不局限于实际工作时间。工作时间不仅包括实际作业的时间，还包括准备工作时间、工作结束收尾时后续时间以及法定非劳动消耗时间，以及依据法律、法规或单位行政安排离岗从事其他活动的时间。法定非劳动消耗时间是指劳动者自然中断的时间、工艺需中断时间、停工待活时间、女职工哺乳婴儿时间、出差时间等。

3. 工作时间是用人单位计发劳动者报酬的依据之一。劳动者按照劳动合同约定的时间提供劳动，即可获得相应的劳动报酬。加班加点的，另行计算加班加点工资。

4. 工作时间由国家规定，企业通过劳动合同约定形式遵照执行。

（二）工作时间的种类

工作时间分为标准工作时间、综合计算工作时间、不定时工作时间和计件工作时间。

1. 标准工作时间，是指国家法律规定的，在正常情况下一般劳动者从事工作或者劳动的时间。国家实行劳动者每日工作 8 小时、平均每周工作 40 小时的工时制度。

2. 综合计算工作时间，是指分别以周、月、季、年等为周期综合计算工作时间，但平均日工作时间和平均周工作时间应与法定标准工作时间基本相同。

3. 不定时工作时间，是指没有固定工作时间的限制。不定时工作制是针对因生产特点、工作性质特殊需要或职责范围的关系，需要连续上班或难以按时上下班，无法适用标准工作时间或需要机动作业的劳动者采用的一种工作时间制度。适用人员包括企业高级管理人员、外勤人员、推销人员、部分值班人员，以及从事交通运输的工作人员。

4. 计件工作时间，是指以劳动者完成一定劳动定额为标准的工作时间。对实行计件工作的劳动者，用人单位应根据国家有关规定合理地确立劳动定额和计件报酬标准。

实行不定时工作制和综合计算工时工作制的企业，应根据劳动法的有关规定，与工会和劳动者协商，履行审批手续，在保障劳动者身体健康并充分听取其意见的基础上，采用集中工作、集中休息、轮流调休、弹性工作时间等适当方式，确保劳动者休息、休假的权利和生产、工作任务的完成。

对于实行不定时工作制的劳动者，企业应根据标准工时制度合理确定劳动者的劳动定额或其他考核标准，以便安排劳动者休息。其工资由企业按照本单位的工资制度和工资分配办法，根据劳动者的实际工作时间和完成劳动定额情况计发。

(三)劳动者或用人单位不遵守工作时间的规定或约定,要承担相应的法律责任

1. 实施标准工时的劳动者每日工作 8 小时,平均每周工作 40 小时。实行计件工作的,劳动者每日工作 8 小时,平均每周工作 40 小时,企业合理确定其劳动定额和计件报酬标准。超过该标准的另行支出超出范围的薪酬。

2. 实行综合计算工时工作制的企业,在综合计算周期内,日(或周)实际工作时间可以超过 8 小时(或 40 小时),但综合计算周期内的实际总工作时间不应超过法定标准总工作时间,超过部分应视为延长工作时间并按劳动法规定另行支付工资报酬,法定休假日安排劳动者工作的按劳动法规定另行支付工资报酬。但延长工作时间小时数平均每月不得超过 36 小时。

3. 缩短工作时间是指法律规定的在特殊情况下劳动者的工作时间长度少于标准工作时间的工时制度,即每日工作少于 8 小时。缩短工作日的常见情况有以下三种:从事矿山井下、高温、有毒有害、特别繁重或过度紧张等作业的劳动者,从事夜班工作的劳动者,哺乳期内的女职工。

五、工作环境因素

工作环境对企业薪酬体系设计也有一定的影响,工作环境通常包括硬环境和软环境两种类型。硬环境是指工作场所的建筑设计、室内装修装饰、配套设备设施、室内光线、噪声、卫生状况等。软环境是指工作氛围、工作人员的素养、组织凝聚力等。

另外,根据不同的标准,环境也有自然环境、社会环境,以及室内环境和室外环境之分。不同的环境里只要有人员参与工作,那些能够影响人员心理、态度、行为以及工作效率的各种因素均可成为工作环境的一部分。

处于不同工作环境中的劳动者的薪酬体系及薪酬水平也有所不同。企业在进行薪酬体系设计时应有一定的侧重点,工作环境在室内的,环

境区别不会太大,工作环境存在较大区别的是室外工作者。在一些特殊行业,有些从业人员的工作环境存在着很大的危险性和危害性,如高山、矿井、道路、桥梁、窑洞、悬崖、高温、寒冷、潮湿、阴冷、噪声等环境,对于从事这类工作的人员,应该考虑行业的特点进行薪酬体系设计,通常情况下会采用基本工资加津贴或补贴的形式,且补贴或津贴的额度一般都会非常高。

六、工作强度因素

工作强度也是影响岗位薪酬体系设计的一个重要因素,它能在一定程度上决定岗位的薪酬水平。工作强度,也称劳动强度,表现为在一定时间内劳动者在创造物质产品或劳务中所消耗的劳动量。

工作强度是劳动的内含量,工作日的延长是劳动的外延量。随着生产力的提高、科学技术的进步和劳动者的经验积累,劳动的外延量可以转化为劳动的内含量,也就是随着科学技术的进步,工作日可以缩短,工作强度却要提高。

(一)衡量工作强度的指标

衡量工作强度的指标有以下几个,具体参见表8-1。

表 8-1　　　　　　　　　衡量工作强度的指标

指标	解释说明
体力工作强度	劳动者体力消耗的多少
工作利用率	它等于净劳动时间与工作日总时间之比
劳动姿势	劳动者的主要劳动姿势对身体疲劳的影响程度
劳动紧张程度	劳动者在劳动过程中生理器官的紧张程度
工作班制	如轮班作业制度

(二)影响工作强度的因素

影响工作强度的因素可分为外部因素和内部因素两大类。其中,外部因素详见表8-2。

表 8-2　　　　　　　　　影响工作强度的外部因素

因素	具体说明
劳动对象因素	劳动对象因素包括工作性质与工作量密度，其中： 1. 工作性质主要由生产系统的岗位或工种来决定，它与劳动能力的相容性决定着劳动者外部环境的优劣，决定着体力劳动者的动作力度、速度和技巧难度，决定着脑力劳动者所遵循的思维方法和逻辑处理程序等，因而在很大程度上决定着工作强度 2. 工作量密度的提高意味着劳动者原有的外部环境恶化了，从而提高了劳动强度。劳动者的体力输出功率可以近似反映出人体肌肉和神经的运动强度
劳动工具因素	劳动工具因素包括机器的操作力度、速度、技术难度、容错性能、宜人特性等。劳动工具的发展通常体现在劳动工具越来越适合于人的使用，意味着改善了劳动的外部环境，降低了工作强度
劳动环境因素	劳动环境因素是指劳动者在劳动过程中所处的外部环境，它分为劳动的自然环境和劳动的社会环境两个方面： 1. 劳动的自然环境包括气候条件、温湿度、噪声、照明以及空气中的氧、灰尘和有毒物质的含量等。对于同一劳动内容，劳动者在不同自然环境下将会产生不同生理、心理和精神效应，体现出不同的工作强度，在恶劣的自然环境下，工作强度较大；在宜人的自然环境下，工作强度较小 2. 劳动的社会环境包括人际关系、生产管理制度、工资待遇、思想潮流等。例如，当人际关系处于紧张状态时，劳动者在劳动过程中的心理和精神紧张程度就会增加，从而产生额外的工作强度。劳动条件优良本身就意味着工作强度低，劳动条件恶劣本身就意味着工作强度高

影响工作强度的内部因素可分为生理、心理和精神状态特征三个方面。此外，劳动时间（或作息率）和老弱病残可以被看作一种特殊的影响工作强度的内部因素，因为它综合体现了生理、心理和精神状态特征对工作强度的影响情况。

工作强度的大小受各种不同因素的影响，企业在进行薪酬体系设计时应综合考虑各种情况来衡量各岗位的工作强度大小，来考虑不同岗位的薪酬政策倾斜方向和倾斜力度。

七、工作风险因素

风险是某一特定危险情况发生的可能性与后果的组合。工作风险即工作岗位上存在的风险，是指由于岗位职责的特殊性导致的风险及存在思想道德、外部环境和制度机制等方面的实际风险。

工作风险可能造成在岗人员不正确履行行政职责或不作为，构成失职渎职、"以权谋私"等严重后果的风险，也可以指在从事岗位工作作业时由于工作环境原因或者自身操作技能失误而存在的风险。

因为每个岗位存在着不同程度、不同性质的工作风险，企业在进行薪酬体系设计时也必须考虑不同岗位的风险程度，并在薪酬政策方面给予一定的倾斜。比如，企业高层管理人员掌握着企业的经营大权，决定着企业的发展、生死等，并且高层管理人员的决策行为不能在短期内给予验证，这是关乎企业发展的长期的影响因子。考虑到这些风险的存在，企业通常对高层管理人员采取长期绩效薪酬机制。

第二节 中高层管理人员薪酬设计

一、中高层管理人员薪酬的特点

中高层管理人员作为企业重要的管理者和决策者，是企业坚实的中流砥柱，是企业的脊梁，对企业发展战略目标的实现起着关键性作用。

一般来说，中高层管理人员的薪酬体系通常有如下三个特点。

1. 薪酬组成以浮动部分为主，与企业的经营效益高度相关，中高层管理人员一般享有特别绩效奖金或目标实现奖金。

2. 个人利益与部门团体绩效、企业整体绩效密切相关，从而增强了中高层管理人员的责任感。

3. 坚持利益共享、风险共担的原则，让中高层管理人员和企业均有一定的安全保障。

二、中高层管理人员年薪制设计

中高层管理人员的重要性在企业管理中日益凸显，从薪酬体系方面来讲，很多企业目前对中高层管理人员采用年薪制结构设计。

年薪制是指以企业的一个经济核算年度为周期进行基本薪酬确定，并根据年终经营成果确定其效益收入的一种薪酬体系。

（一）年薪制的工资结构

年薪制工资结构一般包括固定工资和可变工资（或浮动工资）两部分。在实行年薪制的企业，中高层管理人员的利益与企业利益紧密相连，中高层管理人员的工资结构与员工工资制度相分离，与中高层管理人员的工作责任、决策风险、经济效益挂钩。年薪不计入企业人工成本总额，固定工资部分按管理费用核算，可变工资部分从企业的税后利润中提取。

企业年薪制工资的具体组成结构要视企业所处的经营发展阶段而定，基本结构遵循以下公式：

年薪收入 = 基本年薪 + 效益年薪

年薪收入 = 基本年薪 + 效益年薪 + 奖励年薪

年薪收入 = 基本年薪 + 效益年薪 + 长期激励 + 福利津贴

1. 基本年薪

基本年薪是按年度确定，按月度支付给管理人员的固定现金收入，是根据管理人员的经营知识、管理能力、经验和承担的岗位职责确定的。在确定基本年薪时，企业不仅要考虑劳动力市场的工资水平，还要考虑自身的经济承受能力。常用的确定方法有以下两种。

（1）根据劳动力市场确定，参考本行业该岗位的平均薪酬水平，通常采用协商工资制来确定基本年薪。

（2）按照本企业员工的基本薪酬比例来设计。计算公式如下：

基本年薪 = 本企业员工基本薪酬 × 调整系数

调整系数 = 责任系数 + 企业规模系数 + 企业类型系数

由于基本年薪一般不与管理者的成果相关，因此这部分薪酬不宜过高，这样企业可以避免一定的经营风险。

2. 效益年薪

效益年薪是依据年度经营业绩，按事先约定的计算办法进行核算，随企业经营效益的好坏而变动。常见的计算公式如下：

效益年薪 = 基本薪酬 × 倍数 × 考核指标完成系数
效益年薪 = 超额利润 × 比例系数 × 考核指标完成系数

采用这两个公式计算均需要结合绩效考核指标的完成情况，这也给管理者的日常经营管理提出了更高的要求。

（二）年薪制的模式设计方法

中高层管理人员年薪制的模式通常有五种形式。

1. 准公务员型模式

准公务员型模式适用于大型国企，以及对国民经济有重大影响的集团企业、控股企业。薪酬额度视企业经营状况和管理者的职位而定，通常基本薪酬是普通员工平均薪酬水平的 2~4 倍，养老金是普通员工平均养老金水平的 4 倍。考核指标根据政策执行和工作任务完成情况而定。

该模式的激励力量来源于职位升迁，退休后的养老金计划排除了管理者的短期行为。

该模式的结构是：基本薪酬 + 津贴 + 养老金计划。

2. 一揽子型模式

一揽子型模式适用于有特殊问题急需解决的企业，如面临经营问题，希望扭亏为盈，将薪酬水平与年度经营目标相关联，企业在年度经营目标实现的前提下兑现管理人员的薪酬，薪酬金额一般较高。主要考核指标依据企业经营状况确定，考核指标准确、具体，如利润率、销售收入等清晰的定量指标。

该模式的激励作用具有招标承包式的激励效果，但易引发管理人员的短期行为。激励作用发挥的关键是绩效考核指标制定的科学性、真实性和准确性。

该模式的结构是：单一固定的年薪。

3. 非持股多元化模式

非持股多元化模式适用于追求利益最大化的非股份制企业。薪酬额度取决于经营难度和责任，一般为普通员工平均薪酬水平的 2~4 倍；风险收入根据经营业绩来确定，一般没有封顶。非持股多元化模式的绩效考核指标要注意以下两方面的影响。

（1）确定基本薪酬时要参考企业的资产规模、销售收入、员工人数等指标。

（2）确定风险收入时要考虑净资产增长率、利润增长率、销售收入增长率、上缴税利增长率、员工薪酬增长率等指标，还要参考行业的平均效益水平和经营者的业绩来考核。

该模式的风险收入不封顶，在考核指标科学、合理、准确确定的情况下更具激励作用，但不足之处是缺乏长期激励机制。

该模式的结构是：基本薪酬 + 津贴 + 风险收入（效益收入和奖金）+ 养老金计划。

4. 持股多元化模式

持股多元化模式适用于股份制企业，尤其是上市企业。

（1）基本薪酬取决于经营难度和责任，一般为普通员工平均薪酬水平的 2~4 倍。

（2）含股权、股票期权等形式的风险收入取决于管理人员的经营业绩、企业的市场价值，风险收入无法以员工平均薪酬为参照物，但企业市场价值的大幅上升会使管理人员得到巨额收益。

持股多元化模式的绩效考核指标要注意以下两方面的影响。

（1）确定基本薪酬时要参考企业的资产规模、销售收入、员工人数等指标。

（2）确定风险收入时要考虑净资产增长率、利润增长率、销售收入增长率、上缴税利增长率、员工薪酬增长率等指标，还要参考行业的平均效益水平和经营者的业绩来考核。

该模式的结构是：基本薪酬 + 津贴 + 含股权、股票期权等形式的风险收入 + 养老金计划。

5. 分配权型模式

分配权型模式的基本薪酬取决于经营难度和责任，一般为普通员工平均薪酬水平的 2~4 倍；风险收入则以"分配权""分配权期权"的形式出现，取决于企业利润的情况。

分配权型模式的绩效考核指标要注意以下两方面的影响。

（1）确定基本薪酬时要参考企业的资产规模、销售收入、员工人数等指标。

（2）确定风险收入时要考虑按净资产增长率等企业业绩指标来考核。

该模式的结构是：基本薪酬＋津贴＋以"分配权""分配权期权"形式出现的风险收入＋养老金计划。

三、中高层管理人员股票期权设计

（一）实施期权激励计划的股票来源

期权激励计划的股票主要来源于企业自行发行的和通过留存股票账户回购的股票。

留存股票是指企业将自己已发行的股票从市场买回，该股票不再由股东持有，其性质为已发行但不再在外流通。企业将该股票放入留存股票账户，根据股票期权激励方式的需要，在未来某个时间再次出售。

（二）股票期权激励计划的管理

企业董事会来管理股票期权；薪酬委员会确定股票期权的赠予数量、等待时间表，并在出现突发性事件时对股票期权激励计划进行解释以及重新作出安排。重要内容需要形成提案，经股东大会批准。

（三）股票期权的授予（即确定受益人）

受益人的范围由股东大会决定，董事会有权在其有效期内任一时间向其选择的受益人授予期权。

（四）股票期权的行权价确定

该环节是整个方案的关键环节。行权价的确定一般有现值有利法、现值不利法、现值等利法三种方式。

1. 现值有利法。行权价低于现值（即当前股价），相当于向期权持有者提供了优惠，股东权益被稀释，因此股东不愿意接受。

2. 现值不利法。行权价高于现值，一般适用于企业股价看涨的时候，并且它提高了获利难度。

3. 现值等利法。行权价等于现值。

（五）股票期权行使期限

受益人只有在规定时间内可以行使股票期权所赋予的权利。其有效时间不固定，一般不超过 10 年，强制持有期限为 3~5 年。通常情况下，股票期权在授予后需要等待一段时间才能执行，企业在授权时并没有授予行权价的所有权利。

（六）股票期权的授予时机和数量

1. 授予时机。在员工受聘、升职或业绩评定时授予其股票期权。

2. 授予数量。它反映了企业绩效激励强度，需考虑受益人所在岗位、工作绩效、薪酬水平、工龄等。授予数量的确定方法一般有如下三种。

（1）利用布莱克-舒尔茨（Black-Scholes）模型，根据期权的价值推算出期权授予数量。

（2）根据要达到的目标决定期权授予数量。这种方法的优点在于，可以决定准确的回报；缺点是当前的回报不明确，且需要为未来所有可能的价格制订详细的回报计划。

（3）利用经验公式，并通过计算期权价值倒算出期权授予数量，具体公式如下：

期权授予数量 = 期权薪酬的价值 /（期权的行权价 × 5 年平均利润增长率）

（七）股票期权的执行方法

常用的执行方法有现金行权、无现金行权、无现金行权并出售三种。

1. 现金行权。受益人以现金向企业指定的证券商支付行权费及相关税金和费用，由证券商以行权价为行权人购买企业股票。

2. 无现金行权。受益人不需要以现金或支票支付行权费用，证券商以出售部分股票获得的收益来支付行权费用，并将余下的股票存入受益人个人的蓝图账户（blueprint account，是个人在指定的证券商开设的经纪人账户，用以支付行权费用、税金、佣金和其他费用）。

3. 无现金行权并出售。受益人决定对部分或全部可行权的股票期权行权并立刻出售股票，以获得行权价与市场价的差价带来的利润。

第三节　专业技术人员薪酬设计

一、专业技术人员薪酬的特点

吸引和留住拥有智力资本的专业技术人员是企业培育核心竞争力、获取竞争优势的关键环节，而薪酬管理作为一种吸引和留住专业技术人员的重要手段，也日益受到企业管理者的广泛关注。

专业技术人员一般是指企业中具有专门知识或专业技术职称，并在相关领域从事产品研发、市场研究、财务分析、法律咨询等工作的专门人员，包括工程师、技师、会计师、律师等。

专业技术人员的工作具有较高的创造性和自主性，工作业绩不易被衡量，管理难度相对较大。因此，专业技术人员的薪酬应具备以下三大特点。

1. 核心技术决定薪酬水平

确定专业技术人员的薪酬水平不仅要结合其岗位在企业内部的价值水平，还要结合市场上该类人员的供求状况。只有确定了有竞争力的薪酬水平，企业才能有效预防专业技术人员的流失。

2. 长期激励与短期激励相结合，重视员工的长期发展

专业技术人员的工作结果对企业的影响具有一定的滞后性，甚至没有影响。企业对专业技术人员的考核不能只看短期内其给企业带来的价值。专业技术人员一旦创造出价值，可能会对企业产生很长时间的影响。因此，企业对专业技术人员的激励也应该实施长期的捆绑式激励政策，以使专业技术人员与企业利益共享，协同发展。股票期权政策是常见的长期激励政策。

3. 个性化的工作性质决定了个性化的薪酬结构

企业内部处于不同层级的人员需求是不一样的，专业技术人员适合稳定性较高的薪酬结构，这能使其潜心于研发工作。企业要力争使专业技术人员的薪酬水平不低于市场薪酬水平，这样才能对其有一定的吸引力。另外，要提高专业技术人员的其他福利，以满足不同专业技术人员的不同需要，增加其对企业的认同感和归属感。

二、专业技术人员薪酬的设计模式

（一）专业技能取向型薪酬模式

专业技能取向型薪酬模式，是指根据专业技术人员的专业技术职务设计薪酬，而专业技术人员的专业技术职务提升与其专业技能成长紧密相关。这种薪酬体系的优点主要表现在两个方面：一是把员工薪酬提升与员工专业技能提升结合起来，使员工在提升自己专业技能的同时，其薪酬也不断得到提升，这有力地调动了员工学习和提升专业技能的积极性。二是把员工薪酬提升与员工职业发展结合起来，拓宽了员工的职业晋升渠道，有利于员工的职业发展，这提高了企业的职业管理水平。

根据专业技术人员技能成长规律，为专业技术人员的职业生涯设计了两条不同的路径，一条以管理职务提升为主线，另一条以专业技术职务提升为主线（具体见图8-2）。

与此相配套，薪酬设计也并行设计管理职务和专业技术职务两条通道（进行具体设计时，专业技术通道可以比管理职务通道低半个等级或者采用其他标准，企业可根据自身的实际情况灵活设定），由此构建了职位等级薪酬与专业技术职务薪酬并行的薪酬体系。设计这两个薪酬体系时应注意以下三个方面。

1. 职位等级薪酬设计

在设计职位等级薪酬时，企业既要综合考虑各级管理职位工作的责任、难度、重要程度等因素，又要考虑专业技术人员的任职资格，并在

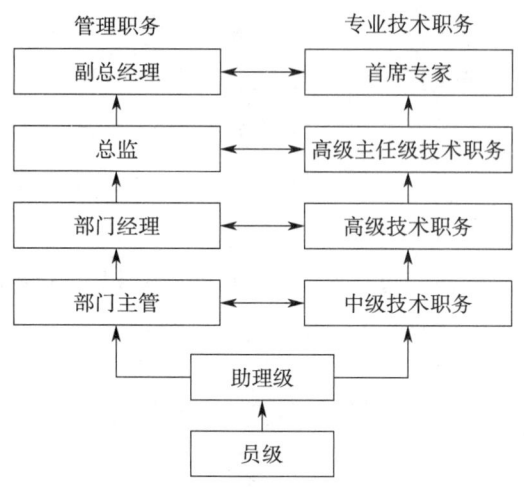

图 8-2　双通道职业发展模式

此基础上建立职位等级薪酬制度。专业技术人员根据其所对应的管理职位等级享受相应等级的薪酬。

2. 专业技术职务薪酬设计

专业技术职务薪酬设计是针对专业技术人员的专业技能发展变化的特点，以企业内部设立的专业技术职务为对象建立起来的薪酬体系，并随着专业技术人员技能水平的提高而提高专业技术职务薪酬等级。

3. 专业技术职务薪酬与职位等级薪酬的衔接

专业技术职务薪酬与职位等级薪酬的对接包括四方面内容。

（1）每一个专业技术职务都有相应的职位等级与之相对应，相应职位等级的薪酬就是该专业技术职务的薪酬。员工的专业技术职务不变，其薪酬等级也不变。

（2）专业技术人员从一个专业技术职务晋升到上一级专业技术职务，其薪酬等级随之提升。

（3）专业技术职务薪酬与职位等级薪酬横向调整，指专业技术人员调任与之平行的管理职位，专业技术职务薪酬变更为职位等级薪酬，职位等级不变。

（4）专业技术职务薪酬晋升职位等级薪酬，指专业技术人员晋升至较高职等的管理职位，其专业技术职务薪酬变更为职位等级薪酬，并相应调高职位等级。

（二）职位价值取向型薪酬模式

职位价值取向型薪酬模式，就是企业将体现专业技术人员的技能和业绩因素价值化，员工按其所拥有的技能和业绩因素的多少或者等级确定其组合薪酬待遇。

职位价值取向型薪酬模式实质上是一种结构薪酬体系，只不过在这种薪酬体系设计中，在考虑付酬因素时，针对专业技术人员的特点，企业强化了技能因素和业绩因素在薪酬结构构建中的作用，并将这些因素直接量化为员工的薪酬，增加了薪酬的透明度。

同时，实施职位价值取向型薪酬模式需要建立一套科学合理的技能和业绩指标体系。具体而言，需重点解决好企业应该选取哪些技能和业绩指标作为专业技术人员的付酬因素，所选取的付酬因素和指标之间的权重比例如何确定，如何确定各付酬因素和指标的经济价值。

1. 付酬因素的确定

根据岗位评估五要素（劳动责任、劳动技能、劳动强度、劳动环境和劳动心理），并结合专业技术人员的工作特性设计合适的付酬因素。确定付酬因素的具体步骤如下：

（1）分析企业情况。产品批量小、品种多，市场需求变化快，就要求企业反应迅速。

（2）选定付酬因素。针对目前企业的状况，确定企业的价值取向是引导员工学知识、学技能、关注岗位和产出，因此技术岗位就将知识、技能、岗位责任和解决实际问题的能力作为关键付酬因素。

（3）付酬因素细分。以"知识要素"为例，企业将知识价值细化为学历价值、职称价值、科技成果价值和评优价值四项要素。

2. 薪酬水平的确定

在确定专业技术人员薪酬水平时，既要考虑企业所在地区同类型人才的薪酬水平，又要考虑企业的成本。这样才能确保制定的薪酬标准具有吸引力，且不会给企业的成本带来太大的压力。

（三）薪酬激励分配模式

建立科学合理的薪酬激励分配模式，发挥薪酬的最佳激励效果，以求能吸引和留住人才，从而造就一支高效、稳定的专业技术人才队伍，进而提升企业的竞争力，这是人力资源管理的一项非常重要的工作。

1. 项目工资制

项目工资制使专业技术人员的薪酬收入与项目完成情况挂钩，可操作性强，能客观反映项目参与人员的工作业绩和收入情况，实现收益与风险共担，有利于参与项目的专业技术人员专心进行研究，调动了专业技术人员进行科研项目研究的积极性。

项目工资制主要适用于参与科研项目研究的专业技术人员。

（1）项目工资制的构成。

结构一：项目工资制主要由保障工资、项目考核工资两部分组成。保障工资是项目工资制的基本组成部分，主要用于保障项目参与人员的基本生活，不参与项目考核。

结构二：项目工资制主要由基本工资、项目奖金两部分组成。其中，基本工资依据岗位设定。例如，将研发部员工依据岗位设定工资，每个岗位的工资分高、中、初三级。新人定为初级，外聘特殊人才起薪可以定为高级。此外，项目奖金依据企业所接项目的大小、开发周期、难易程度、经济效益等来确定。

（2）项目工资制的实施。采用项目工资制的分配模式时，企业应建立严格的项目考核办法，根据项目进展情况、产生的经济效益、成果转化情况对项目结果进行评价，严考核，硬兑现，既要确保项目成果的转化，又要使专业技术人员的努力得到回报，激励专业技术人员更好地工作。

在具体应用方面，设计院或者工程类企业在项目工资制设计中一般采用如下三种方法。

1）不同专业的员工在基本工资方面通常采用同一个标准，主要区别是在项目奖金设置方面。不同专业的员工在同一个项目中所获奖金根据专业不同会有所区别。

2）采用项目工时制。基本工资也采用同一标准。项目奖金的分配按照企业针对每个任务所确定的工时来核定。例如，某设计项目，规定需要 60 个工时，每个工时给设计人员 20 元，一个项目结束后按照所出的图纸对应的工时量，核定最终的项目奖金。这种方法需要企业在工时的核定方面有较为成熟的经验。如果企业没有工时积累的经验，也可以采用业内较为成熟的工时数据。前例中在项目奖金确定后，确定一些专业设计人员总的项目工时在所有设计人员工时中的比重，从而得出项目奖金。

3）针对不同专业的员工，经过岗位评价后确定不同的基本工资标准，在每个项目结束后，按照不同的基本工资标准确定不同的奖金系数。确定好系数为 1 的项目奖金，每个专业技术人员的项目奖金按照其各自的系数乘以此奖金，即为该岗位人员应获得的项目奖金。

在项目工资制的实施过程中，关键是要随时关注项目的进展情况、项目的考核、项目奖金的兑现三项工作。

2. 协商工资制

为了吸引人才，针对新产品开发、技术课题攻关、项目承包等科研活动的专业技术人员或企业短缺的专业人才，其薪酬分配可采用协商工资制模式。

协商工资制是指引进的专业技术人员与单位依法就工资分配制度、形式、收入水平等事项进行平等协商，并在协商一致的基础上签订工资协议的一种薪酬分配模式。协商工资制由基本工资和浮动部分组成。

实施协商工资制首先要签订协商工资协议。企业和引进的专业技术人员按照平等自愿的原则，签订协商工资协议，从而明确工作期间双方的责任和工资待遇等内容。其次要制定考核标准。企业需制定考核兑现办法，其中需明确考核时间和考核标准，并将考核结果与支付协商工资挂钩。

此外，协商工资制实施时，要认真考察引进的专业技术人员的水平与工作能力，准确把握协商工资的标准。工资标准可参照劳动力市场工资价位和单位员工的收入水平合理确定。

3. 提成工资制

提成工资制是对专业技术人员的技术创新项目、专利技术等科研成果转化为生产力的，根据产生的经济效益确定一定的提成比例，这是一种技术要素参与分配的模式。提成工资的发放可采取一次性奖励、技术转让收益比例奖励、利润提成比例奖励、科研成果作价入股获得股权收益等形式。

提成工资制有助于调动专业技术人员科研攻关的主动性，在具体实施时应注意两个问题。

一是确定恰当的提成方式。科研项目或专利技术在生产中应用后，要根据应用效果，综合考虑各方面的因素，选定恰当的提成方式。

二是确定合理的提成比例。根据实际情况确定是采取固定提成方式，还是采取分期分段提成方式。

4. 技术承包工资制

技术承包工资制是指通过一定的承包协议，将企业某些生产点技术管理工作指定由专业技术人员个人或小组负责，依据工作成果考核兑现工资的一种分配模式。技术承包工资制主要适用于从事生产现场技术管理工作的专业技术人员。

实施技术承包工资制时，双方签订的承包协议内容要全面、清楚，并且企业要注意对专业技术人员日常工作过程进行监督。

综上所述，不管采取什么样的薪酬设计模式，要想充分发挥薪酬对专业技术人员的激励作用，企业就要做好以下四方面工作。

（1）营造"尊重科技、尊重人才"的良好的企业文化氛围。

（2）将专业技术人员的职业管理与薪酬管理有机结合起来。企业要通过加强职业管理，将专业技术人员的职业目标与组织的战略目标有机统一，并通过制定相应的薪酬策略促进专业技术人员职业目标的实现，促进员工与企业共同成长。

（3）完善专业技术人员的福利体系。由于专业技术人员工作的特殊性，企业在福利支付方式上要着重强调个性化，给予员工选择福利的自由。

（4）将专业技术人员纳入企业长期激励体系。在产权清晰、公司治理结构建立健全的情况下，可以通过设计和实施适当的股票期权激励计划，将专业技术人员纳入企业的长期激励体系，以达到留住核心员工的目的。

此外，要充分发挥薪酬的激励作用，除了建立科学合理的薪酬分配模式外，还需制定完善的配套措施。

（1）加强绩效管理工作。建立动态的岗位分析、评价制度，明确专业技术人员的岗位职责与任职要求，在此基础上对专业技术人员进行严格的绩效考核，以考核结果作为薪酬分配的依据，充分发挥薪酬的激励功能。

（2）扩大软性福利范围。企业可根据自身实际情况，实施弹性福利计划，将涉及专业技术人员的住房、医疗健康、子女教育、外派进修等非工资性收入的福利项目"打包"，由其根据个人需要选择福利项目。

（3）建立畅通的薪酬沟通渠道。设立专门的薪酬沟通机制，安排薪酬沟通负责人员，通过各种会议、薪酬管理手册、文件及媒介实现沟通渠道的畅通。

（4）完善职业生涯规划设计。企业要对专业技术人员的职业生涯作出科学合理的规划，保证专业技术人员的职业发展与企业的未来发展是一致的，预防企业人才的流失。

三、专业技术人员薪酬的设计方案

以项目工资制为例，讨论参与项目研究开发的专业技术人员的薪酬设计方案。

（一）薪酬激励的形式

在项目工资制中，除支付基本工资或保障工资之外，专业技术人员薪酬设计方案应紧紧围绕薪酬激励，主要是通过项目奖金来实现，项目奖金与项目业绩和项目团队绩效挂钩，对应的奖励主要有项目提成和项目即时奖励两种形式，具体内容见表8-3。

表 8-3　　　　　　专业技术人员薪酬激励形式的具体说明

激励形式	具体说明	示例
项目提成	它是项目奖金的一种主要的形式，根据项目业绩按一定比例计提，是给项目团队整体的奖金，需要在团队内部进行再分配	项目提成可根据团队成员的贡献程度不同提出分配计划，经批准后再分配，或者根据团队成员的绩效考核结果设置分配比例
项目即时奖励	它是为项目团队完成短期绩效目标而支付的一次性奖金	如项目研发成果奖、优秀研发团队奖、项目突出贡献奖等
	它是给项目团队的短期福利	如过节费、防暑降温物品、集体娱乐休闲的活动等

（二）薪酬激励实施的步骤

专业技术人员薪酬激励除了物质激励之外，还应适时适度地加入精神激励措施，注重沟通和反馈，保证薪酬激励机制的有效实现。专业技术人员精神激励的实施可以申请企业相关管理层的协助，如请人力资源经理一起进行绩效面谈，为专业技术人员规划职业发展等。

企业向专业技术人员实施物质激励一般有以下五个步骤。

1. 申请专业技术人员奖励

由团队负责人根据专业技术人员激励方案，提出团队奖励申请。

2. 审核专业技术人员奖励

有关部门（如人力资源部、财务部等）根据专业技术人员奖励标准，对奖励申请进行审核。

3. 审批奖励发放

一般由企业总经理对专业技术人员奖励发放进行审批。

4. 分配专业技术人员奖励

团队负责人制定专业技术人员奖励分配方案，经批准后，将奖励在专业技术人员内部进行分配。

5. 专业技术人员奖励兑现

专业技术人员奖励发放至团队成员手中，专业技术人员物质激励实现。

（三）薪酬激励方案设计

以下是某企业专业研发部门薪酬体系设计方案中关于薪酬激励的设计方案，供读者阅读思考。

研发项目组薪酬体系设计

某研发项目组是一家科技企业专门负责通信产品研发的业务组，该研发项目组目前有10人，有1名项目组长。

一、研发项目组存在的薪酬问题

1. 项目组组长与项目组成员工资相差不大，引发薪酬在项目组内部的不公平。

2. 项目组整体积极性不高，这与其薪酬和企业利润没有挂钩有一定关系，其薪酬缺乏激励性。

3. 项目组整体积极性不高，这与人员薪酬固定有一定关系，其薪酬缺乏激励性。

二、研发项目组的薪酬设计思路

1. 构建一个系统的薪酬体系，使薪酬对内具有公平性且具有激励性。

2. 薪酬体系设计增加激励性因素，从员工持股股份、项目奖金两项入手。

3. 设置合理的薪酬要素权重，使项目组组长和成员的岗位价值得以合理体现。

三、研发项目组的薪酬设计内容

1. 薪酬构成内容

为了激发研发项目组成员的工作积极性，研发项目组成员的薪酬构成设计为：薪酬总额＝基本工资＋奖金＋企业股份＋福利。

2. 薪酬构成权重

基于对研发项目组组长和项目组成员的工作职责、工作内容、岗位价值等因素的考虑，在薪酬构成权重上的设置详见表1。

表1　　　　　　　　研发项目组薪酬构成权重　　　　　　　　（%）

薪酬内容	基本工资	奖金	企业股份	福利
项目组组长	50	30	10	10
项目组成员	60	25	5	10

（1）基本工资

基本工资是研发人员基本生活的保障，也是确保项目组成员在岗位上稳定工作的基础。研发项目组成员的基本工资按月发放，其具体发放标准见《岗位工资发放办法》。

（2）奖金

奖金项目设置的目的主要是为了增强项目组成员的工作积极性，本着多劳多得的原则而设定的。奖金主要包括两部分：一部分是项目数量奖，即每完成一个项目发放一定数量的奖金；另一部分是项目质量奖、项目提前完成奖、优秀项目奖、科研成果奖等，具体参见表2。

表2　　　　　　　　研发项目组成员奖金标准

奖金类别		小项目	一般项目	大项目	重大项目
项目数量奖		项目组组长____元 项目组成员____元	项目组组长____元 项目组成员____元	项目组组长____元 项目组成员____元	项目组组长____元 项目组成员____元
项目质量奖		优秀项目奖	项目提前完成奖	星级项目奖	项目突出贡献奖
		项目组组长____元 项目组成员____元	项目组组长____元 项目组成员____元	项目组组长____元 项目组成员____元	项目组组长____元 项目组成员____元

续表

奖金类别	小项目	一般项目	大项目	重大项目
科研成果奖	研发团队为企业研发的项目取得显著成效的，企业对其进行奖励，奖励标准如下： 奖金总额＝科研成果价值×＿＿％ 其中，个人奖金＝团队奖金×个人贡献度。个人贡献度根据考核结果得出			

（3）企业股份

为了增强研发人员的工作积极性，使其与企业共同发展，特对表现优异的研发人员实行员工持股激励管理，具体内容见《员工持股激励管理办法》。

（4）福利

研发项目组成员的福利主要涉及各类补贴，如加班补贴、节假日福利及弹性福利项目中的部分福利，具体内容见《员工福利管理办法》。

第四节　销售人员薪酬设计

一、销售人员薪酬的特点

与企业其他人员相比较，企业销售人员的工作具有独特的特点，因此对销售人员的管理也需要有独到的方法。

销售人员的薪酬管理是人力资源管理工作中的重中之重。做好销售人员的薪酬管理，首先要有明确清晰的企业薪酬战略、目标指向。只有搭建起合理的薪酬体系，才能通过薪酬管理实现对销售人员的科学管理。

在设计销售人员的薪酬体系时，企业应全面了解销售人员的工作特点，有针对性地进行薪酬体系设计，才能实现薪酬体系的有效性。

销售人员的工作特点通常表现为：工作时间和工作方式的灵活性强，监督难，工作业绩可以清楚衡量，工作风险性较大。

目前，企业对于销售人员的薪酬多采用提成制、佣金制或效益奖金的形式，旨在增大浮动部分的比例，降低或者取消了薪酬固定部分，使销售人员的收入与其业绩行为结果紧密相连，从而强化企业对销售人员行为控制的灵活性，大大降低了企业的经营风险。

二、销售人员薪酬的设计原则

销售团队围绕目标客户开展销售工作，是实现销售目标的主体。建立完整有效的销售团队薪酬激励体系能促进销售目标的实现和企业业绩的提高。销售团队薪酬激励方案的设计原则主要包括以下五项。

1. 公平性原则

外部公平性：依据销售团队对部门和企业的贡献，让销售团队能在企业中得到相应的回报。

内部公平性：通过销售团队成员对团队的贡献，使团队成员的个人贡献都能得到认可和回报。

2. 经济性原则

销售团队薪酬激励方案要有利于销售成本节约，同时促进团队绩效和工作效率的提高。

3. 时效性原则

根据业务周期的安排，企业市场经理应及时给予优秀销售团队相应的激励。

4. 物质激励与精神激励相结合

物质激励和精神激励是可以分别满足销售团队对货币和非货币需求的两种激励措施，两者有效结合才能实现对销售团队的最佳激励。

5. 激励与约束一致性原则

激励机制是通过一系列激励措施使销售团队充分发挥才能，为实现销售目标而努力。约束制度是通过约束甚至惩罚来规范销售团队行为，迫使其努力实现销售目标。需双管齐下才能达到更好的效果。

三、销售人员薪酬的设计模式

（一）薪酬模式内容

基于销售人员的工作特点，在我国企业中销售人员的薪酬模式主要包括以下六种。

1. 纯佣金制

纯佣金制是按销售额的一定比例进行提成，作为销售报酬。此外，销售人员没有任何固定工资，其收入是完全变动式的。

2. 固定工资制

固定工资制是对销售人员实行固定的工资制度，而不管当期销售指标完成与否。

3. 基本工资加佣金制

基本工资加佣金制是指将销售人员的收入分为固定工资和销售提成两部分。销售人员有一定的销售定额，当月不管是否完成销售指标，都可得到固定工资，即底薪。如果销售人员当期完成的销售额超过设定指标，则超过部分可按比例提成（即销售提成）。

4. 基本工资加奖金制

这种薪酬模式与前一种有些类似，但两者仍存在一定的区别。这种区别主要体现在，销售提成直接由绩效表现决定，而奖金和业绩之间的关系却是间接的。通常只有销售人员的业绩超过了某一销售额，他才能获得一定数量的奖金。

5. 基本工资加佣金加奖金制

这种薪酬模式的特殊性在于，它将佣金制和奖金制结合，使销售人员的薪酬中包含底薪、佣金和奖金三种成分。

6. 特别奖励制

特别奖励制是指规定报酬之外的奖励，包括精神奖励和物质奖励。精神奖励包括荣誉、奖状等。物质奖励包括加工资、发奖金及其他福利等。

（二）薪酬模式比较

下面对上述六种销售人员薪酬模式的优缺点进行比较，详见表8-4。

表8-4　　　　　　　　销售人员薪酬模式的优缺点

销售人员薪酬模式	优点	缺点
纯佣金制	有较强的激励作用，易于控制销售成本	不适合销售波动情况，销售收入没有保障
固定工资制	易于了解，计算简单，销售人员收入有一定的保障，增强了员工的安全感	不利于激励员工
基本工资加佣金制	销售人员既有固定工资保障，又有与业绩相关的提成，该薪酬模式对销售人员产生了激励作用	销售提成少时激励作用不大
基本工资加奖金制	销售人员的资金能极大地激发销售人员的积极性	销售人员的奖金较模糊，激励作用减弱
基本工资加佣金加奖金制	收入稳定，能有效控制销售成本	提高了管理费用
特别奖励制	有较强的激励作用	奖金的标准或基础不够可靠，容易引起销售人员之间的攀比心理，从而增加管理的难度

（三）薪酬激励设计

企业设计的销售人员薪酬激励方案主要包括以下四方面内容。

1. 激励时间

（1）薪酬激励通常按照销售周期进行，精神激励则是伴随销售过程始终。

（2）大型、长期的业务也可按照销售流程的阶段或关键节点对销售团队进行激励。

2. 激励措施

（1）薪酬激励措施的选择要符合企业不同阶段的特征和要求，符合企业发展的规律。

（2）根据销售团队的发展周期在不同阶段选择不同的激励措施，多项激励措施结合使用。

3. 激励实施

（1）薪酬激励实施主体为企业高级管理人员和销售经理，实施对象为整个销售团队。

（2）明确销售团队薪酬激励的实施程序和各方权责。

4. 激励监督

企业需要建立销售团队薪酬激励的监督机制，监督薪酬激励的实施是否符合激励制度，销售团队薪酬激励是否达到预期效果，并将结果及时反馈给企业管理者和团队管理人员，以便及时调整销售团队的激励措施。

四、销售人员薪酬的设计方案

由于销售人员的工作特殊性，对于销售人员的薪酬体系设计，目前大多数企业采用的是基本工资加佣金制模式。但在日常管理中，该薪酬管理体系的缺点主要体现在薪酬晋升途径单一、缺乏效率性和公平性、缺乏科学的岗位评估、绩效管理体制不健全四个方面。

为了有效避免以上问题，企业在进行销售人员薪酬体系设计时应注意，在薪酬体系搭建前进行薪酬调查和分析，根据企业的实际情况确定合理的薪酬结构以及科学、系统的量化指标体系。销售指标可分为八类，具体内容见表8-5。

表8-5　　　　　　　　销售指标项目一览表

指标名称	解释说明
总销售收入指标	如总营业额、总额利润等
规模指标	规模大不等于利润大，客户数量多也不等于利润大
变化类指标	如收入增长、利润增长、成本降低等
比率类指标	如利润率、毛利率、销售收入增长率等

续表

指标名称	解释说明
财务指标	如回款天数、应收账款、呆坏账等
市场份额	市场在快速变化,通过考核市场份额实现企业与市场的同步增长
策略指标	如新产品的销售收入,新产品的利润率是考核重点
渠道指标	是直销还是分销,以分销商或经销商的销售额等为指标

基于以上指标对销售人员采用个性化薪酬体系,以照顾到不同员工的情况。个性化薪酬体系包括建立弹性的、多元化的菜单式提成体系,对于销售新手要采用保护策略,建立特薪制,设立特殊贡献奖,薪酬体系的设置要"随行就市",实行"订单式"薪酬发放模式;鼓励团队精神,建立多通道职业生涯发展路径。

将薪酬和权力分开,给员工更多的机会,使其能在不晋升的情况下提高工资级别,即使没有职务,得到的薪酬也是一样的,这就让有发展前途的销售人员在个人成就、薪酬方面多了一条发展路径。

五、销售人员薪酬设计的注意事项

企业在设计销售团队薪酬激励方案时应注意以下五个关键方面。

1. 在设计薪酬激励方案时,不能过于重视短期的销售目标而忽略了企业的长期目标。

2. 以人为本,加强沟通,在满足销售团队成员的物质需求时,还要兼顾销售团队的精神需求。

3. 在以团队为导向进行薪酬激励分配时,不能忽略销售团队中个人角色分配和能力表现。

4. 建立完善的销售团队绩效考核体系,尽量避免团队中搭便车的行为。

5. 关注市场环境和团队变化,根据销售工作实际情况变化适时适度调整薪酬激励措施。

第五节　生产人员薪酬设计

一、生产人员薪酬的特点

生产人员的薪酬体系设计主要是为了调动生产人员的积极性，提高企业的生产效率，建立起规范合理的工资分配体系，体现按劳分配的原则。本节结合生产人员的工作特点，对生产人员的薪酬特点、薪酬模式等方面进行详细阐述。

生产人员是企业主营产品的生产制造者，其行为直接影响着企业产品的质量与产量。因此，生产人员的薪酬应具备能直接体现所生产产品的质量与数量的特点。基于这种特点，在传统的企业管理中，对生产人员主要采用计件工资制的薪酬模式，并且结合了产品的质量和数量，使生产人员的收入与其业绩直接关联，这也增加了生产人员工作的积极性和责任感。

二、生产人员薪酬的设计模式

生产人员是生产型企业人员的重要组成部分，生产人员的薪酬水平直接影响着生产人员的工作积极性，与此同时，薪酬水平的高低又直接影响着企业的人工成本总额。设计生产人员的薪酬模式要在保证生产人员对薪酬水平满意的同时，实现对企业薪酬总额的有效控制。

（一）传统的计件工资制

计件工资制能将劳动者的实际付出与其所得紧密相连，是按劳分配的直接体现。由于计件工资计件单价的透明性，劳动者对自己的劳动所得都很清楚，因而计件工资有很强的物质激励作用。但同时它也造成了人工成本随着产品产量的增加而不断增加，这样便不能对人工成本总额进行有效控制。

(二)岗位绩效工资制

岗位绩效工资制是以员工被聘上岗的工作岗位为主,根据岗位技术含量、责任大小、劳动强度和环境优劣确定岗级,根据企业经济效益和劳动力价位确定工资总量,以员工的劳动成果为依据支付劳动报酬的一种工资制度。

1. 岗位绩效工资制的薪酬构成

岗位绩效工资制的薪酬构成有以下三种。

(1)岗位工资+绩效工资+津贴补贴。

(2)基本工资(岗位工资)+绩效工资+年终奖金+津贴补贴。

(3)岗位工资+年功工资+绩效工资+基础工资+津贴补贴。

2. 岗位绩效工资制的优点

岗位绩效工资制的优点主要有以下两点。

(1)薪酬的发放兼顾岗位对企业的贡献价值和员工的具体工作业绩表现,岗位工资比较固定,体现了工作岗位对技能、知识、经验等的要求,而且有很好的"保健"功效,增强了员工的稳定感和安全感。

(2)绩效工资能激励员工对工作目标的完成,在稳定团队的同时,最大限度地实现了企业整体绩效提升的平衡。

(三)绩效工资制逐步替代计件工资制

很多企业实行计件工资制,这种做法有利有弊。目前,我国大部分企业的管理水平有限,人员素质偏低,并不能很好地理解和运用现代管理方法——绩效管理。因此,用绩效管理完全替代计件工资制不是十分可行,可考虑用绩效工资逐步替代计件工资的做法。

考虑到直接降低计件工资的计提标准很容易引起员工情绪上的不满,因此,在降低计件单价的同时,同比例增加员工的绩效工资,这样薪酬总额中计件工资部分逐渐减少,绩效工资部分则逐渐增加,逐步实现绩效工资替代计件工资,从而最终实现生产人员工资成本的有效控制。

三、生产人员薪酬的设计方案

（一）生产人员绩效工作分析

生产部门不同岗位的绩效工作有所不同，下面以生产经理和车间主任为例加以说明。

1. 绩效目标

不同岗位的生产人员要求的绩效目标有所不同，示例详见表 8-6。

表 8-6　　　　　　　　　　绩效分析

岗位	绩效目标
生产经理	1. 完成生产任务，提高产品质量 2. 改进生产工艺，降低成本 3. 维护好生产设备，杜绝生产事故 4. 做好本部门日常管理工作
车间主任	1. 按时完成车间生产任务 2. 降低车间生产成本，提高产品质量 3. 做好车间安全生产和设备管理工作 4. 做好本车间的人员管理工作

2. 考核指标设计

不同岗位的考核项目、考核指标应有所不同，具体示例见表 8-7、表 8-8。

表 8-7　　　　　　　　　　生产经理考核指标设计

岗位	生产经理			直接上级	
考核项目	KPI 指标	权重	绩效目标值	指标说明	
生产计划完成情况	生产计划完成率	20%	达到____%	$\dfrac{实际生产量}{计划生产量} \times 100\%$	
	产品质量合格率	20%	达到____%	$\dfrac{合格产品数量}{总产品数量} \times 100\%$	
	交期达成率	10%	达到____%	$\dfrac{交期达成批数}{交货总批数} \times 100\%$	

续表

考核项目	KPI指标	权重	绩效目标值	指标说明
设备管理	生产设备利用率	5%	达到____%	$\dfrac{\text{全部设备实际工作时数}}{\text{设备工作总能力（时数）}} \times 100\%$
	生产设备完好率	5%	达到____%	$\dfrac{\text{完好设备台数}}{\text{在用设备总台数}} \times 100\%$
生产安全管理	安全事故发生次数	15%	0次	考核期内生产安全事故发生次数合计
成本管理	生产成本降低率	15%	降低____%	$\dfrac{\text{上期生产成本}-\text{本期生产成本}}{\text{上期生产成本}} \times 100\%$
部门管理目标	培训计划完成率	10%	达到____%	$\dfrac{\text{实际完成的培训项目（次数）}}{\text{计划培训的项目（次数）}} \times 100\%$

表8-8　　　　　　　车间主任绩效考核指标设计

岗位	车间主任		直接上级	
业务目标	实际完成	权重	评价标准	
车间生产任务完成率达到____%	____%	30%	每低____%，	减____分
交期达成率达到____%	____%	10%	每低____%，	减____分
车间产品废品率低于____%	____%	10%	每高____%，	减____分
返工率低于____%	____%	10%	每高____%，	减____分
车间生产成本降低率达到____%	____%	10%	每低____%，	减____分
车间安全事故损失金额控制在____元内	____%	10%	每高出____元，	减____分
车间设备完好率达到____%	____%	10%	每低____%，	减____分
车间员工考核合格率达到____%	____%	10%	每低____%，	减____分

3. 生产人员绩效工资设计

绩效工资设计的基本原则是通过激励个人提高绩效来提升企业的绩效，也是通过绩效工资传达企业绩效预期的信息，刺激企业中所有的员工来达到企业目的。

（1）绩效工资的形式。从不同角度划分，绩效工资表现为多种形式，具体内容见表8-9。

表 8-9　　　　　　　　　　　绩效工资的形式

划分角度	形式
绩效工资支付周期	日绩效工资、月绩效工资、季度绩效工资、半年度绩效工资、年度绩效工资
一年内绩效工资的发放次数	经常性绩效工资和一次性绩效工资
绩效工资考核项目的数量	单项绩效工资、综合性绩效工资
绩效工资支付的依据指标	产量（计件工资）绩效工资、质量绩效工资、销售额绩效工资、利润绩效工资、成本（成本节约、成本降低率）绩效工资、复合指标（经济指标+行为指标）绩效工资
绩效工资支付对象	个人绩效工资、团体绩效工资

（2）配置比例。按绩效工资占员工薪酬总额的比例分，主要有两种设计思路，即切分法和配比法。其中，切分法依据岗位评价和外部薪酬水平确定不同岗位的总体薪酬水平，再对各个岗位的总体薪酬水平进行切分。配比法则依据岗位评价和外部薪酬水平确定岗位的基本固定薪酬水平，在基本工资的基础上上浮一定比例，使得薪酬的总体水平保持一定的竞争力。

（二）生产人员薪酬设计示例

下面是一个以车间主任为主体的生产人员薪酬设计示例，供读者阅读思考。

车间主任薪酬设计示例

一、薪酬构成

车间主任薪酬总额由固定工资（占60%）、绩效工资（占30%）、津贴福利（占10%）三部分构成。

二、固定工资

固定工资根据岗位评估结果及外部市场薪酬水平予以确定，定为

_____元／月。

三、绩效工资

（1）与营业利润挂钩（占5%），以企业确定的车间目标营业利润为基数，该车间当月考核实现的营业利润比目标营业利润每增（减）____个百分点，则车间主任当月该项工资总额对应增（减）____%。

（2）与质量挂钩（占10%）。质量目标按企业质量管理标准执行。凡出现质量事故，应分清责任。负有责任时，情节轻微者，扣除绩效工资总额的____%；情节严重者，扣除该项目工资。

（3）交货期目标（占5%）。凡出现交货期延误，且无特殊情况时，扣除该项目工资。

（4）安全目标（占10%）。凡出现安全事故，除承担相应责任外，依照后果的严重性扣除数额不等的该项目工资。

四、津贴福利

（1）职务津贴。本企业对车间主任一职设置的职务津贴为_____元／月。

（2）其他津贴、补贴及福利（略）。

本章自测题

1. 简述影响不同岗位薪酬设计的因素。
2. 年薪制的五种设计模式分别是什么？
3. 如何实施股票期权制薪酬模式？
4. 销售人员薪酬设计原则有哪些？
5. 销售人员六大薪酬设计模式分别是什么？
6. 简述生产人员薪酬设计的模式。
7. 分析专业技术人员薪酬激励设计方案的内容。

第九章　薪酬控制管理

学习目标

> 了解薪酬预算的概念
> 掌握薪酬预算编制的步骤
> 了解薪酬控制、薪酬总额控制、薪酬水平控制、薪酬成本控制的概念
> 掌握薪酬控制的方法和具体操作
> 了解薪酬预算、薪酬控制的重点
> 掌握薪酬总额控制的内容
> 了解薪酬水平控制的内容
> 了解薪酬成本控制的关键点
> 了解薪酬成本控制的方法

引导案例

　　M企业是山西省一家工业企业，经历十几年艰辛创业和发展，已拥有子公司10家，总资产3亿多元。它主要以钢为主业，涉足国内外贸易、机械制造、工业设计、房地产等产业。企业人员

也由最初的十几人发展到现在的 5 000 多人。由于 2010 年以后企业的发展速度很快，企业部门逐渐增加，其组织架构也处于经常的调整之中，投资公司、子公司、独立托管项目部在短短的几年内相继成立和运营。

在快速成长过程中，企业曾发生过一次重大危机。由于企业的产业发展过快，在成本控制方面没有进行科学合理的计算，导致在人员薪酬控制方面出现了大问题。新成立的投资公司/子公司/独立托管项目部的负责人一直在申请招聘员工，表示人员不够，公司无法运行，业绩完不成，强烈要求招聘新人。同时，人力资源总监也没有提出相应的改善措施，只采取压制的办法，实在压制不了的招聘需求就会将申请报告直接送交董事长审批。招聘成本过高，导致财务部在年底核算利润时，发现一直达不到预期利润。一时间，企业内部就出现了销售部一直签单、财务部资金运营紧张、人力资源部招聘成本逐年增长、员工嫌弃收入越来越低的现象。

员工向领导抱怨："企业越来越小气，销售业绩逐年增长，工资却一直稳定不增。"财务部也抱怨："管理费用太高，能发的工资就这么多，人力资源部怎么不控制人员？"人力资源部更觉得冤枉："企业要发展，扩展业务，不进行招聘如何跟得上发展速度？而且平均工资的涨幅不大啊！"

请你分析，该企业可以采取哪些措施改善现状？

第一节 薪酬预算

一、薪酬预算概述

（一）薪酬预算的概念

薪酬预算是指企业在薪酬管理过程中进行的一系列薪酬成本开支方面的权衡和取舍。

薪酬预算是薪酬控制的重要环节，准确的预算可以保证企业在未来一段时间内的薪酬支付受到一定程度的协调和控制。薪酬预算要求管理者在进行薪酬决策时，综合考虑企业的财务状况、薪酬结构及企业所处的市场环境因素的影响，确保企业的薪酬成本不超出企业的承受能力。

（二）薪酬预算的目标

薪酬的本质是企业和员工达成的隐形契约，反映了双方对彼此的付出给予的一种肯定。企业和员工间的交换就是凭借这一契约才得以实现的。所以，企业在进行薪酬预算时，希望通过这种措施实现以下两个方面的目标。

1. 科学管控员工流动率，同时减少企业的劳动力成本开支

企业和员工之间关于劳动力和薪酬进行的交换和其他交换没有区别，都是遵循经济学中最基本的规律，即彼此都想在付出较少努力的情况下从对方身上获取更多的回报。所以当企业想从员工身上得到更多的收益时，企业为购买劳动力所支付的成本必然增多。因此，企业的劳动力成本在变化过程中，肯定会出现满足企业的边际劳动力成本等于所获得的边际劳动力收益，也就是达到所说的均衡点。薪酬预算最重要的目标就在于找到这个均衡点，来实现企业收益和劳动力成本之间的平衡，以此保证企业的收益最大化的目标得以实现。

2. 发挥对员工行为的导向作用

一般而言，薪酬预算对员工行为的影响侧重于两个方面，即员工的流动率和工作绩效表现。

（1）在企业中，员工的流动率和其他因素息息相关，其中影响最大的因素之一就是薪酬水平。企业的期望是和大部分员工保持长期且稳定的合作关系，将企业的人力资源储备利益最大化，尽量减少在招聘、培训和解约等方面的费用支出。然而员工通常是从自身利益出发，希望企业给予的回报等于或者高于自己付出所得的回报，如果没有达到预期，员工很可能会终止合作关系。所以，企业进行薪酬预算时，不仅要思考劳动力成本的问题，还要考虑员工流动率。

（2）员工的日常绩效表现对于企业来说也非常重要。企业为了提高员工的绩效，可采用多种方法，其中最简单的一种是将岗位要求和绩效要求相结合。员工在应聘时就已经明确该岗位所要达到的绩效标准，从薪酬预算层面考虑，企业如果需要在绩效薪酬上增加预算，那么对基本薪酬也要考虑其增长幅度，然后需要依据员工的绩效发放奖励，这样员工一定会更加关注自身职责的执行和业绩的完成情况。

（三）薪酬预算管理重点

企业在进行薪酬预算时，管理的重点主要包括四方面内容。

1. 符合企业战略目标和经营计划

（1）确保薪酬预算符合企业战略目标，以满足对人力资源的整体需要。

（2）掌握预算期的经营目标，如收入、利润、产值等指标，确保薪酬预算满足生产经营的需要。

（3）分析预算期的组织结构和岗位设置，以便对预算情况进行调整。

2. 有效影响员工的行为

（1）企业在进行薪酬预算时，必须考虑如何有效控制劳动力成本，同时还能保持比较合理的员工流动率。

（2）通过将绩效薪酬和岗位职责联系起来，不断增强员工对其自身职责的履行以及有效业绩的完成。

3. 降低企业劳动力成本

通过薪酬预算找到劳动力成本和企业收益之间的平衡点,保证企业所有者收益最大化的目标能够实现。

4. 合理控制薪酬调整幅度

通过薪酬预算管理,掌握薪酬指标和数据,加强对薪酬的诊断,合理控制薪酬调整的幅度,确保企业生产经营的稳定。

二、薪酬预算的编制

企业在编制薪酬预算时,具体应采取如下步骤。

(一)确定企业战略目标和经营计划

1. 确定下一年度企业战略目标是快速扩张、适当收缩、稳步增长还是转换领域,这决定了企业对人力资源的整体需求,同时也会影响企业的薪酬总额预算。

2. 确定企业下一年度的经营计划,如收入、利润、增加值、产值等指标,这是决定薪酬总额的基础。

3. 确定企业下一年度的组织结构、岗位设置,因为组织结构的变动一方面会影响员工人数,另一方面也会带来员工岗位工资部分的变动。

(二)分析企业支付能力

衡量企业薪酬支付能力的指标主要有三种,即劳动分配率、薪酬费用率和薪酬利润率。

1. 劳动分配率

劳动分配率是人工成本总额与增加值的比率,表示在一定时期内新创造的价值(即增加值或纯收入)中用于支付人工成本的比例。劳动分配率的计算公式为:

$$劳动分配率 = \frac{人工成本}{增加值} \times 100\%$$

2. 薪酬费用率

使用薪酬费用率是企业通过薪酬费用和销售额的比率来达到控制薪酬总额的目的。薪酬费用率的计算公式为：

$$薪酬费用率 = \frac{薪酬总额}{销售额} \times 100\%$$

如果企业的销售额较大，则薪酬总额也应当相对增加；反之，如果销售额较小，则应相应地减少薪酬总额。这样就可以根据过去的经营业绩计算出薪酬费用率，再根据这个比率和下一年度的预期销售额求出合理的薪酬总额。

3. 薪酬利润率

薪酬利润率是指企业每支付一单位的薪酬将会创造多少利润。薪酬利润率的计算公式为：

$$薪酬利润率 = \frac{利润总额}{薪酬总额} \times 100\%$$

在同行业中，薪酬利润率越高，表明企业薪酬取得的经济效益越好，人工成本的相对水平越低，企业薪酬提升的空间也越大。

（三）确定企业薪酬策略

1. 薪酬水平策略，即薪酬水平是领先型、跟随型还是滞后型。
2. 薪酬结构策略，即薪酬应当由哪些部分构成，各部分占多大比例；薪酬分多少层级，层级之间的关系如何。
3. 薪酬激励策略，即重点激励哪些人群，采用什么样的激励方式。

（四）诊断薪酬问题

对薪酬的诊断可以从一些指标和数据入手，包括薪资均衡指标（Compa-ratio）、递进系数、重叠度、幅宽等。

（五）分析人员流动情况

分析人员流动情况实际上是对人力资源需求和供给的预测，主要包括总人数预测、有多少员工被提拔到上一层级、新增加多少员工、有多少员工离职等。

(六) 确定薪酬总额及整体调整幅度

1. 确定薪酬总额调整依据，根据利润、增加值或销售收入来提取薪酬总额。
2. 确定劳动分配率、薪酬费用率和薪酬利润率的目标值。
3. 依据经营目标、历史工资水平测算出预期薪酬总额。
4. 计算出薪酬调整总额，并按照薪酬激励策略和原来各部门在薪酬总额中所占的比重、各部门的业绩，确定各部门的薪酬调整总额。

(七) 薪酬总额分配

薪酬总额分配指的是将薪酬总额分为基本工资、岗位工资、绩效工资、津贴补贴和各种奖金的过程。

(八) 确定薪酬水平

根据市场薪酬水平和薪酬策略确定员工的薪酬水平。

(九) 薪酬预算测定

企业在编制薪酬预算时，第一步应该是对自身面临的内外部环境进行全方位调查、分析，从而了解企业现状、市场的动向。只有这样，企业才可以比较准确地编制薪酬预算。

目前，企业常用的薪酬预算方法是自上而下法、自下而上法以及两种方法综合运用的综合法。

1. 自上而下法

先由企业高层决定企业整体的薪酬总额与加薪幅度，然后分解到每一个部门，确定各部门的薪酬总额，各部门根据部门薪酬总额与员工的特点再分解到每一位员工。

自上而下法的优点是能有效地控制人工成本；缺点是缺乏灵活性，

总额确定时主观因素多,准确性不够,不利于调动员工的积极性。

2. 自下而上法

基于企业的每一位员工在未来的薪酬预算的估计数字,计算出整个部门所需要的薪酬支出,然后汇总所有部门的预算数字,编制企业整体的薪酬预算。此法应与上种方法测算的数据趋于一致,并作为薪酬成本预算。

自下而上法的优点是可行性高,部门经理只需要按照既定的原则计算出加薪的幅度和薪酬额,再汇总即可;缺点是不易控制人工成本。

3. 综合法

企业根据实际情况,一般会选择将自上而下法和自下而上法两种方法相结合。企业要坚持其战略发展目标,并将目标进行分解,同时要吸纳管理人员和员工的意见和建议,这样才能更加清晰地了解市场环境,由此编制的薪酬预算才能贴合实际,被企业员工接受和认同。

选择了合适的薪酬预算方法之后,还要着手设计一张薪酬预算表,以便于统计与分析。表9-1是一张较为典型的薪酬预算表。

表 9-1　　　　　　薪酬预算表

岗位	姓名	工龄	最近一次调薪数目、日期	现在基本薪酬	工作表现	预算增薪	增薪后基本薪酬
	总计						

第二节　薪酬控制

一、薪酬控制概述

薪酬控制是指企业发现其薪酬成本过高,且超过自身最大支付能力时需要采取的一种控制薪酬手段。企业采取的薪酬控制方法主要有三种。

（一）通过雇佣量进行薪酬控制

控制雇佣量不仅包括控制员工数量，也包括控制工时数量。

1. 控制员工数量

对于核心员工，要建立长期关系；对于非核心员工，则以建立短期关系为主，限定在特定时间段内。

2. 控制工时数量

通过改变员工工时来控制薪酬成本，但操作时必须符合国家的法律法规及相关政策规定。

（二）通过薪酬水平和薪酬结构进行薪酬控制

薪酬水平是具有刚性的，直接降薪会引起员工的极大反感，挫伤员工的积极性，甚至会引发人才流失，因此直接的降薪在企业是不大常见的。通过薪酬结构进行薪酬控制是控制可变薪酬部分，以达到企业控制薪酬的目的。

1. 通过薪酬水平控制

通过薪酬水平控制的方法包括薪酬冻结、延缓提薪、控制间接薪酬支出。

（1）薪酬冻结。薪酬冻结是让员工的薪酬在一段时间内保持不变。暂时的薪酬冻结稳定了员工的情绪，增强了企业实力，节省下来的资金可用于企业再生产或者开辟新的销售渠道。这种方法可用于短期的薪酬控制。

（2）延缓提薪。延缓提薪是对于应该提薪的员工，暂时推迟提薪时间，等企业经济效益好转之时再提薪。使用这种方法的前提是企业与员工进行良好的沟通。

（3）控制间接薪酬支出。适当压缩企业在薪酬福利方面的开支，可以避免强行降薪带来的不利影响。

2. 通过薪酬结构控制

前提是企业薪酬构成既有基本薪酬也有可变薪酬。可变薪酬相对基本薪酬所占的比例越大，企业薪酬总额的成本变化余地就越大，管理者进行薪酬控制的余地也越大。

（三）通过薪酬技术进行潜在的薪酬控制

企业可以利用工作评价、薪酬调查、薪酬结构、薪酬宽带、最高最低薪酬水平控制、成本分析、薪酬比例比较等薪酬技术手段，来促进或改善薪酬成本控制。

二、薪酬分析

（一）薪酬均衡性分析

企业薪酬均衡性是个总括性的概念，它主要包括三个方面：外部均衡性、内部均衡性和个体均衡性，具体内容如图 9-1 所示。

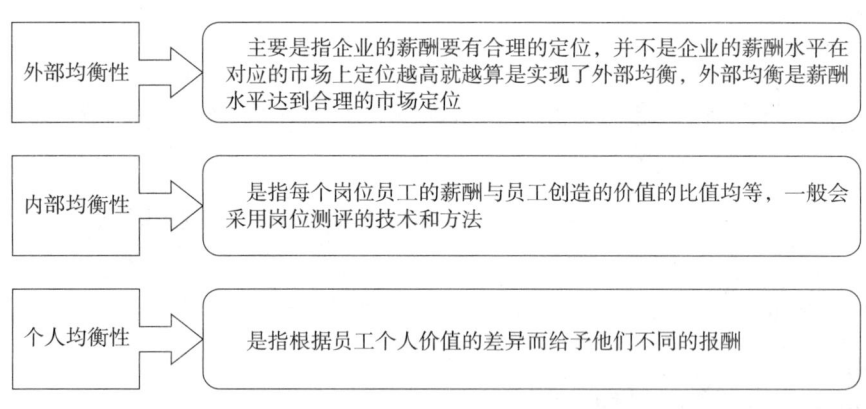

图 9-1　薪酬均衡分析的三个方面

薪资均衡指标是一个通用的、有效的指标，用来审核和评估薪酬体系。它是一个相对的指标，表示薪酬数值与薪酬范围中点的关系程度。

薪资均衡指标可以应用于衡量薪酬体系的各个方面，包括外部竞争力、内部一致性和个体公平性，它是薪酬决策者一个有力的计划和控制工具。其相关内容详见表 9-2。

表 9-2　　　　　　　　　薪资均衡指标相关说明

薪资均衡指标	说明	可能出现的原因
薪资均衡指标 >1	薪酬非均衡地集中于高端区间，企业在薪资竞争力方面是领先型的	1. 企业的人工成本控制失调，总体成本过高 2. 按照现有的绩效考评体系，多数员工的绩效确实优秀 3. 最高薪酬出于某种特殊原因，与一般员工的薪酬差距较小
薪资均衡指标 =1	说明薪酬均衡	—
薪资均衡指标 <1	说明薪酬非均衡地集中于低端区间	1. 缺乏晋升通道或职业通道设计不合理，很多员工难以晋升到中高层 2. 企业整体薪酬水平过低，外部竞争力较弱 3. 按照现有的绩效考评体系，多数员工的绩效不高或者达不到设定的绩效目标 4. 极差范围太大，即最高薪酬远远高出一般水平，且高端人数较少，从而抬高了中点值

1. 薪酬竞争力分析

薪酬外部比对模型是参考市场价位指标来衡量企业在市场上的价位水平，从而评估企业薪酬的外部竞争力。通过该模型，可以调整并实施企业的薪酬政策。需要注意的是，由于调查样本的局限性以及薪酬本身的保密性，调查数据有一定的局限性，企业要在结合自身情况分析的基础上参考使用。

（1）工资指导线。工资指导线中的基准线是对大多数生产发展正常、经济效益有所增长的企业适度增加员工工资的基本要求。工资指导线可用于薪酬增长幅度比对。

（2）社会平均工资。对于企业而言，最有实践意义的是企业所在地区的社会平均工资标准。通过将企业平均工资水平与其所在地区的社会平均工资水平对比，可以看出企业的薪酬水平是否具有外部公平性和竞争力。由于社会平均工资的统计具有一定的局限性，加上各个行业与企业性质不同导致的薪酬水平的差距，社会平均工资只能作为企业衡量外部公平性和竞争力的一个参考因素。企业的平均工资水平低于社会平均工资水平并非表明企业的薪酬不具有竞争力，要结合企业所属行业的性质与企业自身的性质来进行综合分析判断。

（3）在岗员工平均工资。由于该指标是分地区、分行业、分企业类型发布的，因此它对企业具有一定的参考性。企业通过与所在地区的社会平均工资、所在行业的平均工资、同类性质企业的平均工资对比，可以比较明显地看出企业薪酬的外部公平性与竞争力情况。

（4）商业薪酬调查数据。企业可以根据自身需要向商业调查企业定制地区、行业、岗位的薪酬数据，这类数据更有针对性。企业通过与薪酬调查数据的对比，企业薪酬的外部公平性与竞争力分析将更加有效。

2. 内部激励性分析

关于企业薪酬的内部激励性分析，主要通过关键值指标、离散趋势指标两个指标和一个薪酬分布百分比饼图工具来开展。

（1）关键值指标。企业薪酬分析常用的关键值指标包括极大值（max）、极小值（min）、四分位数（quartile）、极差。关键值指标是极端值以及位于25%、50%、75%位置的数据。通过关键值指标可以粗略地把握薪酬的整体水平。结合平均数等指标，将关键值指标与外部薪酬数据对比，可以判断该企业的市场价位。

极差，也称全距，是极大值（最高薪酬）与极小值（最低薪酬）的差，说明薪酬两个极端值的差异范围。它是反映薪酬幅度的一个重要指标。分析中，应尽可能排除极端值过于偏离中心值的特殊情况，需结合其他指标才能全面反映薪酬的变异程度。薪酬差距须根据行业、地区和企业实际情况确定，大的差距能拉开薪酬激励幅度，增加薪酬晋升等级，增强薪酬激励效果；但是如果差距过大，也会严重影响薪酬内部公平性，削弱企业的向心力。

（2）离散趋势指标。离散趋势指标包括平均差（average deviation）、标准差（standard deviation）、方差（variance）。离散趋势指标反映的是数据的离散程度。

（3）薪酬分布百分比饼图。薪酬分布百分比饼图是在薪酬范围内按一定跨度划分出若干薪酬区间，以分布在该区间的人数占总人数的百分比作为数据，绘制出薪酬分布百分比饼图。薪酬分布百分比饼图可以直观地反映企业薪酬在各个区间的分布比重。

（二）薪酬增长分析

1. 工资指导线

工资指导线是政府对企业的工资分配进行规范与调控，使企业工资增长符合经济和社会发展要求，促进生产力发展的企业的年度货币工资增长幅度的标准线。它包括工资增长基准线、上线和下线。基准线是指企业货币平均工资的平均增长幅度，代表了一般的水平；上线也称为预警线，是指企业货币平均工资增长允许达到的最高幅度；下线是企业货币平均工资增长应达到的最低幅度，可以是零增长，也可以是负增长。三种线适用于不同的企业，如图9-2所示。

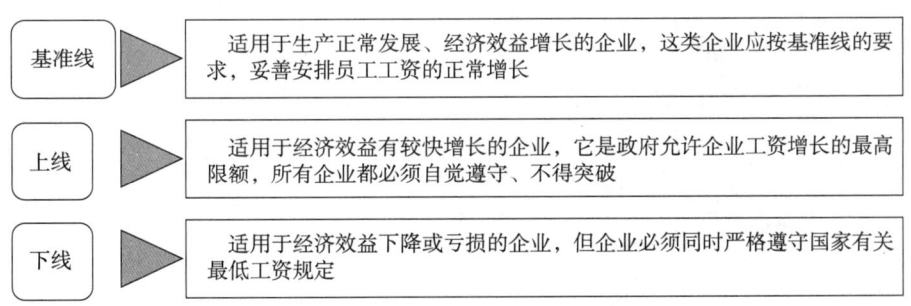

图9-2 工资指导线及适用企业

工资指导线可用于薪酬增长幅度比对，企业要结合自身的情况进行薪酬增速分析，判断企业的薪酬增速是否合理。

2. 薪酬增长率

薪酬增长率是企业进行薪酬增长分析的一个重要指标，将它与行业薪酬增长率、同性质企业薪酬增长率及同地区企业薪酬增长率进行对比，再结合企业自身所处的发展阶段,分析得出企业的薪酬增长情况。

(三)薪酬合理性分析

企业在进行薪酬分析时,可以从多个方面判断企业薪酬是否合理,如薪酬等级是否合理、薪酬幅度是否合理、薪酬结构是否合理等,而且分析的方法也有多种。下面以薪酬排列线这一模型进行举例说明。

薪酬排列线是将企业所有薪酬数据点从低到高排列,以散点图或折线图方式绘制出的一条曲线。薪酬排列线可以直观地反映企业全体员工的整个薪酬走势以及高低差距。因为预先对薪酬数据点进行了从低到高的排列,所以薪酬排列线的斜率只能是大于等于0。通过分析曲线斜率,可以分析薪酬走势和分布。

对于薪酬排列线的斜率分析如图9-3所示。

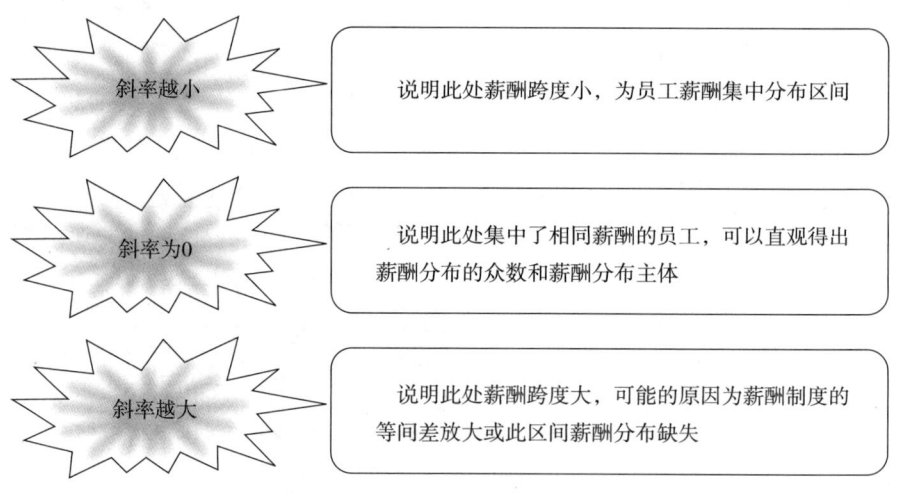

图9-3 企业薪酬排列线的斜率分析

(四)人工成本分析

人工成本是指企业在一定时期内生产经营和提供劳务活动时因使用劳动力所发生的各项直接和间接人工费用的总和。按现行企业财务会计制度,这些费用要纳入企业财务成本项目,所以称之为人工成本。企业人工成本范围包括：员工工资总额、社会保险费用、员工福利费用、员工教育经费、劳动保护费用、员工住房费用和其他人工成本支出等。

企业人工成本分析常用的指标有三类：人工成本总量指标、人工成本结构指标、人工成本效益指标，见表9-3。

表9-3　　　　　　　　　　人工成本分析的三类指标

指标类别	指标项	指标公式	指标说明
人工成本总量指标	人工成本总额	—	该指标反映的是企业人工成本的总量水平
	人均人工成本	人均人工成本 = 人工成本总额 / 员工人数	该指标反映了企业员工薪酬福利水平，可以进行外部横向比较，它是反映企业薪酬外部竞争力的重要指标
人工成本结构指标	人工成本某部分所占比重	人工成本某部分所占比重 =（报告期该部分数额 / 报告期人工成本总额）×100%	该指标反映各部分在人工成本中的结构的比例变化
人工成本效益指标	人工成本占总成本的比重	人工成本占总成本的比重 =（人工成本总额 / 总成本）×100%	该指标是相对数指标，有利于外部企业横向比较。但应该注意的是，不同行业的企业之间，由于资本有机构成或劳动装备水平不同，增加值率和利润率不同，人工成本分析比率型指标存在明显差异
	劳动分配率	劳动分配率 =（人工成本总额 / 增加值）×100%	
	人事费用率	人事费用率 =（人工成本总额 / 销售收入）×100%	

（1）人工成本总量指标，反映的是企业人工成本的总量水平。由于不同企业员工人数不同，因此常用人均人工成本来反映企业人工成本水平的高低。

（2）人工成本结构指标，是指人工成本各组成项目占人工成本总额的比例，反映人工成本投入构成情况与合理性。工资占人工成本的比重是结构指标的主要项目。

（3）人工成本效益指标，是人工成本分析的核心指标，是进行企业人工成本分析控制常用的指标，是一组能够将人工成本与经济效益联系起来的相对数。

1）人工成本占总成本的比重，反映了活劳动对物化劳动的吸附程度。这一比值越低，反映活劳动所推动的物化劳动越大；反之，活劳动所推动的物化劳动越小。该指标用于衡量企业有机构成高低和确定人工成本定额。

2）劳动分配率，人工成本总额与增加值的比率，表示在一定时期内新创造的价值中用于支付人工成本的比例。

3）人事费用率，人工成本总额与销售（营业）收入的比率，表示在一定时期内企业生产和销售的总价值中用于支付人工成本的比例，也表示企业员工人均收入与劳动生产率的比例关系、生产与分配的关系、人工成本要素的投入产出关系。

三、薪酬总额控制

（一）薪酬总额的内容

薪酬总额是指企业因用工而产生的与员工相关的一系列费用的总和，包括工资、福利、奖金、津贴等内容。企业在进行薪酬水平确定时，首先要明确本企业的薪酬总额承受能力，然后才能制定出有使用价值的薪酬水平。因而，需要了解薪酬总额的组成部分。

按我国相关文件规定，企业薪酬总额包括员工工资总额、社会保险费用、员工福利费用、员工教育经费、劳动保护费用、员工住房费用和其他人工成本支出（见表9-4）。

其中，员工工资总额是薪酬总额的主要组成部分。

表9-4　　　　　　　　薪酬总额组成一览表

组成部分	解释说明
员工工资总额	员工工资总额是指各单位在一定时期内，以货币或实物形式直接支付给全部员工的劳动报酬总额，包括计时工资、计件工资、奖金、津贴和补贴、加班加点工资、特殊情况下支付的工资

续表

组成部分	解释说明
社会保险费用	社会保险费用包括养老保险、医疗保险、失业保险、工伤保险、生育保险和企业建立的补充养老保险、补充医疗保险等费用。此项费用只计算企业缴纳的部分，不包括个人缴纳的部分，因为个人缴费已计算在员工工资总额里了
员工福利费用	员工福利费用是指在工资以外支付给员工的福利费用。它主要用于员工医疗卫生费、员工因工负伤赴外地就医路费、员工生活困难补助、宣传费、集体福利事业补贴、上下班交通补贴等
员工教育经费	员工教育经费是指企业为员工学习先进技术和提高文化水平而支付的费用，包括就业前培训、在职提高培训、转岗培训、外派培训、职业道德培训等方面的培训费用和企业自办大中专、职业技术院校等培训场所所发生的费用以及职业技能鉴定费用
劳动保护费用	劳动保护费用是指企业购买员工实际使用的劳动保护用品的费用，如工作服、保健用品、清凉用品等
员工住房费用	员工住房费用是指企业为改善员工居住条件而支付的费用，包括员工宿舍的折旧费（或为员工租用房屋的租金）、企业缴纳的住房公积金、实际支付给员工的住房补贴和住房困难补助以及企业住房的维修费和管理费等
其他人工成本支出	其他人工成本支出包括工会经费，企业因招聘员工而实际花费的员工招聘费、咨询费、外聘人员劳务费，对员工的特殊奖励（如创造发明奖、科技进步奖等），支付实行租赁、承租经营企业的承租人、承包人的风险补偿费等，解除劳动合同或终止劳动合同的补偿费用

（二）薪酬总额的确定

在建立薪酬体系或设计薪酬方案时，确定薪酬总额是很重要的一步。为确保薪酬总额与企业整体业绩、人员数量相匹配，通常在测算企业的薪酬总额时，都采用两个关键的薪酬监控指标：人均营业额、人工成本率。具体公式如下：

$$人均营业额 = 总营业额 / 人数$$

$$人工成本率 = （薪酬总额 / 总营业额）\times 100\%$$

在确保人工成本率符合行业平均水平和企业所在行业内的大致水平的前提下，根据本年度企业的经营目标推算薪酬总额，具体步骤如下。

1. 根据行业平均水平和企业实际，确定本企业应达到的人均营业额、人工成本率。

2. 根据人均营业额和预期的经营目标，确定要完成预期经营目标所需要的员工人数。

3. 根据人工成本率和预期的经营目标，确定薪酬总额。

4. 根据测算出的员工人数和薪酬总额，计算人均薪酬、人均固定薪酬，并与市场的人均薪酬或人均固定薪酬相比较，以确保测算出的薪酬水平不脱离市场薪酬水平。

（三）薪酬总额控制

薪酬总额控制是指企业借助科学、合理的方法和工具，对薪酬总额进行测算和管控，以维持企业的正常运营。

薪酬总额控制主要包括薪酬总额占营业额的比例控制、薪酬总额占人力资源费用的比例控制、人均薪酬控制三个方面。

1. 薪酬总额占营业额的比例控制

企业在人力资源薪酬方面的投入要与企业的产出相联系，投入过高会使企业的成本压力过大，投入太少又发挥不出薪酬的激励作用。

2. 薪酬总额占人力资源费用的比例控制

企业支付的薪酬总额要在人力资源费用中占有合理的比例，以有利于其他人力资源管理工作的开展。

3. 人均薪酬控制

人均薪酬控制一方面要求企业将薪酬控制在科学合理的浮动范围之内，另一方面要求企业进行薪酬设计时根据岗位素质、技能、能力的要求进行设置。

（四）薪酬总额的控制方法

薪酬总额的控制方法主要包括控制员工人数、控制劳动时间、控制薪酬数额、控制薪酬构成四个方面。

1. 控制员工人数

企业一般通过把握核心员工的数量，把核心员工的数量控制在一定范围内，无论经济形势和企业效益发生多大的变化，其数量基本不变。而对于非核心员工，企业可以进行较大幅度的调整，允许其有一定的流动性，在经济形势不好时可以采取裁员等措施，在经济形势好转时可以再进行招聘。

2. 控制劳动时间

在经济形势不好或企业效益不好的时候，企业可以通过减少加班时间或增加兼职的工作人员来降低成本。当经济形势好转或企业效益转好的时候，可以通过与员工协议增加工作时间的方式，把薪酬控制在一定范围之内。

3. 控制薪酬数额

企业主要采用降低薪酬、薪酬冻结、延缓提薪的方式来控制薪酬数额。降低薪酬的方式，一般是指对于新招入的员工采用比前期招入企业的员工工资低的方式，这一般是企业在经济形势不好或企业效益不好时采用的策略。对于已经在企业中工作的员工，不适宜采取此种降薪的策略，而可以通过薪酬冻结或延缓提薪来实现。薪酬冻结是指保持员工的工资在一定时期内不发生变化。延缓提薪是指对应该提薪的员工，延迟一段时间进行提薪。

4. 控制薪酬构成

薪酬是由基本薪酬和可变薪酬构成的。基本薪酬具有一定的刚性，不易发生改变；而可变薪酬具有一定的柔性，可以根据企业的经营状况进行适当的调整。从薪酬构成看，可变薪酬占总薪酬的比例越大，管理者对于薪酬总额的调整余地就越大，这也越有利于企业进行薪酬的控制。

（五）薪酬总额的调整

薪酬总额需要调整时，主要依据国家的薪酬政策、相关行业的薪酬水平、物价指数水平、企业的经营效益四个方面进行调整。

1. 国家的薪酬政策

企业属于国家内部的经济组织，国家有关薪酬政策的变动会引发企业对薪酬进行调整。

2. 相关行业的薪酬水平

不同行业由于其性质不同，其相应的劳动方式和报酬也有所区别，但作为行业成员的企业来讲，如果行业的薪酬水平发生了变动，企业的薪酬也应该进行必要的调整，以使企业薪酬符合行业的薪酬标准。

3. 物价指数水平

物价指数水平是根据与居民生活有关的产品及劳务价格统计出来的物价变动指标。如果通货膨胀或通货紧缩引发了物价的大幅波动，企业也应该根据员工的消费能力进行薪酬的调整，以使员工的生活水平得以保障。

4. 企业的经营效益

企业员工的薪酬与企业的经营效益密切相关，特别是绩效考核制度建立得比较成熟和完善的企业最能体现这一点。当企业的经营效益很好的时候，企业支付给员工的薪酬总额自然也随之增长。相反，企业经营效益不好的时候，企业支付的薪酬总额也相应地减少。

四、薪酬水平控制

薪酬水平是指企业内部各岗位人员的平均薪酬或人均基本薪酬。薪酬水平反映了企业薪酬相对于行业竞争者薪酬水平的高低，它对员工态度和行为、劳动力成本、企业利润和企业形象有着直接的影响。

薪酬水平控制是指企业为了保持薪酬的外部竞争性和内部的激励性，对员工的薪酬数额和员工人数等方面进行监督和调整的活动。薪酬水平的控制与企业的薪酬水平策略有关，一般企业薪酬策略有领先型策略、追随型策略、滞后型策略和混合型策略，企业可根据其采用策略的不同，对薪酬水平进行必要的调整。

薪酬水平的控制主要通过人均薪酬控制和薪酬比较率两种方法进行。

(一)人均薪酬控制

人均薪酬是企业员工薪酬总额与企业员工总数的比值。可以通过对企业员工薪酬总额进行调整或对企业员工总数进行调整的方式，对企业的人均薪酬进行控制。

(二)薪酬比较率

薪酬比较率是企业实际支付的平均薪酬与某一薪酬等级中值的比值。其作用是衡量该等级内部岗位员工薪酬的分布情况。

1. 当薪酬比较率等于1时，表示企业某个等级的业绩表现居中的员工薪酬和该等级的平均薪酬水平相等，企业的薪酬水平控制得比较合理。

2. 当薪酬比较率大于1时，表示企业的人工成本控制不当或多数员工的绩效表现非常好，或是企业招聘具有较高资历的员工，工资的起点比较高。此时，企业要注意薪酬水平是否大大超出了企业的支付能力。

3. 当薪酬比较率小于1时，表明企业的薪酬水平没有达到目标水平，此时要注意员工的实际业绩表现是否与其薪酬水平相适应。

五、薪酬成本控制

(一)薪酬成本控制与利益均衡图解

薪酬成本控制可以从狭义和广义两个角度来理解。狭义的薪酬成本控制是控制和减少人工工资成本、福利和津贴等成本支出。广义的薪酬成本控制是除控制狭义的人工成本外，还要控制员工管理成本的支出。科学的组织薪酬成本控制，可以促进企业转变薪酬管理机制，改善人力资源管理，全面提高企业素质，使企业在市场竞争的环境下处于更有利的优势地位。

薪酬成本控制与利益均衡图解如图9-4所示。

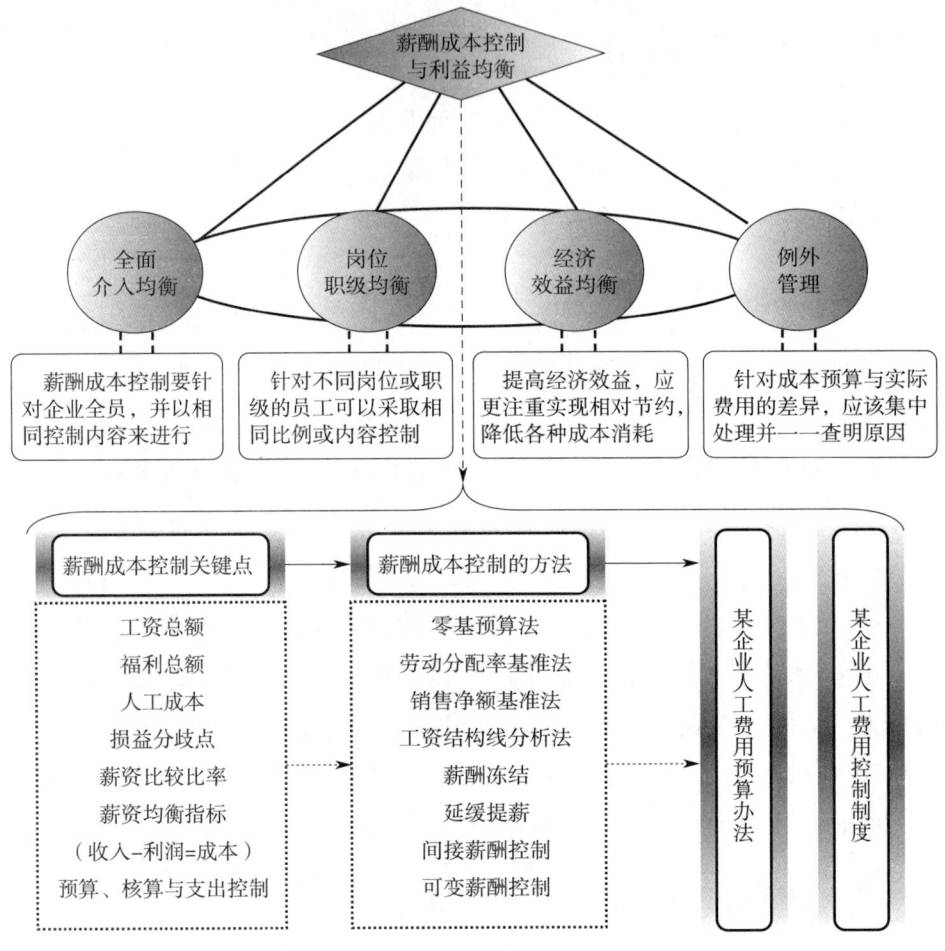

图 9-4　薪酬成本控制与利益均衡图解

（二）薪酬成本控制关键点

1. 工资总额

工资总额是指企业在一定时期内直接支付给内部全部员工的劳动报酬总额，主要包括计时工资、计件工资、与生产有关的各种经常性奖金，以及法律规定的各种工资性质的津贴等。工资总额是企业工资计划管理的一个重要指标，也是计算企业平均工资的依据。

（1）工资总额基数与增长幅度

1）工资总额基数是以企业上年工资总额年报数为基础，核减一次性补发上年工资、成建制划出员工掉尾工资以及各种不合理的工资性支出，并核增上年增人、转正定级、成建制划入员工翘尾工资，并按照国家规定的其他工资增减因素核算后确定的基数。

2）工资总额增长幅度。具体公式如下：

$$工资总额增长幅度 = \frac{全年提取的工资总额 - 上年度提取的工资总额}{上年度提取的工资总额} \times 100\%$$

在工资总额增长幅度高于经济效益增长幅度的情况下，则：

当年可在税前扣除的工资总额 = 上年度提取的工资总额 ×（经济效益增长幅度 +1）

（2）工资总额构成

工资总额主要由 6 个部分构成，即计时工资、计件工资、奖金、津贴和补贴、加班加点工资以及特殊情况下支付的工资，具体内容见表 9-5。

表 9-5　　　　　　　　工资总额的构成

构成部分	具体内容说明
计时工资	计时工资是指按计时工资标准（包括地区生活费补贴）和工作时间支付给个人的劳动报酬，包括： （1）对已做工作按计时工资标准支付的工资 （2）实行结构工资制的单位支付给员工的基础工资和职务（岗位）工资 （3）新入职员工的见习工资（学徒的生活费）
计件工资	计件工资是指对已做工作按计件单价支付的劳动报酬，包括： （1）实行超额累进计件、直接无限计件、限额计件、超定额计件等工资制，按劳动部门或主管部门批准的定额和计件单价支付给个人的工资 （2）按工作任务包干方法支付给个人的工资 （3）按营业额提成或利润提成办法支付给个人的工资
奖金	奖金是指支付给员工的超额劳动报酬和增收节支的劳动报酬，包括生产奖、节约奖、劳动竞赛奖、机关、事业单位的奖励工资，以及其他奖金
津贴和补贴	津贴和补贴是指为了补偿员工特殊或额外的劳动消耗和因其他特殊原因而向其支付的津贴，以及为了保证员工工资水平不受物价影响而向其支付的物价补贴 （1）津贴包括补偿员工特殊或额外劳动消耗的津贴，如保健性津贴、技术性津贴、年功性津贴及其他津贴 （2）物价补贴包括为保证员工工资水平不受物价上涨或变动影响而向其支付的各种补贴

续表

构成部分	具体内容说明
加班加点工资	加班加点工资是指按规定支付的加班工资和加点工资
特殊情况下支付的工资	（1）根据国家法律、法规和政策规定，员工因病、工伤期间或休产假、计划生育假、婚丧假、事假、探亲假、年休假期间，处于停工学习、执行国家或社会义务等情况，单位按计时工资标准或计时工资标准的一定比例支付的工资 （2）附加工资、保留工资

（3）工资总额不得包含的部分

下列各项内容不得列入工资总额的范围：

1）根据国务院发布的有关规定颁发的发明创造奖、自然科学奖、科学技术进步奖和技术改进奖，以及支付给运动员、教练员的奖金；

2）有关劳动保险和员工福利方面的各项费用；

3）有关离休、退休、退职人员待遇的各项支出；

4）劳动保护的各项支出；

5）稿费、讲课费及其他专门工作报酬；

6）出差伙食补助费、误餐补助、调动工作的旅费和安家费；

7）对自带工具、牲畜来企业工作的员工所支付的工具、牲畜等的补偿费用；

8）实行租赁经营单位的承租人的风险性补偿收入；

9）对购买本企业股票和债券的员工所支付的股息（包括股金分红）和利息；

10）劳动合同制员工解除劳动合同时由企业支付的医疗补助费、生活补助费等；

11）因录用临时工而在工资以外向提供劳动力单位支付的手续费或管理费；

12）支付给家庭工人的加工费和按加工订货办法支付给承包单位的发包费用；

13）支付给参加企业劳动的在校学生的补贴；

14）计划生育独生子女补贴。

2. 福利总额

福利总额是指企业为保留和激励员工而提供的在支付工资、奖金之外的所有待遇，主要包括保险、实物、股票期权、培训、带薪假等。一般在企业福利系统中列出的金额是从企业成本角度考虑的，以各项福利折合成的现金数额来展现。

福利总额构成包括法定福利与企业福利、集体福利与个人福利、经济性福利与非经济性福利。

（1）法定福利与企业福利

法定福利又称为基本福利，是指按照国家法律法规和政策规定必须发生的福利项目，其特点是只要企业建立并存在，就有义务、有责任且必须按照国家统一规定的福利项目和支付标准支付，不受企业所有制性质、经济效益和支付能力的影响。

企业福利是指在国家法定福利之外，由企业自定的福利项目。补充福利可以包括交通补贴、房租补助、免费住房、工作午餐、女职工卫生费、通信补助、互助会、员工生活困难补助、财产保险、人寿保险、法律顾问、心理咨询、贷款担保、内部优惠商品、搬家补助、子女医疗费补助等。

（2）集体福利与个人福利

集体福利是指全部员工可以享受的公共福利设施，如员工集体生活设施，包括员工食堂、托儿所、幼儿园等；集体文化体育设施，包括图书馆、阅览室、健身室、浴池、体育馆；医疗设施，包括医院、医疗室等。

个人福利是指个人在具备国家及所在企业规定的条件时可以享受的福利，如探亲假、冬季取暖补贴、子女医疗补助、生活困难补助、房租补贴等。

（3）经济性福利与非经济性福利

1）经济性福利

➢ 住房性福利，即以成本价向员工出售住房，提供房租补贴等。

> 交通性福利，即为员工提供各种交通补助，或者用班车接送员工上下班。
> 饮食性福利，即免费或少量收费供应午餐、慰问性的水果等。
> 教育培训性福利，如为员工提供的脱产进修、短期培训等。
> 医疗保健性福利，即免费为员工进行例行体检，或者打预防针等。
> 有薪节假，如节日、假日以及事假、探亲假、带薪休假等。
> 文化旅游性福利，如为员工过生日而举办的活动、集体旅游，以及体育设施的购置。
> 金融性福利，如为员工购买住房提供的低息贷款。
> 其他生活性福利，如直接提供的工作服。
> 企业补充保险与商业保险。补充保险包括补充养老保险、补充医疗保险等。商业保险包括安全与健康保险，如人寿保险、意外死亡与肢体残伤保险、医疗保险、特殊工作津贴等。

2）非经济性福利
> 咨询性服务，如免费提供法律咨询和员工心理健康咨询等。
> 保护性服务，如平等就业权利保护（反性别、年龄歧视等）、隐私权保护等。
> 工作环境保护，如实行弹性工作时间，缩短工作时间，员工参与民主化管理等。

3. 人工成本
本节前文已对人工成本进行了详细分析，这里不再赘述。

4. 损益分歧点
损益分歧点，也称为损益平衡点或盈亏平衡点，具体来讲是指在单位产品价格一定的条件下，与产品制造和销售及管理费用相等的销售额，或者说达到这一销售额的产品销售数量。损益分歧点还可以简要地概括为企业利润为零时的销售额或销售量。在损益分歧点中，人工成本是不能超额支出的，如果人工成本超额支出，就会造成企业亏损。

（1）损益分歧点计算

1）损益分歧点的销售收入公式为：销售收入 = 制造成本 + 销售及管

理费用。

如果将制造成本和销售及管理费用划分为固定费用和变动费用，其中，固定费用也称固定成本，是指不随生产量多少而增减的费用，如折旧费、房租、间接人工成本等；变动费用也称变动成本，是指随产销数量变动而增减的费用，如材料费、保管费、直接人工成本等。那么损益分歧点的销售收入公式可改写为：销售收入 = 固定成本 + 变动成本。

2）如果用 P 表示单位产品价格，V 表示单位产品变动成本，F 表示固定成本，X 表示产量或销售量，那么损益分歧点的销售收入公式为：$PX=F+VX$。

> 在损益分歧点所要达到的销售量为：$X=\dfrac{F}{P-V}$，其中"$P-V$"为单位产品的边际收益。

> 单位产品的边际收益与单位产品价格之比为边际收益率，即：

$$单位产品的边际收益率 = \dfrac{P-V}{F}$$

> 以销售额表示的损益分歧点可用公式表示为：

$$损益分歧点对应的销售额 = \dfrac{固定成本}{边际收益率}$$

$$PX=\dfrac{F}{(P-V)/P}=P\dfrac{F}{P-V}$$

（2）损益分歧点应用模型

损益分歧点应用模型如图9-5所示。

5. 薪资比较比率

为了确保企业薪酬体系在行业内具有竞争力而又不会产生过高的运营成本，在薪酬体系中可以引入一个重要的参数，即薪资比较比率。薪资比较比率通常表示员工实际获得的基本薪酬与相应薪酬等级的中值，或者是中值与行业平均薪酬水平的关系。

薪资比较比率的计算公式为：

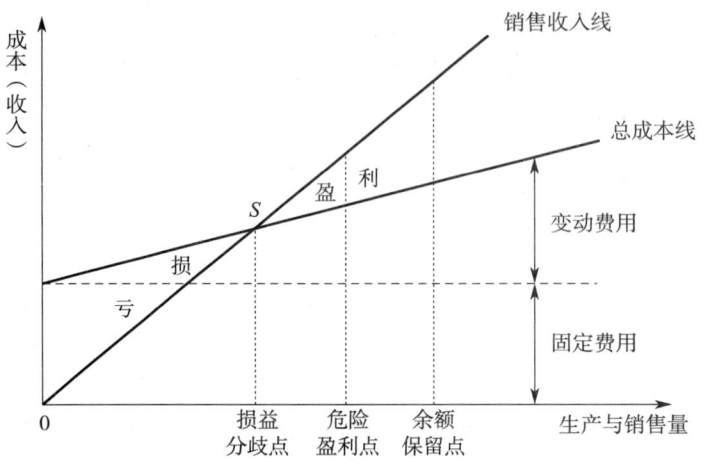

图 9-5 损益分歧点应用模型

注：1. 以损益分歧点为基准，计算与一定人工费用总额下的损益分歧点对应的销售额及薪资支付的最高限度。

2. 以损益分歧点为基准，计算与损益分歧点之上危险盈利点所应达到的销售额，进而推算出薪资支付的可能限度，即可能的人工费用率。

3. 以损益分歧点为基准，计算与损益分歧点之上余额保留点对应的销售额，进而推算出人工费用支付的适当限度，即合理的人工费用率（也称安全人工费用率）。

$$薪资比较比率 = \frac{员工平均薪酬水平}{行业同层次员工平均薪酬水平} \times 100\%$$

当薪资比较比率大于 1 时，意味着员工平均薪酬水平超过了行业同层次员工平均薪酬水平。当薪资比较比率小于 1 时，说明员工平均薪酬水平低于行业同层次员工平均薪酬水平。当薪资比较比率等于 1 时，说明二者的平均薪酬水平是相同的。

6. 薪资均衡指标

薪资均衡指标是一个有效衡量和评估薪酬体系的指标。薪资均衡指标作为一个相对的指标值，既能反映个体员工在不同团体中的薪酬相对位置，又能反映不同的部门和企业的薪酬相对位置。

（1）薪资均衡指标计算公式

薪资均衡指标的基本计算公式主要包括以下四种。

1）基本公式。

$$薪资均衡指标 = \frac{薪酬}{薪距中点}$$

2）如果计算个体员工的薪资均衡指标，它反映的是个体员工的工资相对部门或者企业工资范围的中点值的比例。在这种情况下，公式中的分子就是个体实际工资率。

$$薪资均衡指标 = \frac{个人实际所得薪酬}{部门或企业薪距中点}$$

3）如果计算部门员工的薪资均衡指标，它反映的是该部门员工工资与企业工资范围的中点值的比例。在这种情况下，公式中的分子就是该部门员工的人均工资。

$$薪资均衡指标 = \frac{部门平均薪酬}{企业薪距中点}$$

4）如果计算某企业在整个行业的薪资均衡指标，它反映的是该企业工资水平在行业中的情况。在这种情况下，公式中的分子就是企业人均工资，分母是人力资源市场中行业薪酬的中点值。

$$薪资均衡指标 = \frac{企业平均薪酬}{行业薪距中点}$$

（2）薪资均衡指标应用

在同一个企业或者部门内部，员工之间的薪资均衡指标可以相互比较，在不同的部门和企业之间，薪资均衡指标也可以进行对照。薪资均衡指标可以用于薪酬体系的衡量与评估，并成为企业人力资源管理中一个有力的计划和控制工具。薪资均衡指标的具体应用详见表9-6。

表9-6　　　　　　　　薪资均衡指标的应用说明

应用	具体应用说明
员工工资等级分析	薪资均衡指标，可用来检查工资等级中在职员工的分布情况，并进行分析 （1）当薪资均衡指标等于1时，表明总体上员工被支付了等于他们工资范围中点值的工资，对于经过培训的员工和熟练的员工应该支付等于或高于中点值的薪酬 （2）当薪资均衡指标小于1时，说明员工工资偏低

续表

应用	具体应用说明
部门之间薪酬差距分析	薪资均衡指标可用来衡量部门之间的薪酬水平。薪资均衡指标的部门分析主要用来考察不同部门之间的待遇是否公平，企业的薪酬差距是否与企业的战略相匹配
绩效与薪酬调整相结合	企业可以引入薪资均衡指标，根据员工在部门或者企业中已有的相对位置，结合绩效水平进行薪酬调整和奖金分配，发现员工薪酬相对水平和上涨幅度，将薪酬决定推进到个人。一般来说，薪资均衡指标与绩效之间存在以下三种关系： （1）薪资均衡指标为 110%~120%，则绩效表现为卓越 （2）薪资均衡指标为 90%~110%，则绩效表现为优良 （3）薪资均衡指标为 80%~90%，则绩效表现为较差
企业薪酬外部竞争力评估	企业的薪资均衡指标可以用来评估企业薪酬体系的竞争力 （1）薪资均衡指标的计算结果若等于 1，说明企业的薪酬体系是匹配型的，即企业薪酬上涨幅度和通货膨胀水平相当 （2）若计算结果大于 1，说明企业薪酬的竞争力是领先型的 （3）若计算结果小于 1，说明企业薪酬的竞争力是落后型的

7. 收入 − 利润 = 成本

根据《企业会计准则——基本准则》相关规定，收入是指企业在日常活动中形成的、会导致所有者权益增加的、与所有者投入资本无关的经济利益的总流入。利润是指企业在一定会计期间的经营成果，利润包括收入减去费用后的净额、直接计入当期利润的利得和损失等。成本（费用）是指企业在日常活动中发生的、会导致所有者权益减少的、与向所有者分配利润无关的经济利益的总流出。

"收入 − 利润 = 成本"模式在企业成本预算中起主导作用，表达了"算了再干"的成本理念，能够控制成本，减少浪费，保证股东的利益。它体现了预算的严肃性、严谨性和严格性，防止了人为的随意性。

企业将一定期间的收入与成本配比即可得出利润，三者两两配比都可得出第三个要素。"收入 − 利润 = 成本"的配比主要包括以下三种形式。

（1）直接配比，是将与具体某项收入有直接因果关系的成本费用，与其相对应的收入直接匹配，以确定利润的配比方式，如将直接材料、直接人工成本计入该产品的成本，将销售成本直接转入所实现的销售收入对应的费用等。

（2）间接配比，是将几个对象共同耗用的成本，按一定比例或系数分配到各个具体对象中，使之与相应的财务成果相联系，如制造费用可用间接配比方式进行分配。

（3）期间配比。

1）对于不与任何具体产品或劳务具有因果关系的费用，因其只与一定期间相联系，这些费用被视为与该期间所实现的全部收入有关系，需要与该期间的收入进行配比。这些费用有管理费用、销售费用、财务费用、营业外支出等。

2）一般销售费用很难与特定的销售收入相联系，且当期发生的销售费用一般都与当期的销售收入相关，很少有跨期处理情况，为了核算方便，也视同期间费用。

8. 预算、核算与支出控制

（1）薪酬成本预算

薪酬成本预算的相关内容详见本章第一节。

（2）薪酬成本核算

薪酬成本核算的内容主要包括两个方面，即人工成本基本指标和人工成本投入产出指标，具体见表9-7。

表9-7　　　　　　　　薪酬成本核算内容

项目	指标	具体内容说明
人工成本基本指标	企业从业人员年平均人数	企业从业人员年平均人数，是按国家统计局规定的范围和方法进行统计，在岗员工年平均人数单列其中
	企业从业人员年人均工作时数	企业从业人员年人均工作时数 = $\dfrac{\text{企业年制度工时} + \text{年加班工时} + \text{损耗工时}}{\text{企业从业人员年平均人数}}$
	企业销售收入	企业销售收入是核算企业在报告期内生产经营中通过销售产品、提供劳务或从事其他生产经营活动而获得的全部收入

续表

项目	指标	具体内容说明
人工成本基本指标	企业增加值	企业增加值是核算企业在报告期内以货币表现的企业生产活动的最终成果 1. 生产法核算。增加值 = 总产出 – 中间投入 2. 收入法核算。增加值 = 劳动者报酬 + 固定资产折旧 + 生产税净额 + 营业盈余
	企业利润总额	企业利润总额是企业在报告期内实现的盈亏总额，反映企业最终的财务成果
	企业成本总额	企业成本总额是企业在报告期内为生产产品、提供劳务所发生的所有费用
	企业人工成本总额	企业人工成本总额 = 企业从业人员劳动报酬总额 + 社会保险费用 + 福利费用 + 教育经费 + 劳动保护费用 + 住房费用 + 其他人工成本
人工成本投入产出指标	薪酬费用率	薪酬费用率 = $\dfrac{\text{薪酬总额}}{\text{销售额}} \times 100\%$
	劳动分配率	劳动分配率 = $\dfrac{\text{人工成本总额}}{\text{增加值（纯收入）}} \times 100\%$
	薪酬利润率	薪酬利润率 = $\dfrac{\text{利润总额}}{\text{薪酬总额}} \times 100\%$

（3）薪酬成本支出控制

企业受市场环境的影响，要在激烈的市场竞争中立于不败之地，就必须不断地加强成本控制，而薪酬成本是企业成本的重要组成部分。科学合理地控制企业薪酬成本支出，对提高企业的经济效益具有十分重要的意义。

薪酬成本支出控制，是企业日常成本控制的重要内容，包括对劳动消耗量、工资成本、单位产品工资成本的控制等。具体来讲，薪酬成本支出控制应从以下两种意义来解释。

一是在薪酬预算时要认真决策，精打细算，在薪酬执行中厉行节约、高效，在保证不影响生产经营的前提下尽量减少薪酬支出总额。

二是投入与产出的比率，也就是投入的人工成本与创造的价值的比例大小。从这种角度来看,并不是人工成本增加就意味着没有控制好人工成本,而是要看增加投入的人工成本所带来的增加值是多少。

以下是薪酬成本支出控制的具体内容和方法,见表9-8。

表9-8　　薪酬成本支出控制的具体内容和方法

方法	具体内容或方法说明
劳动消耗量控制	定额管理是企业管理的重要基础工作,各种劳动定额的制定是实行成本控制的必备条件。为保证最佳成本目标的实现,企业应立足于降低产品的劳动消耗量,采用科学方法制定各种产品、零部件的工时消耗控制目标,作为控制和考核劳动者劳动数量和质量、制定单位产品工资成本的依据
工资成本控制	工资成本控制,主要是指工资总额控制目标和企业各类人员工资标准 (1)工资总额控制目标应在劳动定员基础上,根据人员工资标准制定,同时还要考虑劳动生产率的影响,以及在国家宏观控制范围内一定时期工资水平的增长幅度 (2)企业各类人员的工资标准,应按国家规定执行。实行计件工资的企业,若国家无统一标准,一般应考虑员工的技术水平、劳动熟练程度和劳动的各方面条件,参照同行业、同工种的工资标准,通过测算具体制定
单位产品工资成本控制	单位产品工资成本控制的目标是在上述劳动消耗量、工资成本的控制目标确定之后,按不同产品进行汇集,通过编制产品成本计划确定其目标值

企业在控制薪酬成本时常用的有两种管理思路,即人工成本弹性控制思路和人工成本水平状态控制思路。

1)人工成本弹性控制思路。企业人工成本的弹性控制体系是考察人工成本的增长状态,即从动态的角度通过对人均人工成本变动幅度分别与人均增加值、人均销售收入、人均总成本变动幅度的比值(弹性)的控制,把人工成本水平的提高控制在经济效益和投入产出水平所能允许的范围之内。

2)人工成本水平状态控制思路。企业人工成本的水平状态控制体系是从水平状态考察人工成本,即从分配水平的角度控制人工成本。人工成本的水平状态主要是从人工成本的比率指标来考察的,以行业平均的劳动分配率、人事费用率、人工成本占总成本比重这三个比率指标作为参照，衡量企业与行业对应比率指标的偏差程度。

（三）薪酬成本控制的方法

1. 零基预算法

零基预算法（zero-base budgeting，简称 ZBB）又称为零底预算法，其全称为"以零为基础编制计划和预算的方法"。零基预算法最初是由德州仪器公司开发的，是指在编制预算时对于所有的预算支出，均以零为基底，不考虑以往情况如何，从根本上研究分析每项预算是否有支出的必要以及支出数额的大小。

这种预算不以历史为基础做修修补补，而是在年初重新审查每项活动对实现组织目标的意义和效果，并在成本效益分析的基础上，重新排出各项管理活动的优先次序，并据此决定资金和其他资源的分配。

零基预算法的操作步骤主要包括划分和确定基层预算单位、编制单位费用预算方案、进行成本效益分析、审核分配资金以及编制并执行预算五个方面。

（1）划分和确定基层预算单位。企业将各部门、各分公司单位作为成本预算的基层单位（即基层预算单位）。

（2）编制单位费用预算方案。由企业提出总体目标，然后各基层预算单位从企业的总目标和自身的责任目标出发，编制本单位为实现上述目标的费用预算方案。方案中必须详细说明提出项目的目的、性质、作用，以及需要开支的费用数额。

（3）进行成本效益分析。基层预算单位按下达的"预算年度业务活动计划"，确认预算期内需要进行的业务项目及其费用开支后，管理层对每一个项目的所需费用和所得收益进行比较分析，权衡轻重，区分层次，划出等级，分出先后。

基层预算单位的业务项目一般分为三个层次：第一层次是必要项目，即非进行不可的项目；第二层次是需要项目，即有助于提高质量、效益的项目；第三层次是改善工作条件的项目。

（4）审核分配资金。根据预算项目的层次、等级和次序审核、分配资金，落实预算。按照预算期可动用资金及其来源，以及项目的轻重缓急次序进行分配。

（5）编制并执行预算。资金分配方案确定后，就编制零基预算正式稿，经批准后下达执行。遇有偏离预算的地方要及时纠正，遇有特殊情况要及时修正，遇有预算本身存在问题要找出原因，总结经验。

2. 劳动分配率基准法

劳动分配率基准法是以劳动分配率为基础，根据一定的目标人工成本，推算出企业所需要达到的目标销售额；或者是根据一定的目标销售额，推算出可能支出的人工成本及人工成本总额的增长或减少幅度。

需要说明的是，劳动分配率是指企业人工成本占企业附加价值的比率。附加价值是由企业本身所创造的价值，是企业可以用来进行分配的收入，它是资本与劳动之间进行收益分配的基础。计算附加价值的方法主要包括扣除法和相加法。

（1）扣除法，计算公式为：

附加价值 = 销售（生产）净额 – 外购部分
　　　　 = 销售净额 – 当期进货成本（直接原材料 + 购入零配件 + 外包加工费 + 间接材料）

（2）相加法，计算公式为：

附加价值 = 利润 + 人工成本 + 其他附加价值的各项费用
　　　　 = 利润 + 人工成本 + 财务费用 + 租金 + 折旧 + 税收

在应用劳动分配率基准法时，还涉及附加价值率的问题，即附加价值占销售额的比例。附加价值率越高，说明企业经营能力越好，企业支付人工成本的能力就越强。所以，合理的人工成本率可以由下列公式计算得出。

$$合理的人工成本率 = \frac{人工成本}{销售额} \times 100\%$$

$$= \frac{净产值}{销售额} \times \frac{人工成本}{净产值} \times 100\%$$

$$= 目标附加价值率 \times 目标劳动分配率 \times 100\%$$

劳动分配率基准法的操作步骤具体如下。

（1）计算目标销售额，即用目标人工成本（计划人工成本）、目标净产值（计划净产值）及目标劳动分配率（计划劳动分配率）三项指标计算出目标销售额（计划销售额）。计算公式为：

$$目标销售额 = \frac{目标人工成本}{人工成本率}$$

$$= \frac{目标人工成本}{目标净产值 \times 目标劳动分配率}$$

（2）计算合理薪酬增长幅度，即在计算上年度劳动分配率和确定本年度目标劳动分配率的基础上，根据本年度目标销售额计算出本年度目标人工成本，并求出薪酬总额的增长幅度。主要运用劳动分配率求出合理薪酬增长幅度。计算公式为：

$$上年度劳动分配率 = \frac{上年度人工成本}{上年度净产值} \times 100\%$$

$$合理薪酬增长幅度 = \left(\frac{本年度目标人工成本}{上年度人工成本} - 1 \right) \times 100\%$$

$$= \left(\frac{本年度目标销售额 \times 本年度目标劳动分配率}{上年度人工成本} - 1 \right) \times 100\%$$

3. 销售净额基准法

销售净额基准法是指根据前几年实际人工成本率、本年度计划平均人数和上年度平均薪酬以及本年度目标薪酬增长率，求出本年度目标销售额，并以此作为本年度应该实现的最低销售净额。计算公式为：

$$目标人工成本 = 本年度计划平均人数 \times 上年度平均薪酬 \times (1 + 本年度目标薪酬增长率)$$

$$目标销售额 = \frac{目标人工成本}{人工成本率}$$

4. 工资结构线分析法

工资结构线分析法也称薪酬结构线分析法，是指对员工薪酬结构进行直观的展现，以显示出员工的相对价值与其相应的实付薪酬之间的关系。工资结构线是二维的，绘制"以岗位评价等级表示员工相对价值的分数作为横坐标，以实付薪酬作为纵坐标"的薪酬结构。

通过工资结构线分析，企业可以根据工作岗位分析、评价以及薪酬调查的结果来确定本企业各级员工的工资结构，规划各个职级的工资幅度、起薪点和顶薪点等关键性指标，明确各岗位的相对价值与实付薪酬对应的数值关系。

工资结构线分析法的模型设计具体如图9-6所示。

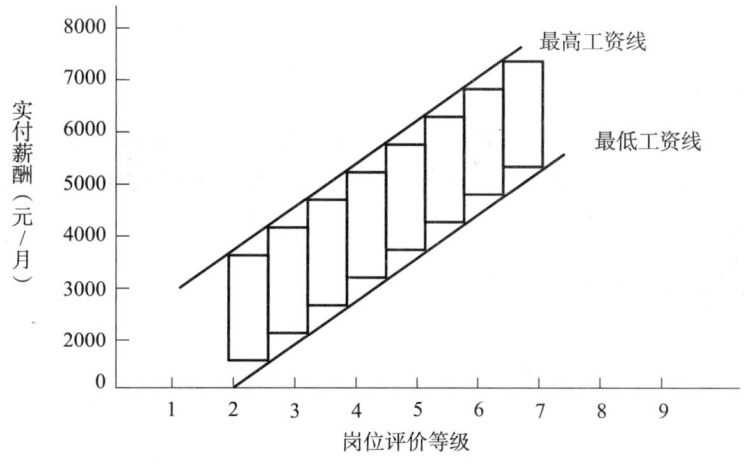

图9-6 工资结构线分析法模型设计

注：1. 依据每一等级的工资率所折算而成的实付薪酬数额，折算率越高，工资结构线的斜率越大。管理人员的工资结构线通常采用边际递增方式（职等越高，工资增加率越高）。

2. 工资结构线的斜率越大，各等级之间的工资差距越大，表示企业对于贡献价值不同的岗位，采用的是拉大企业工资差距的薪酬成本控制策略。

5. 薪酬冻结

由于基本薪酬具有刚性，企业直接降薪极易遭到员工的抵制，同时会挫伤员工的积极性，企业可以通过实行薪酬冻结来缓解企业资金困难问题，从而控制人工成本。薪酬冻结是指让员工的薪酬在一段时间内保持不变。这种做法一般不会引起员工的过度反感，有时还会使员工反思自己的业绩或者表现，激励员工付出更多努力。

暂时的薪酬冻结，节省下来的资金可用于企业再生产或者开辟新的销售渠道，也可用于短期的薪酬水平控制。其最根本的一点是可以稳定员工的工作情绪，保证企业生产的连续性，从而为企业战胜竞争对手提供机会和支持。

6. 延缓提薪

当企业的经济效益较差时，可采取延缓提薪的方式来控制薪酬成本。延缓提薪是指对于应该提薪的员工，暂时推迟一定时期（一般为1~2个月）提薪，待到企业摆脱生存和竞争困境，经济效益好转之时再予以提薪。企业采用延缓提薪的前提是与员工进行良好的沟通，可以向员工直接说明企业所面临的现状和困难，争取营造同舟共济、团结一致的氛围。

7. 间接薪酬控制

间接薪酬又称为福利薪酬，是指员工作为企业成员所享有的、企业为员工将来的退休生活及一些可能发生的不测事件（如疾病、事故）等所提供的经济保障，其费用部分或全部由企业承担。

间接薪酬往往不是以货币形式直接支付的，而多以实物或服务的形式来支付。它之所以被称为间接薪酬，是因为它与基本薪酬和可变薪酬存在明显的区别，即福利与服务不是以员工向企业提供的工作时间来计算的。

间接薪酬控制是指通过适当压缩企业在一些福利或者服务方面的开支，从而达到控制薪酬成本的目的，这种方式可以避免强行降薪带来的不利影响。

8. 可变薪酬控制

可变薪酬是指以员工、团队或者要求的绩效为依据而支付给员工个人的薪酬。可变薪酬主要包括个人可变薪酬和群体可变薪酬。其中，个人可变薪酬是指主要以员工个人的绩效表现为基础而支付的薪酬；群体可变薪酬是指以团队或者企业绩效为依据向员工支付的薪酬。

可变薪酬控制是指企业根据员工个人或者团队的绩效情况以及有关薪酬管理计划来给员工支付薪酬，主要控制方面包括以计件、计时为薪酬评定办法的基本薪酬，绩效薪酬以及企业相关的利润分享等。

企业运用可变薪酬控制的方式控制薪酬成本，具体可以通过个人可变薪酬控制和群体可变薪酬控制两方面措施来实施。

（1）个人可变薪酬控制。

1）计件制。根据员工的产出水平和工资率来支付相应的薪酬。

2）计时制。根据员工完成工作的时间来支付相应的薪酬。

3）绩效工资。根据员工的绩效考核结果来支付相应的薪酬。

4）绩效调薪。根据员工的绩效考核结果对其基本薪酬进行调整。

5）绩效奖金。根据员工的绩效考核结果给予一次性奖励。

6）特殊绩效认可计划。

（2）群体可变薪酬控制。

1）利润分享计划。对代表企业绩效的某种指标（通常是利润）进行衡量，并以衡量的结果作为依据来对员工支付薪酬。

2）收益分享计划。以成本节约的一定比例来给员工发放奖金，这部分奖金较之以往，只能按照一定比例进行缩减，而不能增加。

3）股票所有权计划。只让很少一部分员工拥有企业的股票或股权，包括现股、期股以及期权计划等。

本章自测题

1. 简述薪酬预算的目标。
2. 简述薪酬预算的实施步骤。
3. 薪酬控制有哪几种控制方法？请详细说明。
4. 薪酬总额有哪几种控制方法？请详细说明。
5. 简述薪酬水平控制方法。
6. 简述成本控制与利益均衡图解的内容。
7. 简述薪酬成本控制的方法。

第十章　薪酬运行管理

 学习目标

- 了解薪酬支付的依据与方式
- 了解加班加点工资的支付依据
- 了解薪酬诊断的必要性
- 掌握薪酬诊断的内容
- 掌握薪酬沟通的步骤

 引导案例

某网络科技公司是一家提供网络应用技术的高新技术企业。公司立足于研发完全基于自主知识产权的网络教育系列产品，在短短的两年内，从一家只有20人的小公司发展成为拥有300名员工的规模企业。

公司建立初期实行的是"基本工资＋年终奖金"的形式，公司员工的工资和奖金高低不一，谁的技术水平高、业绩好、对公司的贡献大，谁的工资和奖金就高。工资和奖金的发放额度全部是由总经理决定，很少有人会对此有疑义，因为对每个人的工作

成绩，总经理都知道得非常清楚，其他人也是有目共睹的，所以公司内部非常和谐。

随着公司规模的扩大，这种和谐被打破了。因为员工增多后，总经理对每个人的工作判断就不再准确了，有些人由于工资拿得比别人少，感觉很不公平。

总经理听到大家的反映后，觉得是到该改变薪酬体系的时候了。于是，他让人力资源部在了解同行业的薪酬情况的基础上，根据岗位、绩效、在职年限、学历等多项标准，初步建立起公司的薪酬体系，而薪酬的发放形式还是"基本工资+年终奖金"。对此，员工也比较认可，不和谐的议论渐渐少了。

但是这种薪酬体系刚刚实行了两个月就遇到了问题。人力资源部在招聘时发现公司的薪酬对求职者缺乏吸引力。求职者只认基本工资，而对于年终发放的奖金部分并不具备如公司老员工那样的认识，他们担心最后的年终奖金太少，甚至不发，因此不愿意来公司工作。

公司要发展和进步，必须不断引进高素质人才，在这种情况下，对薪酬进行再次调整势在必行。人力资源部在征询了员工的意见后，将薪酬形式改成了"基本工资+绩效工资+年终奖金"，员工的基本工资占比从原来的60%提高到了70%，而年终奖金的比例由原来约占总薪酬的40%下降到15%左右，余下的15%用来发放每月的绩效工资。这样公司中的老员工拿到的薪酬总额虽然同以前没有什么变化，但是由于受到每月绩效工资的激励，他们都更加积极、努力地工作了。

而且这样一来，许多求职者被公司的薪酬所吸引而纷纷投递简历，薪酬体系的调整成功地解决了公司招聘难的问题。

从管理的角度出发，该公司的薪酬调整有哪些值得借鉴之处？

第一节 薪酬支付

一、薪酬支付概述

薪酬支付是指企业员工薪酬的具体发放办法,即员工完成一定的工作量后应获得的报酬支付及其在特殊情况下的工资如何支付等问题。薪酬支付包括薪酬支付项目、薪酬支付的时间和要求等。

(一)薪酬支付项目

薪酬支付项目是指构成薪酬的各项计时工资、计件工资、奖金、津贴和补贴、延长工作时间的工资以及特殊情况下支付的工资。

但劳动者的以下劳动收入不属于薪酬支付范畴:

1. 单位支付给劳动者个人的社会保险福利费用,如丧葬抚恤救济费、生活困难补助费等。

2. 劳动保护方面的费用,如用人单位提供给劳动者的工作服、解毒剂、清凉饮料所涉及的费用等。

3. 按规定未列入工资总额的各种劳动报酬及其他劳动收入,如根据国家规定发放的创造发明奖、国家星火奖、自然科学奖、科学技术进步奖、合理化建议和技术改进奖、中华技能大奖等,以及稿费、讲课费、翻译费等。

(二)薪酬支付的时间和要求

我国有关工资支付(即薪酬支付)的法律法规明确规定,工资应当以货币形式按月支付给劳动者本人,不得克扣或者无故拖欠劳动者的工资。劳动者在法定休假日和婚丧假期间以及依法参加社会活动期间,用人单位应当依法支付工资。

工资应当按月支付,是指按照用人单位与劳动者约定的日期支付工资。如遇节假日或休息日,则应提前在最近的工作日支付。工资至少每月支付一次，对于实行小时工资制和周工资制的人员，工资也可以按日或周发放。对完成一次性临时劳动或某项具体工作的劳动者，用人单位应按有关协议或合同规定在其完成劳动任务后即支付工资。

用人单位不得克扣或者无故拖欠劳动者的工资。但有下列情况之一的，用人单位可以代扣劳动者工资：

（1）用人单位代扣代缴的个人所得税；

（2）用人单位代扣代缴的应由劳动者个人负担的各项社会保险费用；

（3）法院判决、裁定中要求代扣的抚养费、赡养费；

（4）法律、法规规定可以从劳动者工资中扣除的其他费用。

另外，以下减发工资的情况也不属于"克扣"：

（1）国家的法律、法规中有明确规定的；

（2）依法签订的劳动合同中有明确规定的；

（3）用人单位依法制定并经职代会批准的厂规、厂纪中有明确规定的；

（4）企业工资总额与经济效益相联系，经济效益下浮时，工资必须下浮的（但支付给劳动者的工资不得低于当地的最低工资标准）；

（5）因劳动者请事假等相应减发工资等。

同时，"无故拖欠"也不包括：

（1）用人单位遇到非人力所能抗拒的自然灾害、战争等原因，无法按时支付工资；

（2）用人单位确因生产经营困难、资金周转受到影响，在征得本单位工会同意后，可暂时延期支付劳动者工资，延期时间的最长限制可由各省、自治区、直辖市劳动行政部门根据各地情况确定。

除上述情况外，拖欠工资均属无故拖欠。

二、薪酬支付的依据

薪酬支付的依据是指用人单位依据什么向员工支付薪酬。薪酬支付的依据主要有以下五个方面。

（一）依据岗位付酬

依据岗位付酬是大多数企业采用的方式。岗位价值体现在岗位责任、岗位贡献、知识技能等方面，企业以此为依据进行付酬。

（二）依据职务付酬

依据职务付酬是依据岗位付酬的简化。依据职务付酬不能体现同一职务不同岗位的差别。职务和岗位的区别在于，岗位不仅要体现层级还要体现工作性质，如财务部部长、市场经理等；而职务一般只表达出层级，不能体现工作性质因素，如科长、部长、主管等。

（三）依据技能（能力）付酬

依据技能付酬和依据能力付酬在理论概念上是有区别的，技能是能力的一个组成要素。在企业薪酬实践中，一般对工人习惯以技能付酬，对管理人员习惯以能力付酬。

（四）依据业绩付酬

依据业绩付酬是指依据个人、部门、组织的绩效进行付酬。

（五）依据市场付酬

依据市场付酬是指依据市场价值的多少进行付酬。

三、薪酬支付的方式

一般情况下，不同的岗位应采用不同的薪酬支付方式，通常有以下四种支付方式。

（一）计时支付薪酬

计时支付薪酬即计时工资，是指依照劳动者的工作时间来计算工资的一种方式。计时工资可分为月工资制、日工资制和小时工资制。它由两个因素决定：一是工资标准；二是实际工作时间。由于各种劳动均可以用劳动时间来计量，所以计时工资的适应性强，实施范围广泛。

1. 计时工资的计算

采用月工资制支付工资时，计时工资的计算公式为：

$$应付计时工资 = 月标准工资 - 日工资额 \times 缺勤天数$$

2. 日工资、小时工资的折算

$$日工资 = 月工资收入 / 月计薪天数$$
$$小时工资 = 月工资收入 /（月计薪天数 \times 8）$$
$$月计薪天数 =（365-104）/12=21.75（天）$$

（二）计件支付薪酬

计件支付薪酬即计件工资，是指按照员工生产合格产品的数量和预先规定的计件单价支付工资的一种工资形式。计件工资关键是合理确定计件单价，即员工生产的每件合格产品应当支付的工资金额，它是支付计件工资的依据。

计件工资主要适用于能够单独计算个人的劳动成果的行业和工种。

（三）业绩挂钩支付薪酬

业绩挂钩支付薪酬不只考虑工作结果或产出，还关注实际工作效果。在这种管理方式下，员工个人的业绩是依照预先设定的目标，或是对比岗位描述中所列的各项任务，利用业绩评估手段进行测量，然后根据评估结果支付薪酬。

（四）利润挂钩支付薪酬

这种薪酬支付方式将员工薪酬与企业所获利润密切结合在一起。企业所获利润越多，员工薪酬也相应增加；反之，员工薪酬会随之减少。

四、加班加点工资的支付

有关加班加点工资的支付，《劳动法》和《工资支付暂行规定》都作出了相关规定。

《劳动法》第四十三条规定:"用人单位不得违反本法规定延长劳动者的工作时间。"第四十四条规定:"有下列情形之一的,用人单位应当按照下列标准支付高于劳动者正常工作时间工资的工资报酬:

"(一)安排劳动者延长工作时间的,支付不低于工资的150%的工资报酬;

"(二)休息日安排劳动者工作又不能安排补休的,支付不低于工资的200%的工资报酬;

"(三)法定休假日安排劳动者工作的,支付不低于工资的300%的工资报酬。"

《工资支付暂行规定》第十三条也规定:"用人单位在劳动者完成劳动定额或规定的工作任务后,根据实际需要安排劳动者在法定标准工作时间以外工作的,应按以下标准支付工资:

"(一)用人单位依法安排劳动者在日法定标准工作时间以外延长工作时间的,按照不低于劳动合同规定的劳动者本人小时工资标准的150%支付劳动者工资;

"(二)用人单位依法安排劳动者在休息日工作,而又不能安排补休的,按照不低于劳动合同规定的劳动者本人日或小时工资标准的200%支付劳动者工资;

"(三)用人单位依法安排劳动者在法定休假节日工作的,按照不低于劳动合同规定的劳动者本人日或小时工资标准的300%支付劳动者工资。

"实行计件工资的劳动者,在完成计件定额任务后,由用人单位安排延长工作时间的,应根据上述规定的原则,分别按照不低于其本人法定工作时间计件单价的150%、200%、300%支付其工资。"

五、特殊情况下的工资支付

特殊情况下的工资支付是指在非正常情况下或者劳动者暂时离开工作岗位时,按照国家法律法规的规定对劳动者的工资支付。

（一）各种假期的工资支付

《劳动法》第五十一条规定："劳动者在法定休假日和婚丧假期间以及依法参加社会活动期间，用人单位应当依法支付工资。"

（二）停工期间的工资支付

《工资支付暂行规定》第十二条规定："非因劳动者原因造成单位停工、停产在一个工资支付周期内的，用人单位应按劳动合同规定的标准支付劳动者工资。超过一个工资支付周期的，若劳动者提供了正常劳动，则支付给劳动者的劳动报酬不得低于当地的最低工资标准；若劳动者没有提供正常劳动，应按国家有关规定办理。"

（三）企业依法破产时的工资支付

《工资支付暂行规定》第十四条规定："用人单位依法破产时，劳动者有权获得其工资。在破产清偿中用人单位应按《中华人民共和国企业破产法》规定的清偿顺序，首先支付欠付本单位劳动者的工资。"

第二节 薪酬诊断

一、薪酬诊断的概念

薪酬诊断是指综合利用各种先进的分析手段和方法，发现企业薪酬方面存在的问题和薄弱环节，分析产生问题的原因，提出切实可行的方案或建议，进而指导方案实施从而解决问题、改善现状，提高企业的薪酬管理水平。通常情况下，薪酬诊断是由具有丰富企业管理、人力资源管理和薪酬管理理论知识和实践经验的专家，与企业有关人员密切配合来进行的。

一般情况下，企业会在日常薪酬管理实践中对薪酬体系进行诊断，这不仅出于检验薪酬体系自身问题的要求，而且还出于以下三点原因。

（一）与时俱进的要求

任何一个企业，一般都有一套完整的薪酬体系在支撑着组织的运作。随着外部竞争环境的变化以及组织的不断发展壮大，原有的薪酬理念可能会变得不合时宜，激励员工的薪酬手段也可能会在组织变革时失效。当组织越来越依靠团队工作时，之前以个人激励为主的薪酬政策就可能面临着变革。

（二）持续激励的要求

当企业遇到员工工作积极性不高，对待工作只当作应付差事时，企业也必然会考虑这是否是因为对员工的激励程度不够，是否是薪酬体系出了问题。那么，对企业的薪酬体系进行诊断也就被提上了议事日程。

（三）提高竞争力的要求

企业的薪酬体系一旦制定就应该在相当长一段时期内，稳定、切实有效地执行。但这并不意味着它就会一直对组织的竞争力产生积极作用。随着人员队伍的不断扩大，人工成本的不断上升，如果不及时对企业的薪酬体系进行诊断，企业就有可能会面临薪酬成本不断增加，进而导致自身竞争力下降的问题。另外，当员工对薪酬体系的抱怨增多且满意度日趋下降时，也应该及时对薪酬体系进行诊断和调整，防止因满意度下降而导致员工绩效水平下降并最终影响组织的市场竞争力。

二、薪酬诊断的内容

一般而言，对薪酬的诊断可以从五个方面进行，即薪酬目标诊断、薪酬水平诊断、薪酬体诊断系、薪酬结构诊断以及薪酬制度诊断。

（一）薪酬目标诊断

薪酬目标是企业薪酬管理最基础和核心的内容组成，其诊断内容主要包括：

1. 薪酬目标设计是否经过充分调研和分析。
2. 薪酬目标是否科学、合理，是否符合企业的现实生存环境和自身的实际发展情况。

（二）薪酬水平诊断

薪酬要满足内部公平性和外部竞争性的要求，并根据员工绩效、能力和工作态度进行动态调整，包括确定企业管理层、企业技术人员和企业营销人员的薪酬水平。为了打造更好的人才战略，还要确定稀缺人才的薪酬水平以及与竞争对手相比的薪酬水平。检测当前组织的总体薪酬水平与市场的关系，以保持组织薪酬的外部竞争性，其诊断内容主要包括：

1. 当前市场环境是否发生变化，这些变化对组织薪酬水平，特别是核心员工薪酬的外部竞争力是否有影响；是否具有外部竞争力，特别是核心员工的外部竞争力。
2. 当前薪酬水平与组织目前的经营状况和财务目标是否相一致。
3. 当前企业的薪酬水平和薪酬结构之间的关系是否协调。

（三）薪酬体系诊断

薪酬体系包括基础工资、绩效工资、期权期股的管理，及如何给员工提供个人成长、工作成就感、良好的职业发展和再就业能力的管理。换言之，薪酬体系主要从物质薪酬和精神薪酬两个方面保证员工的利益和企业的稳定性。其诊断内容主要包括：

1. 员工薪酬组合中，各薪酬要素之间的比例关系是否合理，是否具有激励效应。
2. 员工的努力程度是否与薪酬有直接的关系，激励薪酬对员工是否具有吸引力。
3. 当前的薪酬支付方式是否合理，是否考虑了时间性和个体差异。

（四）薪酬结构诊断

对企业薪酬结构进行管理时，要正确划分企业的薪级和薪等，确定合理的级差和等差,以及适应企业组织结构扁平化和员工岗位大规模轮换的需要,合理确定薪酬带宽;检测当前组织薪酬的纵向结构是否合理,以保持组织薪酬的内部一致性。其诊断内容主要包括:

1. 薪酬等级的数目和级差是否合理,是否体现内部公平的原则。
2. 各类各级员工的薪酬关系是否协调,是否体现员工公平的原则。
3. 核心员工的流失率是否与薪酬结构,特别是薪酬等级结构的设计有关。

(五) 薪酬制度诊断

薪酬决策应在多大程度上向所有员工公开和透明化,谁负责设计和管理薪酬制度,薪酬管理的预算、审计和控制体系又该如何建立和设计。对组织的薪酬制度进行诊断,需要重点关注组织所实施的薪酬制度是否符合以下要求:

1. 与组织战略的基本方向和未来目标一致。
2. 与组织人力资源管理系统及其各环节之间的关系协调。
3. 体现了职责、能力、绩效三者统一的原则。
4. 考虑了现实可行性与未来调整的空间。

三、薪酬诊断的方法

有多种方法可以对薪酬进行诊断,下面主要介绍问卷调查法、访谈法和指数诊断法。

(一) 问卷调查法

问卷调查法是指通过薪酬问卷的形式对企业员工进行调查。通过对填写好的问卷进行统计与分析,寻找对薪酬中存在的问题进行改善的方法。薪酬诊断问卷详见表10-1。

表 10-1　　　　　　　　　薪酬诊断问卷

1. 您认为公司的薪酬体系设计和调整与公司的发展战略目标的匹配程度（　　）。
   A. 较高　　　　　B. 一般　　　　　C. 较低　　　　　D. 不清楚
2. 您认为公司的薪酬管理现状是（　　）。
   A. 能够有效保留核心员工　　　　　B. 对外部人才具有较强的吸引力
   C. 具有较强的激励导向　　　　　　D. 对绩效差的员工具有淘汰效果
   E. 激励性弱　　　　　　　　　　　F. 如是其他，请注明
3. 您认为公司制定薪酬策略时的参考依据是（　　）。
   A. 根据岗位不同，设置不同薪酬等级　　B. 根据业绩不同，设定不同薪酬水平
   C. 根据个人能力不同，给付不同的薪酬　D. 参考市场水平，制定相应薪酬水平
4. 您认为您的薪酬与您的岗位（　　）。
   A. 非常相称　　　B. 基本相称　　　C. 不相称　　　　D. 非常不相称
5. 您觉得您的薪酬在同行中（　　）。
   A. 很高　　　　　B. 偏高　　　　　C. 一般　　　　　D. 偏低
6. 与其他企业相同岗位的人相比，您觉得您的工资（　　）。
   A. 很高　　　　　B. 偏高　　　　　C. 一般　　　　　D. 偏低
7. 您觉得公司的工资构成中各部分所占的比例（　　）。
   A. 非常合理　　　B. 较合理　　　　C. 不确定　　　　D. 不合理
   E. 非常不合理
8. 在过去的一年里，您获得的工资涨幅（　　）。
   A. 非常合理　　　B. 较合理　　　　C. 不确定　　　　D. 不合理
9. 您认为公司员工对目前薪酬水平的满意度是（　　）。
   A. 非常满意　　　B. 较满意　　　　C. 一般　　　　　D. 不满意
   E. 非常不满意
10. 影响公司员工薪酬上升通道的主要因素包括（　　）。
    A. 资历　　　　　B. 业绩　　　　　C. 能力　　　　　D. 职务
    E. 如是其他，请注明

（二）访谈法

访谈法是指通过面对面的方式与薪酬调查对象进行沟通，从交谈中了解企业薪酬中存在的问题。访谈过后企业管理者可对访谈的问题和回答进行统计和分析，进而有针对性地对薪酬中存在的问题进行解决。在通过访谈法进行薪酬诊断时，应该注意以下三点。

1. 选择好访谈对象。访谈对象要具有代表性、典型性，对企业内部的薪酬情况及行业薪酬情况比较了解。

2. 设计好问题。访谈的问题要具有明确性和针对性，另外要注意设计的问题能让访谈对象容易理解和作答。

3. 营造良好的访谈氛围。访谈时要营造良好的访谈氛围，能让访谈对象放松地畅所欲言，这样才能了解到访谈对象的真实信息。

（三）指数诊断法

对薪酬的诊断可以从一些指标和数据入手，包括薪资均衡指标、递进系数等。

1. 薪酬的外部竞争性的诊断方法

薪资均衡指标是一个审核和评估薪酬体系的通用的、有效的指标。

薪资均衡指标等于实际支付的平均工资率除以薪酬范围的中点值。它可以用来衡量和诊断薪酬体系的各个方面，如外部竞争性、个体公平性、激励性等。如果计算员工个体的薪资均衡指标，分子就是员工个体的实际工资率。

在对薪酬的外部竞争性进行判断时，如果薪资均衡指标等于1，说明企业当前的薪酬水平决策类型是市场跟随型的；如果薪资均衡指标大于1，说明企业当前的薪酬水平决策类型是市场领先型的；如果薪资均衡指标小于1，说明企业当前的薪酬水平决策类型是市场滞后型的。

2. 薪酬的内部一致性诊断方法

诊断薪酬的内部一致性要通过检查薪酬结构来进行，一般通过中点值递进系数来衡量。

中点值递进系数是指相邻等级的中点值的递进上升幅度。中点值递进系数是由岗位评价产生，其计算公式为：

$$中点值递进系数 = [中点值（高等级） - 中点值（低等级）] / 中点值（低等级）$$

中点值递进系数为 $0 \sim 0.5$，表明员工的薪酬处于薪酬等级的最低值与中点值之间。

3. 诊断薪酬的个体公平性和激励性

当薪资均衡指标等于1时，表明大部分员工的薪酬处于薪酬范围的中点值。这时需要进一步诊断薪酬的个体公平性与激励性问题，以避免激励不足的现象。为此，需要进一步诊断当前的薪酬是否体现了员工的相对资历或绩效优势，是否考虑了员工的样本特征（如年龄、需求偏好、职务类别等）。

四、薪酬三挂钩诊断

企业在执行内部薪酬策略时要考虑投资回报率（ROI），具体来说就是要做到薪酬三挂钩。薪酬三挂钩诊断主要是指薪酬体系与企业策略、成本投入以及员工价值的配合性和匹配性。

具体来讲，薪酬三挂钩即薪酬与企业策略挂钩、薪酬与成本投入挂钩、薪酬与员工价值挂钩，具体诊断内容如下。

（一）薪酬与企业策略挂钩

薪酬与企业策略挂钩主要包括：（1）检验企业薪酬体系是否能够驱动企业所期望的经营成果得以实现；（2）有没有与业务保持同步的市场竞争力；（3）如果在业务上没有竞争力，会造成人力资源管理的困难，而长期超前于业务的竞争力若投入过度，会使企业薪酬管理错乱。

（二）薪酬与成本投入挂钩

分析企业目前及预测的成本结构是否合理。例如，人力成本与总成本之间的比例、薪酬结构及定位、薪酬和福利投入的比例、固定工资和变动奖金的占比、短期激励和长期激励计划的比例等。

（三）薪酬与员工价值挂钩

薪酬与员工价值挂钩主要包括：（1）企业的薪酬计划对员工而言是否具有实际激励意义；（2）企业会不会在付出薪酬的同时，没有获得相应的回报。

除此之外，企业在进行薪酬改革时也会实行薪酬三挂钩，并在实际执行过程中进行深入的诊断与分析。薪酬改革三挂钩主要指以下三个方面的内容（见图 10-1）。

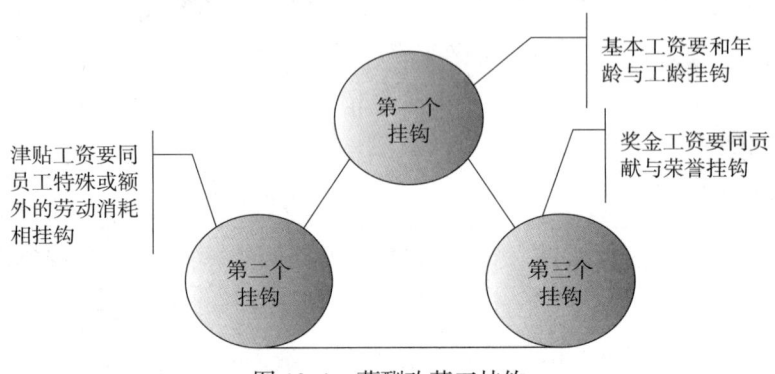

图 10-1　薪酬改革三挂钩

五、薪酬评价

（一）薪酬评价的标准

薪酬评价的标准主要包括薪酬符合组织战略需要，兼具内外公平性，成本节省与富有效率，符合国家政策要求等。薪酬评价标准的具体内容见表 10-2。

表 10-2　薪酬评价标准

评价标准	具体标准的内容说明
符合组织战略需要	一个设计良好的薪酬体系直接与组织的战略规划相联系，从而使员工能够把自己的努力和行为集中到帮助组织在市场中竞争和生存的方向上去 组织的薪酬制度不仅起到对员工的激励和促进作用，还能够起到补充和增强其他人力资源管理系统的作用，如人员选拔、培训和绩效评价等
兼具内外公平性	在一个设计良好的薪酬体系中，员工会感觉到，相对于同一组织中从事相同工作的其他员工、相对于组织中从事不同工作的其他员工、相对于其他组织中从事类似工作的员工而言，自己的工作获得了适当的薪酬 一个组织越是能够建立起面向员工的内外部公平的条件，它就越是能够有效地吸引、激励和保留它所需要的员工，从而实现组织的目标

续表

评价标准	具体标准的内容说明
成本节省与富有效率	薪酬是组织吸引和激励人才最直接、最普遍的方式。高薪对于优秀人才当然具有不可替代的吸引力，因此，组织在市场上提供较高水平的薪酬会大大增加其对人才的吸引力。但是组织的薪酬标准在市场上应该处于一个什么位置要视组织的财力、所需要人才的可获得性等具体情况而定，而不能一味地提供高薪 　　从本质上说，薪酬其实是员工和组织之间的一种交易或交换，是员工在向组织让渡其劳务使用权后所获得的报酬。在这个交换过程中，组织所支付的薪酬就是组织所花费的成本，如何支付最小的成本获得最大的利益是经济实体所应考虑的问题。所以，薪酬制度还应该在吸引人才、留住人才的同时做到节省成本的支出。如果能够以同样的成本创造出更大的价值，这就意味着组织是富有效率的
符合国家政策要求	相关企业应该考虑到国家对其工资总额的限制。在这样的情况下，组织在制定和调整薪酬制度的时候就必须充分考虑到国家政策的要求，否则，就有可能产生劳资纠纷，从而给组织的声誉和长期发展带来不利的影响

（二）薪酬评价的方式

薪酬评价的方式根据不同的标准可以有不同的划分方法。从薪酬评价的解决过程是否正式的角度，可以将薪酬评价分为正规方式评价和非正规方式评价两种；根据不同的评价人员，可以将薪酬评价分为内部人员评价诊断和外部专家评价诊断两种方式。

1. 正规方式评价和非正规方式评价

正规方式评价包括在薪酬问题的获得、分析和诊断过程中所采取的各种正式途径。具体体现在以下四个方面。

（1）通过正常的管理途径反映、收集和反馈一些企业薪酬管理的信息、资料和问题。

（2）组织专门的问题分析小组、薪酬专家和管理人员对薪酬问题进行及时的分析和评价。

（3）将分析结果以诊断报告和诊断方案的形式递交有关管理和决策

部门。

（4）通过定期或不定期的薪酬满意度调查，了解到最基层员工对薪酬制度和薪酬管理各方面的意见。正规方式评价中最常用的是员工薪酬满意度调查。

非正规方式评价是指通过一些内部的、灵活的沟通方式，及时反映薪酬管理中的问题。同时，企业的薪酬主管能够及时听取员工对薪酬政策和管理的意见和建议，甚至是抱怨，并从中发现问题，及时处理。

2. 内部人员评价诊断和外部专家评价诊断

内部人员评价诊断，即由企业内部人员如总经理、人力资源部门管理者和员工等组成评价小组，运用专家咨询、公司决策层集中会诊、员工面谈等方法对企业薪酬管理全过程进行评价。内部人员评价诊断的优点是费用低，时间机动灵活，评价人员熟悉企业文化及其相关运作；缺点是内部人员对企业存在的问题往往习以为常，不易发现问题及其产生的原因。

外部专家评价诊断是指由外部人力资源方面的专家、学者或具有丰富企业管理知识和经验的企业家来对企业进行薪酬管理评价。图10-2是外部专家评价诊断的特点分析。

优点分析	缺点分析
外部专家不属于某一企业，分析问题时立场较为客观公正 外部专家具有深刻的洞察力，易于发现问题及其原因 外部专家受过企业诊断技术的系统训练，分析问题的手段和方法较先进	费用较高 诊断时间需协商 诊断人员对企业特有的环境和文化不熟悉，需要一定的适应时间 对诊断人员的素质和能力要求较高

图10-2 外部专家评价诊断的特点分析

第三节 薪酬调整

一、薪酬调整的概念与原则

（一）薪酬调整的概念

薪酬调整是指企业根据外部经济、政策、法律等宏观环境变化或者根据企业内部的组织结构、经营效益、企业的员工绩效等变化，对企业员工的薪酬进行调整变更的活动。

（二）薪酬调整的原则

薪酬调整的原则包括公平原则、合法原则、激励原则、竞争原则。

1. **公平原则**

公平原则是指企业在进行薪酬调整时要兼顾各部门和人员的利益，在透明的绩效考核前提下，多劳多得，少劳少得。

2. **合法原则**

合法原则是指企业在进行薪酬调整时要符合国家法律法规和地方性法规，不能为了个人利益，私自进行调整。

3. **激励原则**

激励原则是指企业在进行薪酬调整时，给予为企业做出较大贡献的员工较多的薪酬提升奖励，鼓励其为企业的发展发挥更大的作用。

4. **竞争原则**

竞争原则是指企业在进行薪酬调整时，要考虑同行竞争对手的薪酬水平，与其对比保持合理的竞争优势。

二、薪酬调整的方法

薪酬调整的方法包括薪酬策略的调整、薪酬的整体调整和薪酬的个别调整。

(一)薪酬策略的调整

薪酬策略的调整是指企业为了适应外部经济、政治、社会、文化、市场等因素的变化和内部组织结构、业务模式、人才结构等的变化,而对其薪酬管理指导方针进行调整的过程。

1. 薪酬策略调整的种类

薪酬策略调整的种类具体见表10-3。

表10-3　　　　　　　　　薪酬策略调整的种类

种类	要点	适用范围
薪酬水平策略	1. 市场领先策略,是指企业实行高于市场薪酬平均水平的策略,确保留住企业现有人才,并对外部人才有较强的吸引力 2. 跟随型策略,即企业薪酬水平与市场薪酬水平基本保持一致,在保持一定流动性的基础上实现员工队伍的相对稳定 3. 滞后型策略,是指企业采取低于市场平均水平的薪酬策略,通过这种方式降低企业经营成本	市场领先策略适用于处于成长期的企业,跟随型策略适用于成熟期的企业,滞后型策略适用于衰退型企业
薪酬构成策略	1. 单一薪酬策略,是指企业支付给员工单一的工资,不设津贴、奖金与福利项目 2. 复合薪酬策略,是指企业把员工的薪酬总额划分为不同的支付项目,以基础工资为主,以津贴、补贴、奖金为辅,从而实现薪酬多种功能的综合与统一	单一薪酬策略通常适用于流动性较大的人员和签订短期劳动合同或兼职员工等,复合薪酬策略适用于稳定发展、保留核心人才的企业
薪酬等级策略	1. 高级差策略,通过设置增加不同岗位级差来增加对员工的激励性,促进员工之间的相互竞争,从而提高企业的总体效益 2. 平均级差策略,是指企业采用各个岗位等级薪酬差别不是很大的策略,以增强员工之间的公平性与团队协作 3. 适度级差策略,是指处于高级差和平均级差之间的薪酬策略	高级差策略适用于处于高速成长和发展期的企业,平均级差策略适用于国有企业或企事业单位,适度级差策略适用于成熟期的企业

续表

种类	要点	适用范围
薪酬体系策略	1. 基于工作策略，是指根据工作的性质、环境、劳动量调整薪酬的策略 2. 基于能力策略，是指根据员工具有的技能、能力调整薪酬的策略 3. 基于市场策略，是指根据在市场中取得的业绩调整薪酬的策略	基于工作策略适用于国有企业或事业单位，基于能力策略适用于民营企业、外资企业，基于市场策略适用于销售型企业
薪酬支付策略	1. 月薪策略，即企业在支付薪酬时按月度给予 2. 年薪策略，即企业在支付薪酬时按年度给予	月薪策略适用于主管级别及以下的员工，年薪策略适用于主管级别以上的员工

2. 薪酬策略调整的影响因素

一般影响薪酬策略的因素主要有以下六种。

（1）经济环境因素。经济环境因素一般包括通货膨胀水平、劳动力供求关系、宏观经济政策、采购经理人指数、国内生产总值、货币供应量、银行系统贷款增量等。

（2）政治环境因素。政治环境因素一般包括各国政局的变化，各国政府为了保护本国经济采取的贸易保护政策，国家主要领导人的更迭，国家制定的规划方向等。

（3）社会文化环境因素。社会文化环境因素是指一个国家或地区人们共同的价值观、生活方式、人口状况、文化传统、受教育程度、风俗习惯、宗教信仰等各个方面，这些因素是人们在长期的生活和成长过程中逐渐形成的。

（4）市场环境因素。市场环境因素包括竞争者所采取的薪酬策略是否进行了调整，生产企业产品的替代品的企业是否进行了薪酬策略调整。另外，企业所处的行业寿命周期、行业竞争态势处于哪个阶段也会对企业的薪酬策略产生影响。

（5）国家政策因素。国家政策因素是指国家为了提高民众的生活水平和消费水平，而对工资整体进行调整的政策。另外，如果国家实行了宽松的货币政策则很可能会造成物价上涨，地方政府和企业为了降低货币贬值造成的影响，采用增加补贴的方式增加工资。

（6）企业内部环境因素。企业内部环境因素包括企业发展战略目标、企业人力资源战略规划、企业组织结构、企业业务模式、企业经营规模等。

（二）薪酬整体调整

薪酬整体调整是指企业根据国家经济、法律、物价水平等因素的变化，行业及地区竞争状况，企业发展战略和经营效益等情况，而对其所有岗位的薪酬进行调整。

薪酬整体调整的方式一般包括等比例调整、等额调整、综合调整三种。

1. 等比例调整

等比例调整是指所有员工在原有薪酬的基础上，增长或降低同一百分比。等比例调整使薪酬高的员工调整的绝对数额大于薪酬低的员工。从激励程度来看，这种调整方式能对所有人产生相同的激励效果。

2. 等额调整

等额调整是指在企业员工在原有薪酬的基础上，增加或降低同等幅度的薪酬。采用此种调整方式，员工薪酬调整的绝对数额相同，薪酬高的员工调整的比例要小于薪酬低的员工。

3. 综合调整

综合调整是综合了等比例调整和等额调整的优点，对同一职等岗位薪酬调整幅度相同，不同职等岗位薪酬调整幅度不同。一般情况下，高职等岗位调整幅度大，低职等岗位调整幅度小。

在薪酬管理实践中，薪酬整体调整一般是通过调整工资或津贴、补贴项目来实现的。如果是因为外部因素或公司效益变化进行的调整，应该采用等比例调整或综合调整的方式，通过调整岗位工资来实现。如果是因为物价上涨等因素调整薪酬，应该采用等额调整的方式，一般采取增加津贴或补贴数额的方法。

（三）薪酬个别调整

薪酬个别调整是指企业定期或不定期地根据劳动力市场价格情况、部门绩效、个人业绩、年终绩效考核等情况，对某一职种的员工、某一职级的员工，或者是符合一定条件的员工进行薪酬调整的形式。也可以根据劳动力市场价格变化，调整某职种或职级员工的薪酬水平。薪酬个别调整具体包括从补贴上调整、根据工龄调整、根据员工工作态度调整、根据业绩调整、根据个人绩效调整。

1. 从补贴上调整

这类调整方法在企业中比较常见，是对从事某一特别职种的人员进行的岗位补贴，以表示对这一职种的劳动价值的认可，从而鼓励这一职种的从业人员更加积极地工作。

2. 根据工龄调整

很多企业会根据工龄来进行薪酬调整。员工只要在企业工作的时间长，就会获得更高的薪酬。这种方式稳定了员工队伍，降低了员工的离职率。

3. 根据员工工作态度调整

很多企业为了鼓励员工更加积极地工作，会根据员工的工作态度在薪酬方面对其区别对待，这样一方面提高了员工的工作积极性，另一方面也帮助企业提升了业绩。

4. 根据业绩调整

企业为了鼓励业务员更好地提升业绩，一般都会根据业绩来设计薪酬调整的政策，以此来调动全员积极性努力提升业绩，促进企业往更好的方向发展。

5. 根据个人绩效调整

企业对于员工都会有不同类型的绩效考核，通过绩效考核的综合分数来设计薪酬调整政策，既能服众，也能提高员工的工作积极性。

一般情况下，部门或个人绩效的考核结果是员工岗位工资调整的主要影响因素。对年终绩效考核结果优秀的部门或员工，可进行岗位工资晋级激励。

三、薪酬调整的方式

薪酬调整的方式主要包括薪酬水平调整、薪酬结构调整和薪酬组合调整。

（一）薪酬水平调整

薪酬水平调整指的是薪酬结构、等级要素、构成要素等不变，调整薪酬结构上每一等级和每一要素的数额。

1. 薪酬水平调整的影响因素

影响薪酬水平调整的主要因素有五个。

（1）同行业外部市场薪酬水平。主要参考市场薪酬率的变动，目的是保证企业的薪酬水平具有外部竞争力，它反映出企业对市场薪酬体系的再认识水平。

（2）员工绩效水平。为了提高员工的积极性及其工作效率，企业会对部分绩效良好员工的薪酬水平进行调整。

（3）员工工作能力。员工被企业认可的、与工作相关的能力和技能等也会为其带来薪酬调整的机会，如企业会为高级技工、高级工程师、注册会计师等提高薪酬待遇。

（4）工作岗位。通过岗位评价，将各工作岗位归入相应的薪酬等级，从而确定员工的薪酬水平。对于岗位发生变化的员工，将其薪酬和变动后的岗位相结合进行调整。

（5）工龄。主要是对在企业中工作过一段时间的员工，进行工龄工资的调整。

2. 薪酬水平调整类型

（1）按调整的范围划分，薪酬水平调整包括三种类型，即薪酬水平的整体调整、部分薪酬水平的调整、个人薪酬水平的调整，如图10-3所示。

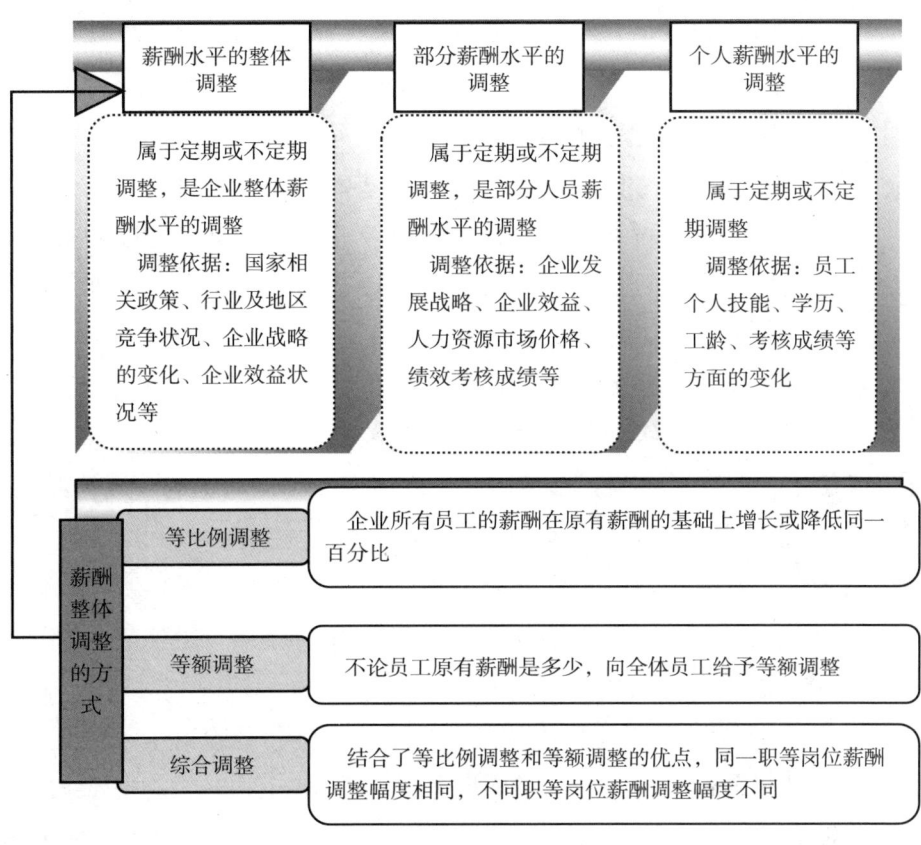

图 10-3　薪酬水平调整的类型

（2）按调整的内容划分，薪酬水平调整包括四种类型。

1）奖励性调整。奖励性调整一般是指当一些员工取得优良的工作绩效、突出的成绩或重大的贡献后，为了使他们保持这种良好的工作状态而采取的薪酬调整方式。奖励的形式有多种，有货币性的，也有非货币性的；有立即给予的，也有将来兑现的；有一次性支付的，也有分批享用和终身享用的。

2）生活指数调整。生活指数调整主要是为了补偿员工因通货膨胀而导致的实际收入无形减少的损失，从而确保员工的生活水平不会降低。

企业可以建立员工薪酬水平与生活指数自动挂钩的体系。在保持挂钩比例稳定的同时，实现对通货膨胀造成薪酬损失的补偿。但是在设定挂钩比例时，要注意时滞性问题，即生活指数调整总是跟在通货膨胀后面，所以它们之间总是有一定的差距。员工薪酬水平与物价指标自动挂钩设计的好坏决定了这个差距的大小。生活指数调整的常见形式主要有等比式调整和等额式调整两种。

等比式调整是所有员工在原有薪酬的基础上统一按照同一百分比调整。其优点是保持了薪酬结构内在的相对级差，使薪酬结构线的斜率仍按原规律变化；缺点是薪酬偏高者，薪酬提升的幅度较大，这进一步扩大了级差，会使薪酬偏低的员工产生怨言。

等额式调整是对所有员工的薪酬给予等额调整。其优点是一视同仁；缺点是缩小了薪酬的级差比，使薪酬结构关系和薪酬结构线的斜率按不同规律变化，动摇了原有薪酬结构设计的依据，可能会造成一定的混乱。

3）效益性调整。效益性调整是指当企业效益变好、盈利增加时，对全体员工给予普遍加薪的方法，类似于不成文的利润分享制度。效益性调整以浮动式、非永久性为佳，即当企业效益下滑时，针对全员的效益性薪酬下调也应成为必然。

4）工龄性调整。工龄性调整是将员工的资历和经验当作一种能力和效率而予以奖励的调整方式。随着时间的推移和员工在本企业连续工龄的增加，企业对员工进行提薪奖励。工龄性调整要体现对企业贡献积累的原则，鼓励员工长期为企业服务，进而增强员工的归属感，提高企业的凝聚力。工龄性调整的常见形式主要有等额递增法、将工龄与绩效相结合法两种。

等额递增法是指企业专门设置工龄工资，工龄工资的调整实行人人等额递增的做法。这种做法没有考虑工龄中含有绩效的成分。将工龄与绩效相结合法是将员工的工龄与其绩效考核结果相结合，作为提薪时考虑的依据，并运用薪酬定期调整指导表、员工职业生涯发展曲线等工具，来控制员工的工龄工资。

3. 注重经验曲线效应的规律

经验曲线又称为经验学习曲线，是一种用来描述随着经验积累的增加导致效率不断提高现象的曲线。经验曲线效应表示了经验与效率之间的关系，即当个体或组织在一项任务中习得更多经验时，他们就会变得更有效率。

由于经验曲线效应的作用，个人在企业里工作的时间越长，其对相应岗位工作的熟悉程度也会随之增加，经验也会日益丰富，对工作的理解也会更为深刻，这些都有利于员工改进工作方法，提高工作效率，更好、更快地完成相应的工作。但这些经验也不会永远增加，随着时间的推移，经验积累的速度会越来越慢，甚至停止。经验曲线的示例如图 10-4 所示。

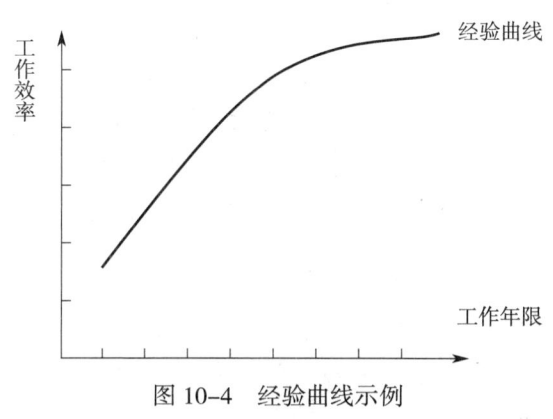

图 10-4　经验曲线示例

企业在进行薪酬水平调整时应重视经验曲线效应的规律性。岗位评价的结果是确定企业各岗位经验曲线的主要依据。对于经验曲线效应较强的岗位，在经验曲线上升期间，薪酬应按递增的比例增加，当经验曲线不再上升时，可适当地降低薪酬增长的幅度。对于经验曲线效应不强的简单工作，在薪酬调整时可以不过多考虑经验与薪酬增长之间的关系。

（二）薪酬结构调整

薪酬结构调整主要包括薪酬的纵向结构调整和薪酬的横向结构调整。薪酬的纵向结构调整是指薪酬等级结构调整。薪酬的横向结构调整是指各薪酬要素组合的调整。下面重点介绍薪酬纵向结构调整（即薪酬等级调整）。

1. **薪酬等级调整内容**

企业定期对内部员工的薪酬结构进行调整，主要从工资标准和薪酬等级两个方面进行。

（1）对某一薪酬等级人员的调整。例如，在薪酬总额不变的情况下，对高、中、低不同薪酬等级的人员进行缩减或增加。

（2）对整体薪酬水平的调整。例如，对薪酬等级线、薪酬级差进行调整。

2. 薪酬等级调整方法

（1）增加薪酬等级。

增加薪酬等级的主要目的是为了将各岗位之间的差别细化，从而更加明确按岗位支付薪酬的原则。

薪酬等级增加的方法很多，关键是选择在哪个层级上或在哪类岗位上增加等级。例如，是增加生产人员还是增加技术员工的薪酬等级。需要注意的是增加薪酬等级以后，各个层级、各类岗位之间还需要重新匹配，还需要调整薪酬结构关系等。

（2）减少薪酬等级。

减少薪酬等级就是将薪酬的等级结构"矮化"或宽波段化，这是薪酬管理的一种流行趋势。

薪酬等级减少的结果是薪酬等级"矮化"，企业一般倾向于将薪酬等级线延长，将薪酬类别减少，使每种类别中包含更多的薪酬等级和薪酬标准；各类别之间的薪酬标准有一定的交叉和重叠部分。

（3）调整不同薪酬等级的人员规模和薪酬比例。

调整不同薪酬等级的人员规模和薪酬比例，可以达到通过岗位和职等人员的变动进行薪酬调整的目的。

在企业薪酬等级结构不变动的前提下，定期对每个薪酬等级的人员数量进行调整，如减少基层员工的数量以降低他们的薪酬比例。

（4）调整薪酬标准和薪酬率。

调整薪酬标准和薪酬率可以使企业在员工收入分配上有更大的灵活性。这种调整主要适用于实行绩效薪酬制和弹性薪酬制的企业。

(三)薪酬组合调整

薪酬组合调整的重点是考虑是否增加新的薪酬要素。在薪酬构成的各个要素中,不同的薪酬要素有不同的作用,其中,基本薪酬和福利薪酬主要承担着适应劳动力市场的外部竞争力的功能,浮动薪酬则主要通过调整薪酬内部的一致性从而达到降低人工成本与提升员工积极性的目的。

1. 薪酬要素组合调整方式

薪酬要素组合调整可以有两种方式。

(1)在薪酬水平不变的情况下,对固定薪酬与浮动薪酬之间的比例进行重新配置。

(2)借助薪酬水平变动的机会,增加某一部分薪酬的比例。

2. 薪酬要素组合调整方法

(1)加大员工薪酬中奖金和激励薪酬的比例,拉大绩优员工与其他员工之间的薪酬差距。

(2)采取风险薪酬方式,即企业使员工的基础薪酬处于变动中,令员工的稳定收入比重缩小,不稳定收入比重增加。

(3)将以工作量为基础的薪酬支付机制转变为以技能和绩效为基础的薪酬支付机制,使薪酬向高技能、高绩效员工倾斜。

根据宏观经济形势、市场行情及企业自身的情况(包括企业规模、企业发展阶段、企业战略目标、企业性质等因素),结合薪酬预算与薪酬分析,企业进行薪酬要素组合调整,使得调整后的薪酬要素组合既降低了企业的薪酬费用,同时又使薪酬具有竞争力。

四、薪酬调整的步骤

(一)调整准备

1. 收集企业薪酬数据和信息

收集企业薪酬数据和信息,包括企业总体战略规划和人力资源战略规划信息，企业岗位分析、岗位评价、人事测评数据和信息，企业销售收入、销售成本费用、各部门管理费用等相关数据，以及各岗位薪酬支出信息和绩效考核、绩效反馈与改进信息。

2. 测算薪酬调整前的相关数据

在完成企业薪酬数据和信息的收集工作后，企业需要对原有的薪酬总额和每个员工的薪酬福利水平及原有薪酬总额占企业总销售收入和企业总成本的比例进行测算。

3. 开展市场薪酬调查

开展市场薪酬调查主要是要调查掌握外部物价水平对本企业的影响程度，同时掌握企业所在地区和所属行业的薪酬水平情况。

4. 开展员工薪酬满意度调查

开展员工薪酬满意度调查，关注和听取员工对薪酬水平、薪酬结构和薪酬管理方面的态度、意见或建议等。

5. 测算薪酬调整后的相关数据

测算薪酬调整后薪酬总额支出占销售收入的比例以及薪酬调整后薪酬总额支出占销售总成本的比例。

（二）调整实施

企业人力资源部应向员工全面介绍企业薪酬调整的依据、意义与目的，以获得员工的理解与支持。在广泛征求相关人员意见的基础上，设计出完整的、科学的、切实可行的薪酬调整实施方案。

薪酬调整是一个涉及诸多方面和多个利益相关者的过程。在调整实施过程中，必须谨慎对待，注意多方协调和相互配合。

（三）调整反馈

薪酬调整之后，人力资源部应该将调整过程的信息及时反馈给企业管理者，以便发现问题，及时解决，从而确保调整目标的顺利实现。

五、薪酬调整的注意事项

薪酬调整的注意事项分为薪酬调整前的注意事项和薪酬调整实施时的注意事项两部分。

（一）薪酬调整前的注意事项

1. 进行薪酬调整必须有明确的目标

企业所处的环境是不断变化的，这导致了企业的薪酬模式不会一成不变，而应该根据企业所处的内外部环境不断地调整，但是调整目标必须符合企业的发展实际，一方面对企业员工起到更好的激励作用，另一方面也符合企业的财务管理制度，企业薪酬调整的资金支出要合理。

2. 薪酬调整方式的选择要符合企业调整目标

一般情况下，若企业所处的是产品生命周期比较长的行业，一般会采用薪酬要素组合调整，即基本工资、绩效工资、岗位工资、奖金、津贴等的调整。如果企业所处的是产品生命周期比较短、产品更新换代比较快、企业反应能力比较强的行业，一般会采用薪酬结构调整，即减少薪酬等级，另外也会对部门或个人进行针对性的奖励。

（二）薪酬调整实施时的注意事项

1. 严格执行方案

在方案实施的过程中，一定要严格按照方案的步骤执行，并设有专门的监督人员进行监督。一般情况下，实施的组织和人员安排由人力资源部门或行政部门负责，其他部门要给予其协助，这样才能保证方案的顺利实施。

2. 事先制定薪酬调整方案

无论是针对个人职务、职称、职能变化的调整还是薪酬要素组合调整，必须有明确的实施方案，这样才能有据可依，对于人员安排、实施步骤、评估等也才能顺利进行。

3. 对方案实施效果进行评估

方案实施后要设立员工意见箱，公布接收针对薪酬调整意见的电子邮箱地址，给予员工反馈的通道，这样才能及时发现问题并有针对性地解决。另外，还要设计薪酬调整调查问卷，对员工的满意度进行分析，再同没有实施之前的情况进行对比，发现应该改进的地方。

第四节　薪酬沟通

一、薪酬沟通的概念与作用

（一）薪酬沟通的概念

薪酬沟通是指企业在薪酬战略体系的设计和决策中，与员工之间就薪酬问题所进行的各种形式的交流。交流内容具体包括企业薪酬战略、薪酬制度、薪酬水平、薪酬结构、薪酬价值取向，以及员工满意度调查和员工合理化建议等。

（二）薪酬沟通的作用

薪酬沟通作为一种有效的管理方式，其具体作用如下。

1. 通过沟通，将企业的理念、目标信息有效地传递给员工，进而引导员工行为与企业发展目标一致，从而调动员工的工作积极性，促成企业目标的实现。

2. 在与员工的沟通过程中，企业可以发现薪酬管理工作中存在的不足之处，进而进行调整，从而消除员工的负面情绪，解决企业内部的矛盾，促进企业平稳发展。

3. 通过薪酬沟通这种方式，企业可以清晰地告知员工哪些行为是企业所期望的，哪些行为是需要规避甚至禁止的，让员工明确努力的方向。

二、薪酬沟通的步骤

(一) 确定目标

薪酬沟通要达到的目标一般有三个。
1. 确认员工完全理解了新的薪酬体系的所有组成部分。
2. 改变员工对薪酬决策方式的看法。
3. 激励员工在新的薪酬体系下充分发挥自身的能力,将工作做好。

(二) 获取信息

通过薪酬沟通,需要获取以下九方面信息。
1. 员工对当前薪酬体系和福利计划的理解程度如何?
2. 管理人员与员工拥有的信息是否一致与准确?
3. 管理人员与员工的相互沟通是如何进行的?沟通水平如何?
4. 决策层人员之间的沟通是一致的吗?
5. 管理人员是否掌握了必要的沟通技巧来进行薪酬沟通?
6. 员工是否知晓企业对他们的绩效期望?
7. 员工是否相信在工作绩效与薪酬体系之间存在联系?联系方式是什么?
8. 决策层人员是如何看待薪酬沟通的?
9. 员工与管理人员及决策层人员应采用何种沟通方式最为恰当?

(三) 开发策略

薪酬沟通开发策略的制定步骤如下。
1. 让企业高层管理者向所有员工分发一个备忘录。
2. 安排关键管理人员召开一系列会议。
3. 开发和员工之间持续沟通的项目。
4. 在薪酬方案制定完成后,召开正式的沟通会议。

(四)选择媒介

薪酬沟通的媒介可从以下类型中进行选择。

1. 视听媒介,如幻灯片、线上远程会议等。
2. 印刷媒介,如薪酬手册、书信、企业内部刊物、薪酬指南等。
3. 人际媒介,如面对面的协商、各种类型的会议等。
4. 电子媒介,如信息中心、电话问答系统、交互式电脑程序、电子邮件系统等。

(五)召开会议

薪酬沟通会议根据参会人员不同,会议内容也不同。

1. 对董事主要注重薪酬方案的构成、薪酬体系的作用、薪酬执行程序的详细解释。
2. 对经理人员注重薪酬方案构成部分的细致解释,以及通过薪酬管理、绩效考核和激励计划对员工进行能力开发和激励。
3. 对员工主要注重对薪酬组成部分的公开和细致的介绍,对程序和政策信息的强调,对激励计划运作的特殊关注。

(六)效果评价

对薪酬沟通效果的评价,可通过对以下问题"之前"和"之后"的回答进行对比后得出。

1. 员工对当前薪酬体系和福利计划的理解程度如何?
2. 管理人员与员工的相互沟通是如何进行的及沟通水平如何?
3. 决策层人员是否在其中传递了一致的信息?
4. 员工相信在工作绩效与薪酬体系之间存在联系吗?

三、薪酬沟通的注意事项

(一)通过薪酬沟通要明确企业的价值标准

薪酬标准的背后隐含着企业的价值标准和激励导向,因此,薪酬沟通必须以企业的价值标准为导向。

(二)薪酬沟通要从外部和发展的角度阐释

薪酬沟通不能仅将沟通局限于薪酬水平、涨降幅度,还要引导员工站在企业发展的角度,长期动态地看待薪酬体系。

(三)薪酬沟通要采用多种形式结合的方式

将薪酬设计的理念导向以书面方式公布,各级管理者在书面通知的基础上,可以通过与下属员工个别谈话的方式进行薪酬沟通。

本章自测题

1. 企业依据什么给员工支付薪酬?
2. 薪酬诊断一般从哪几方面进行?
3. 影响薪酬水平调整的主要因素有哪些?
4. 薪酬调整需要注意哪些问题?

第十一章 薪酬外包

 学习目标

- 了解薪酬外包的特点
- 掌握选择薪酬外包服务机构的要点
- 明确薪酬外包的风险，了解其应对措施

 引导案例

AB 公司是一家高科技公司，主要生产计算机硬件与耗材等产品，下设 4 个分公司分属不同地区，拥有近万名员工。尽管公司有自己的人事管理系统，但人力资源部在薪酬管理相关琐碎工作上花费的时间占比达到近 40%，这些工作包括处理外派员工报税、各种工资报表编制、社会保险费申报及缴纳等，不仅耗时耗力还不时出错。AB 公司的高层管理者意识到，他们不仅需要通过技术来解决人力资源管理问题，还需要将薪酬管理的部分工作外包出去，以降低人力资源服务成本，并以此提升人力资源职能的战略角色。

基于此，AB 公司与当地口碑较好的一家人力资源服务公司签

订了薪酬外包服务合同,该服务公司为 AB 公司提供从硬件、HR 软件到日常人事薪资事务处理的全程服务,包括根据与 AB 公司制定的薪酬方案及标准,通过网上支付方式按时为 AB 公司各个分公司的行政后勤人员、外派人员、劳务派遣人员等发放薪酬,做好人员的社会保险费代缴、福利管理等工作。

在这种合作模式下,AB 公司人力资源部定期与合作的人力资源服务公司召开工作沟通会,及时解决合作过程中出现的问题。

AB 公司通过使用薪酬外包服务,更好地解决了其人事薪酬本地化管理的问题,并让人力资源部专注于管理的核心事务,提高了管理的效益。

从管理的角度出发,薪酬外包给企业带来了哪些好处?

第一节 薪酬外包概述

一、薪酬外包的内涵

薪酬外包是指企业与人力资源服务公司建立合作关系,由后者负责前者薪酬管理的全部或部分日常工作,包括薪酬发放、薪酬计算、社会保险与公积金的计算与缴纳、福利管理、代缴个人所得税,以及薪酬福利筹划及与薪税筹划等。

企业选择薪酬外包有诸多原因,其中最常见的原因是为了确保企业内部人员重视并专注于开展那些与企业经营紧密相关的战略性活动。另外,为了更好地管理和控制薪酬管理成本,企业也会选择可能为其节省成本的外包商。

薪酬外包是一种有效的人力资源管理服务工具,但并非所有的企业都适用。

（一）适用薪酬外包的企业

1. 有大量的管理活动，通常与市场数据息息相关。
2. 希望节省管理工作所耗费的时间，专注于进行与薪酬设计相关的经营问题。
3. 尝试和体验过外包管理其他人力资源工作。

（二）不太适用薪酬外包的企业

1. 将管理视作一项核心能力。
2. 认为其薪酬管理过于机密化或过于独特，外部人力资源服务公司难以提供有效的支持。

二、薪酬外包的特点

相较于其他外包服务，薪酬外包具有如下四个特点。

（一）定制化服务

薪酬外包是企业根据其经营战略及业务特点，让人力资源服务公司为其量身定制的外包服务。

（二）及时性

人力资源服务公司严格按约定时间提供薪酬发放、社会保险与公积金代缴、福利计划、薪税管理等服务，并根据与客户的约定承担延迟支付的相应责任。同时，薪酬外包数据可以和企业ERP数据对接，服务公司将相关信息及时传递给企业。

（三）准确性

人力资源服务公司有相应的薪酬管理系统，可以严格依照约定的工资标准及其他约定条件计算外包人员薪酬按时发放，并可根据与客户的约定承担相应责任。

（四）人性化

根据企业的特点及要求，人力资源服务公司可设计人性化的薪酬外包服务，如工资支付载体等。

三、薪酬外包的方式

（一）代发工资

代发工资是指企业将应发的员工工资委托给人力资源服务公司的一种工作方式。代发工资适用于薪酬数据录入量大、具有多区域工作地点、工资发放繁杂的企业。

（二）工资核算外包

工资核算外包是指企业将薪酬核算项目统计、薪酬计算工作委托给人力资源服务公司的一种工作方式。工资核算外包一般适用于员工数量多、薪酬计算工作量大的企业。

（三）社会保险与公积金外包

社会保险与公积金外包是指企业将社会保险与公积金开户、社会保险与公积金计算、社会保险与公积金缴纳等部分或全部事项委托给人力资源服务公司的一种工作方式。

（四）员工福利外包

员工福利外包是指企业将福利内容全部或部分委托给人力资源服务公司的一种工作方式。员工福利包括商业保险、医疗体检、节日礼品、员工培训、员工旅游、员工心理咨询、员工体育锻炼和文化生活、长期激励等。人力资源服务公司一般会整合企业的福利需求，为企业定制福利解决方案。

人力资源服务公司一般采用福利平台，在平台上汇集各项福利服务及商品的供应商，企业员工可以根据个人需求购买相应的服务或商品。平台上的服务或商品可以直接以现金形式购买，也可以以积分形式购买。

（五）薪税优化外包

薪税优化外包是基于财税成本基础上的薪酬优化服务。薪税优化包括全面薪酬设计、薪酬发放筹划和财税成本优化。通过薪税优化外包服务，企业可以达到薪税合理、优化成本的目标。

1. 全面薪酬设计

人力资源服务公司在充分研究企业的薪酬总额、会计科目、税收政策的基础上，进行全面薪酬设计，依法降低个人所得税、经济补偿金与赔偿金、社会保险与公积金费用，在提升企业员工的实际收入水平的基础上，节约人工成本，预防劳动争议风险。

通过全面薪酬设计，一般情况下，人力资源服务公司可在提升企业员工实际收入的基础上，依法降低企业20%左右的人力资源总成本。

2. 薪酬发放筹划

人力资源服务公司依据劳动法、税法与会计法，对企业的薪酬发放金额、发放时间、发放项目、发放途径等进行统筹规划，在依法降低个人所得税、工资发放成本的基础上，预防社会保险与公积金、个人所得税稽查以及劳动争议风险。

通过薪酬发放筹划，人力资源服务公司可以在预防社会保险与公积金、个人所得税稽查以及劳动争议风险的基础上，提升企业员工的实际收入。

3. 财税成本优化

人力资源服务公司在充分研究企业的用工方式、收入类型、个人所得税、增值税与企业所得税法规政策的基础上，进行用工模式、收入模式、绩效管理模式、盈利模式再设计，通过经营模式变革与财税流程优化，最大化地降低企业的财税成本。

通过财税成本优化，一般情况下，人力资源服务公司可依法降低30%左右的个人所得税、增值税、企业所得税与财务成本。

第二节　薪酬外包管理

一、确定薪酬外包的内容

与其他业务一样，在实施薪酬外包前，企业需要分析薪酬管理是否属于适合外包出去的项目。答案若是肯定的，鉴于薪酬外包除包含常规的薪酬核算、薪酬发放、社会保险与公积金扣除及缴纳等内容外，还包括薪酬要素设计、岗位价值评估、市场薪酬水平调研、薪酬测算等薪酬体系设计工作，企业管理人员还需要进一步确定薪酬管理中的哪些事项是需要外包出去的，哪些是由企业人力资源部完成的。

二、选择薪酬外包服务机构

薪酬外包的内容确定后，就要考虑薪酬外包服务机构的选择问题了。薪酬外包服务机构的选择是人力资源外包管理过程中非常重要的一个环节。在选择薪酬外包服务机构时，要重点考察相关公司的资质、信誉、规模、专业化程度等情况，具体内容见表11-1。

表11-1　　　　选择薪酬外包服务机构需考虑的因素

因素	内容说明
资质	企业要查看薪酬外包服务机构的资质是否齐全
实力	了解薪酬外包服务机构的资金实力（如注册资本、流动资金的数额等）与经营状况（盈利或亏损情况）
实力	了解薪酬外包服务机构的企业规模（这里的规模主要指业务发展方面的规模，包括薪酬外包服务机构的员工人数、服务客户的数量、业务增速情况等）
服务内容	了解薪酬外包服务机构所提供的服务产品及内容能否在广度和深度上满足本企业的需求，能否让企业的薪酬管理工作更简单，能否使企业集中精力于自己的核心业务
服务水平	专业化水平，主要看薪酬外包服务机构服务理念的新旧、服务意识的强弱、胜任能力的高低
服务水平	职业化程度，主要考察服务人员的敬业程度、协作、责任心等方面

续表

因素	内容说明
服务水平	响应速度，主要看服务人员对客户提出问题的态度，如响应是否迅速、反馈是否及时
	技术是否先进，薪酬外包服务机构是否采用先进的管理技术为客户提供优质可靠的服务

三、薪酬外包的实施

在薪酬外包的具体实施过程中，企业应做好如下四方面工作。

（一）明确职责与义务

为了便于薪酬外包工作的顺利实施，企业与薪酬外包服务机构需签订薪酬外包合同。签订的合同（示例如下）中至少须明确如下事宜。

1. 明确双方的责、权、利，以及出现例外情况时应如何处理。
2. 指定对应的薪酬外包工作负责人及联系方式。
3. 明确违约责任。

薪酬外包合同

合同编号：

甲方： （以下简称"甲方"）

法定代表人：

地址：

邮编：

联系电话：

乙方： （以下简称"乙方"）

法定代表人：

地址：

邮编：

联系电话：

根据《中华人民共和国民法典》等有关法律法规的规定，遵循公平、自愿、诚实信用的原则，甲乙双方经协商一致，就甲方的薪酬外包服务事宜签订本合同，并自愿共同恪守。

一、总则

1. 本合同鉴于乙方接受甲方的委托，为甲方员工提供_____服务。

（1）社会保险代理服务。代办社会保险，代办甲方结算其单位员工社会保险缴费基数，代办甲方报送其单位员工社会保险相关表格，代办甲方员工医疗费用报销等。

（2）……

（3）……

2. 乙方提供的外包服务仅适用于甲方委托乙方办理人力资源外包业务所涉及的员工。

二、合同期限

本合同期限共____个月，自_____年____月____日至_____年____月____日止。

三、服务标准（略）

四、工作对接人

1. 甲方：

2. 乙方：

五、双方的权利与义务

1. 甲方的权利与义务

（1）甲方应当全面、客观、及时地向乙方提供与人力资源外包事务有关的各种情况、文件、资料。

（2）甲方应在每月____日前将社会保险与公积金缴纳人员变动情

况以书面或发送电子邮件的方式告知乙方。

（3）甲方如更换联系人，应当及时通知乙方。

（4）甲方如认为乙方的外包服务工作存在问题，有权随时要求乙方予以说明；如果甲方所反映的问题确实存在，并且不违反规定，乙方应及时与甲方沟通，并及时予以纠正。

（5）甲方应当按时、足额向乙方支付代发工资款和人力资源外包服务费，将相关款项转账至乙方对公账户＿＿＿＿＿＿＿＿＿＿。

2. 乙方的权利与义务

（1）乙方应依照双方约定的服务内容与服务标准完成外包服务工作。

（2）乙方对甲方所提供的材料及信息须保守秘密，不得外泄或用于非本合同约定的用途。

（3）乙方应配合甲方员工办理社会保险与公积金待遇的申请工作，但由于甲方或甲方员工的原因造成的问题，由甲方及甲方人员来承担。

六、服务费与发票开具（略）

七、合同的变更与终止

1. 甲乙双方应共同遵守本合同的款项。在合同履行期间，任何一方不得擅自变更或解除。若一方不能继续履行本合同，应及时通知对方，通过协商可对本合同进行变更。

2. 本合同期满，若一方不续签，应于期满前＿＿＿＿天通知对方，合同到期即可终止。

八、其他

1. 甲乙双方可就本合同未尽的事项订立补充协议，与本合同具有同等的法律效力。

2. 甲乙双方任何一方未完全履行本合同的，应承担由此给另一方造成的损失；在履行本合同过程中发生争议的，双方应当协商解决,协商不成,任何一方均可向____方所在地人民法院诉讼解决。

3. 本合同一式两份,甲乙双方各持一份;双方代表签字或盖章后生效。

甲方(盖章)　　　　　乙方(盖章)
负责人签字:　　　　　负责人签字:
签订日期:　　　　　　签订日期:

(二)加强沟通

合同或协议签订后,双方需定期或不定期地沟通,就薪酬外包工作的实施情况进行了解和反馈,确保相关工作有序进行,从而避免给企业造成不必要的损失。双方沟通的形式包括但不限于如下三种。

1. 双方定期召开项目会议。
2. 双方项目主管定期沟通。
3. 企业协助薪酬外包服务机构进行项目分析。

(三)加强员工培训

在实施薪酬外包前,企业应对员工开展人力资源外包相关培训,让员工理解薪酬外包的意义,使其从内心接受薪酬外包。企业可以通过发放资料卡片的形式让员工自行学习,同时聘请专业咨询师为员工开展薪酬外包知识培训。薪酬外包服务结束后,企业要向员工征集意见,提高员工参与度,为下次薪酬外包业务的顺利开展打好基础。

(四)做好效果评估

薪酬外包服务机构应负责实现外包服务目标。企业应制定绩效标准和评估尺度,以便明确、持续地评估薪酬外包服务机构的绩效以及双方合作伙伴关系所取得的成绩。

企业检测薪酬外包实施效果的评估工作主要包括如下三方面内容。
1. 工作完成情况。
2. 外包服务完成效果。
3. 服务满意度。

四、薪酬外包风险管理

（一）信息泄露问题

在实施薪酬外包时，薪酬外包服务机构可能会泄露企业的商业信息，给企业造成损失。对此，企业一方面应建立商业信息管理体系，将本企业关键信息加密并做好保密管理；另一方面，企业要与薪酬外包服务机构签订保密协议，并在协议中明确企业秘密范围及协议双方的权利与义务，同时对薪酬外包服务机构中熟悉企业商业秘密的人员离职等作出规定，防止人员离职导致企业关键信息泄露时薪酬外包服务机构推卸责任。

（二）服务问题

若薪酬外包服务机构选择不当，其服务质量达不到企业的要求，可能导致因前者无法有效完成外包业务，从而使企业遭受损失。因此，企业在选择薪酬外包服务机构时，应该慎之又慎。

（三）外包人员的风险控制

企业应根据实际情况，不定期对外包人员（即薪酬外包服务机构的工作人员）的素质进行评估，防止出现因外包人员工作中的疏忽、业务操作不当等问题而给企业带来损失。

（四）外包过程的风险控制

外包过程的风险控制主要是指对薪酬外包服务机构的投机行为进行控制。企业可能由于对薪酬外包服务机构的依赖度上升而失去对外包业务的控制，这也是企业需要避免的。所以，企业需要加强对薪酬外包服务机构的工作监督。

薪酬外包后并不意味着企业人力资源部可以放手不管。企业人力资源部作为外包活动最重要的管理部门，应采取有效措施对薪酬外包服务机构进行监督检查，在合作过程中加强指导，建立考核体系和风险预警管理体系，防患于未然，以避免给企业造成损失。

本章自测题

1. 简述薪酬外包的优势。
2. 选择薪酬外包服务机构需考虑哪些因素？
3. 薪酬外包过程中可能会出现哪些风险？如何尽力避免这些风险？